KB099840

보노보,
인공지능이 되다

보노보, 인공지능이 되다

발행일	2017년 11월 24일

지은이	홍종화, 이계화		
펴낸이	손 형 국		
펴낸곳	(주)북랩		
편집인	선일영	편집	이종무, 권혁신, 오경진, 최예은, 오세은
디자인	이현수, 김민하, 한수희, 김윤주	제작	박기성, 황동현, 구성우
마케팅	김회란, 박진관, 김한결		
출판등록	2004. 12. 1(제2012-000051호)		
주소	서울시 금천구 가산디지털 1로 168, 우림라이온스밸리 B동 B113, 114호		
홈페이지	www.book.co.kr		
전화번호	(02)2026-5777	팩스	(02)2026-5747

ISBN	979-11-5987-873-2 03320 (종이책) 979-11-5987-874-9 05320 (전자책)

원시인류의 눈으로 유쾌하게 내다본 혁신과 미래

보노보,
인공지능이 되다

홍종화, 이계화 지음

ARTIFICIAL INTELLIGENCE

북랩 book Lab

차례

제3장　　　　　　　　　　　　　**인공지능과 우리의 미래**

3. 알파고, 진정한 지능이 되다

4. 인공지능, 사랑에 빠지다

5. 인공지능, 평등권을 요구하다

제4장　　　　　　　　　　　　　나가는 글

제 1 장
들 어 가 는   글

나는 왜 아버지를 잡아먹었나

새로운 정부나 새로운 시대, 심지어 한 해가 바뀌면 우리에게 가장 많이 들려오는 익숙한 단어는 혁신(Innovation)이다. 이는 어제오늘의 일이 아니다. 혁신만이 살길이기 때문이고, 혁신만큼 어려운 것이 없기 때문이다. 왜 이토록 우리에게 혁신은 어렵고 힘든 것일까. 그리고 우리만 어려운 것일까. 아니다. 혁신은 어느 시대에나 숙제였고, 혁신하지 않으면 도태되었기 때문이다. 인간이나 자연환경은 관성의 법칙이 작용하기 때문에 앞으로 나아가기가 그토록 어려운 것이다. 이처럼 혁신은 물리학의 기본 법칙을 뛰어넘어야 하는 것이니 결코 만만한 것이 아님은 분명하다.

나는 혁신이라는 단어를 접할 때면 버릇처럼 로이 루이스의 『나는 왜 아버지를 잡아먹었나』라는 장편소설을 떠올린다. 혁신이라는 단어와 그 과정을 이처럼 재미있게 묘사한 책이 있을까. 아직까지 그런 책을 만나지 못했다. 자연스럽게 이 글도 로이 루이스의 소설에서 그 모티브를 가져올 수밖에 없었다. 그렇다면, 나는 혁신하지 않았을까? 자신이 없다.

로이 루이스의 소설은 수백만 년에 걸친 초기 인류의 진화 과정을 아버지와 아들이라는 단 두 세대로 묘사했다. 그것으로 충분하다고 생각한다. 혁신의 과정을 설명하는 데 많은 세대를 동원한다는 것도 복잡하고 의미 없는 작업이기 때문이다. 단 두 세대만으로도 혁신은 얼마든지 설명할 수 있는 것이다. 그리고 초기 인류 시대에는 발전이라는 것이 달팽이보다 느렸으니 여러 세대에 걸쳐 기술한다고 해도 딱히 쓸 말도 없을 것이다.

사방이 자신들보다 강한 적들이 에워싸고 있는데, 자신들에게는 제대로 된 기술이나 무기 체계도 없었으니 그들의 심정이 오죽했겠는가. 다행히 지금보다 감각기관이나 지능이 발달하지 못한 것은 차라리 축복일지도 모른다. 어쨌든, 그들에게는 모든 것이 어둠이었고, 절망이었고, 조급함이었고, 생소함이었고, 두려움이었다. 한마디로 절망의 시대였다.

새로운 기계와 시스템의 발전으로 우리 주변을 둘러싼 환경이 급작스럽게 바뀌는 지금, 우리들의 모습이 그 초기 인류의 모습과 다르다고 주장할 수 있을까? 솔직히 자신이 없다. 최첨단 시대에 살고 있지만 변화된 환경에 적응하지 못하고 혼란스러워하는 모습은 그때나 지금이나 크게 다르지 않다. 어쩌면, 그런 이유로 나는 그 소설을 떠올렸는지도 모른다.

충격적인 변화에 직면하는 조직이나 개인은 대체적으로 두 가지 부류로 나누어진다. 하나는 현실에서 그 답을 찾는 것이고, 또 하나는 현실을 뛰어넘는 새로운 방법으로 그 문제를 해결하는 것이다. 흔히 보수와 진보라는 두 가치 체계 속에서 우리 역사는 끊임없이 변화하고 발전하고, 때로는 충격적일 만큼 뒤로 후퇴하였다. 진보가 곧 혁신을 의미하지는 않지만, 대체로 진보는 혁신이라는 단어와 친밀한 구석이 많은 것은 사실이다.

이를 달리 표현하면, 아버지를 잡아먹는 아들이 다음 세대를 이끌어 갔다고 봐야 할 것이다. 슘페터가 말한 경제 발전의 중심 개념으로서의 혁신이라는 단어와는 상관없이 결국에는 혁신이란 아버지를 잡아먹고 자란 아들이 이루어 낸 결과라고 말할 수 있을 것이다. 좀 더 정확하게 말하면 아버지를 잡아먹을 용기와 배짱이 있는 조직과 개인이 혁신을 이루었다고 할 수 있다. 이렇게 말하면, 어떤 사람은 나를 패륜아 정도로 취급할지 모르겠다. 하지만 이는 어디까지나 비유적으로 그렇다는 말이다.

혁신의 시작은 여자들의 바가지 때문?

4차 산업혁명이라는 단어가 우리 앞에 나타난 지도 꽤 되었다. 그 의미를 알든 모르든 4차 산업혁명이라는 단어를 써야 하고, 그 격랑 속에서 어쨌든 살아남아야 한다. 그렇지 않으면 어디 히말라야 눈 속에 갇혀 있다가 빙하가 풀려서 살아난 원시인 취급을 당할지도 모른다. 갈 데가 어디 있겠는가. 박물관밖에 없을 것이다. 박물관은 살아 있다?

그렇다고 우리가 4차 산업혁명에 대해서 온전하게 알고 있을까? 꼭 그렇지는 않을 것이다. 어쨌든, 우리 앞에 다가올 변화의 속도와 폭은 상상할 수 없을 것이다. 게다가, 앞으로 어떻게 전개될지 정확히 아는 사람도 많지 않다. 소수의 엘리트가 그 변화를 이끌어 가고, 나머지 사람들은 따라가기도 바쁜 것이 사실이다. 어떤 사람에게는 지혜의 시대이지만, 어떤 사람에게는 암흑의 시대인 것이다.

하지만 현실은 현실이니 그 의미를 파악하기도 전에 적응해야 살아남을 수 있다. 어제까지도 진실이었던 것이 오늘 아침에 갑자기 거짓이 되어 버릴 수도 있기 때문이다. 하기는 이런 현상이 꼭 4차 산업혁명 시대의 전유물만이 아니다. 우리 인간이 만들어 놓은 진실이라는 가면이 허상이라는 잘 포장된 포장지였을 때가 얼마나 많았던가.

그런데 따지고 보면 우리가 겪고 있는 변화는 꼭 우리만의 몫은 아니다. 인류가 탄생한 이래로 계속됐음이 틀림이 없다. 당연하게도, 초기 인류도 겪었다. 과거에 꼭 그 답이 있는 것은 아니지만, 역사를 배우는 목적이 역사 속에서 교훈을, 혹은 그 해답을 찾고자 한다면 초기 인류가 어떤 환경에 처해 있었으며, 그 환경을 어떻게 극복해 왔는지를 살펴보는 것도 의미가 있을 것이다.

자, 그럼 가벼운 마음으로 우리 초기 인류로 돌아가 보자. 열대우림이라는 '기가 막힌' 조건 속에서 살았던 인류. 보이는 게 모두 먹을 것이어서 그다지 힘들지 않아도 생존할 수 있었다. 천국이 따로 없다는 표현이 어울렸을 수도 있다. 유일한 걱정거리라면 나무 위에서 '종족 번식'을 해야 했던 불편함 정도였을까? 디스크 환자가 많아서 여기저기에 누워 있는 모습이 우스꽝스러울 수도 있을 것이다.

그런데 그 열대우림이 사바나기후로 바뀌면서 모든 것이 변해 버렸다. 숲이 사라져 버린 것이다. 더 이상 나무 위에서 '평화롭게' 살던 생활은 용납되지 않았다. 사자와 호랑이(정확히는 검치호랑이)가 살고 있는 초원으로 내려와야 했다. 날마다 굶주려 죽어가는 자식들을 두고 볼 수만은 없었다. 적어도 매일 긁어대는 마누라의 바가지를 견디어 내기가 쉽지는 않았을 것이다. 심지어, 집단적으로 섹스 거부 사태를 표방하며 달려드는 바람에 남자들은 더 이상 '욕구불만'을 해소하지 못하는 고통을 감내하기 어려웠을 것이다.

망설였을 것이다. 미답의 땅이지 않은가. 하지만 다른 선택지도 없었다. 죽느냐, 사느냐의 순간이지 않은가. 결국, 인류는 아무런 준비도 없이 땅으로 내려와야 했다. 그들 앞에 닥친 것은 '새로운 식량'을 찾아 헤매던 사자와 호랑이였다. 글자 그대로 인간은 그들의 '밥'이었다.

초원에 발이 닿기가 무섭게, 그들 중 상당수는 사자나 호랑이의 입속으로 들어가야 했다. 무서워서 다시 나무 위로 올라가기도 하고, 급한 마음에 아무 곳이나 들어가다가 엉겁결에 곰이 살고 있는 동굴로 들어가서 곰의 앞발을 맞고 기절하기도 했을 것이다. 극심한 공포와 혼란, 그것 말고는 달리 표현할 말이 없었을 것이다. 평화와 극심한 혼란 사이의 전이가 나무 위에서 나무 아래로 내려오는 그 짧은 순간에 일어난 것이다. 그러니 지금의 변화가 너무 빠르다고 불평할 일도 아니다.

그렇게 혁신을 하지 못하고 무참하게 당하고 있던 어느 날, 화산이 터지면서 인류는 충격적인 장면을 보게 된다. 그토록 무섭게 느껴지던 사자와 호랑이가 '불'에게는 꼼짝도 못 한다는 사실이었다. 혁신의 실마리를 찾은 것이다. 이쯤 되면 혁신이란 뜻하지 않은 순간에 온다는 말에 공감해야 할까? 뭐, 그럴 수도 있을 것이다. 단,

혁신을 추구하기 위해 기나긴 몸부림을 치다가 결정적인 장면에서 힌트를 얻었을 것이다.

드디어 해결책을 찾은 것이다. 따라서 혁신이라는 것이 급격하게 온다는 것도 다소 동의하기 어려운 부분이 있다. 혁신이 이루어지는 순간이야 전광석화처럼 빠를지는 모르지만, 거기에 이르는 과정은 정말 달팽이보다 느릴 수도 있지 않을까?

불을 얻어 새로운 세계로 진입하다

'불'만 얻을 수 있다면 사자나 호랑이도 더 이상 무서운 존재가 아니었다. 하지만, '불'을 얻는 것은 쉽지 않았다. 우선 두려웠다. 사자나 호랑이도 꼼짝 못 하는 불을 어찌 나약한 인류가 얻을 수 있겠는가. 하지만 이조차 다른 선택지가 없었다. 혁신의 실마리를 찾았으니 어쨌거나 앞으로 전진하는 수밖에는 없었다. 뒤에는 사자나 호랑이가 버티고 있으니 말이다.

또다시 불에 당하는 수난의 역사가 시작되었다. 그렇게 새로운 적에게 당하고 있을 즈음에, 한가로이 타고 있는 '고독한 불'을 발견하게 되었다. 불이라고 해서 반드시 무서운 존재로만 알고 있었는데, 인간처럼 고독한 불도 존재하고 있었던 것이다. 혁신의 요소 중의 하나가 휴머니즘?

인류는 그 고독한 불과 친구가 되는 방법을 찾기 시작했다. 처음에는 작은 불 속에 어마어마한 불이 감추어져 있을까 봐 몇 번의 실험과 관찰을 하였다. 하나의 고독한 불만 조사한 것이 아니라 몇 개의 고독한 불을 발견하여, 결국에는 불도 고독할 수 있다는 결론을 도출하였다. 그러면 왜 고독한 불이 생겼을까. 원인을 찾던 끝에 그 불이 먹이를 찾아 떠돌다가 혼자 있게 되었다는 결론을 얻었다. 먹이를 줄 수만 있다면 불을 데리고 집으로 갈 수 있는 것? 결국, 인류는 불이 좋아하는 먹이를 계속 줌으로써 집으로 데리고 올 수 있었다.

불이라는 친구가 있는 한, 사자나 호랑이는 더 이상 두려운 존재가 아니었다. 오히려 불을 앞세워 사자나 호랑이를 무찔렀다. 그동안 '만만한' 존재라고 여겼던 인류가 불을 들고 달려오자, 처음에는 사자나 호랑이들은 드디어 인류가 미쳤다고 하면서 가볍게 생각했다. 하지만 그들에게는 자신들이 가장 무서워하는 불이 있었다. 상황은 순식간에 역전되었다. 사자나 호랑이들이 인류를 피해 도망쳐야 했다.

점차 초원은 인류가 마음 놓고 거닐 수 있는 공간이 되었다. 더불어 초원에서 인류는 먹을 것을 구할 수 있었다. 슘페터의 혁신이 시작된 것이다. 나무 위에서 여기저기 원숭이처럼 옮겨 다니면서 먹을 것을 구하던 방식에서 우아하게 폼을 잡고 걸으면서 먹이를 구할 수 있게 된 것이다.

그뿐만이 아니었다. 그동안에는 뱀이나 다른 작은 동물과 경쟁하면서 차지했던 주거 공간도 곰이나 사자, 호랑이가 거주하고 있는 동굴을 빼앗을 수 있었다. 마음에 드는 동굴이 있으면, 불을 들고 쳐들어가면 그만이었다. 가끔 겁이 없이 달려드는 호랑이나 사자, 그리고 곰이 있었지만, 그들은 예외 없이 자신의 몸을 감싸고 있는 털 위에 솟아나는 연기를 보면서 허둥지둥 도망쳐야 했다. 그렇게 인류는 두려워 떨면서 내려왔던 초원에서 다른 동물들의 두려움이 되어갔다.

불을 제조하여 더 많은 혁신을 이루다

여기에 한 가지 문제가 생겼다. 불을 들고 이동하는 순간에 비가 오거나 바람이 불면 큰일이었다. 불을 '휴대'하는 차원에서 벗어나 '제조하는 차원으로의 혁신이 필요했다. 곰을 쫓아내고 그 동굴에서 자고 있는데 불이 꺼져 버려서 곰에게 쫓겨나야 했던 적이 한두 번이 아니었다.

인류는 다시 혁신에 대한 개념을 설정했다. 불을 생산해야 했다. 인류는 다시 몇 차례의 고통과 시행착오를 거쳐서 혁신을 하였고, 불을 제조할 수 있었다. 혁신에 대한 성과는 놀라웠다. 물고기가 많고, 과일이 풍부한 곳, 멋지고 큰 동굴이 있는 곳을 찾아 여기저기 옮겨 다닐 수 있었다. 식량도 저장할 수 있었다. 정주의 개념이 시작된 것이다. 자연스럽게 좀 더 맛있게 먹을 수 있는 식도락 문화도 생겨났다. 고기를 불에 익혀 먹을 수 있게 된 것이다.

고기를 불에 익혀 먹는다는 것은 여러 가지 의미가 있었다. 우선은 '생고기' 속에 숨어 있는 알 수 없는 기생충으로부터 해방되었다는 의미이다. 또한, 먹을 수 있는 부위가 많아지고 풍부해졌다. 한 번의 사냥으로 먹을 수 있는 고기의 양이 늘어나니 자연히 여가 문화가 발달하였다. 게임도 없고, 텔레비전도 없는 인류에게 여가 문화란 누나나 여동생과 함께하는 '인류의 지속 가능한 공존을 위한 노동'에 더 자주, 더 많이 시간과 노력을 투입한다는 의미였다. 자연히 인구도 증가하였다. 많이 태어나는 데 비해 '죽는' 사람이 적었기 때문이다. 맬서스의 '인구론'이 이때 나왔다?

춤을 추기도 했다. 그림을 그리기도 했다. 마음 저편에 일어나는 알 수 없는 힘을 사모하게 되면서 종교도 만들어졌다. 먹고사는 문제에만 집착했던 인류가 한층 더 차원 높은 정신세계로의 이동을 시작할 수 있었던 것이다. 자연히 식량을 조달하는 문제에도 전략과 전술을 적용하게 되었다. 많은 사람들이 한꺼번에 달려들어야 더 큰 먹이를 손쉽게 잡을 수 있다는 것을 깨닫게 되면서, 어떻게 하면 효과적으로 큰 짐승을 잡을 수 있을까 하는 연구가 시작된 것이다. 한 번도 잡을 것으로 생각하지 못했던 매머드도 결국 잡을 수 있었다. 매머드를 매고 집단 주거지로 들어오던 날, 인류는 환희에 겨워 눈물을 펑펑 쏟아야 했다.

혁신을 이루면 모든 것이 평화로웠을까. 아니다. 또다시 극심한 경쟁 구도가 생겨났다. 힘이 있는 자가 더 많이 누리는 지배 구조로 바뀌다 보니, 자연스럽게 소외 계층이 생겨났다. 혼인을 포기하는 사람들이 늘어난 것이다. 이른바 '혼포' 족들은 자신보다 힘이 없는 족속을 찾아 떠나야 했다. 그렇게 해서 인류는 족외혼이라는 또 다른 세계로 진입하게 된다. 족외혼은 더 우수한 종족이 탄생하는 계기가 되었으며, 자연스럽게 문화가 교류하는 역할도 하게 되었다.

혁신은 아버지를 잡아먹는 것이다

다른 사람들은 혁신을 더 해야 한다고 생각했다. 더 이상 땅에서만 혁신의 대상을 찾지 말고 공간을 확대하여 하늘까지 혁신의 대상을 넓혀야 한다고 주장했다. 그들은 공중에 있는 새들을 잡기 위한 도구 개발에 몰두했다. 이른바, '블루오션'을 찾아 나선 것이다. 멋지다. '블루 오션'. 이들에게도 이런 용어가 있었을까?

보수를 주장하는 사람들이 몇 발짝 가지도 못하고 사자나 호랑이에게 모두 잡혀먹혔다는 소식을 듣는 순간, 보수파들은 힘을 잃어 갔다. 싫든 좋든 이제 블루오션에 매달려야 했다. 얼마 후에, 그들은 블루오션에 멋지게 진입하였다. 하늘에 있는 새들을 잡아먹게 된 것이다. '활'이라는 혁신 제품이 그들을 블루오션으로 인도하였다. 그러는 동안, 불을 다루는 기술도 수준이 높아져서 숲을 태우는 일은 자주 일어나지 않았다.

누군가, 정확한 이름을 알 길이 없지만, 들에 자라는 원시시대의 귀리나 수수 같은 것의 씨앗을 그릇에 담아 동굴 속에 넣어놓고 깜박했을 것이다. 홍수가 나서 그 씨앗들이 밖으로 나와서 자라고 마침내 귀리나 수수가 되었다. 여기저기를 떠돌다가 다시 원래의 자리로 돌아간 인류는 귀리나 수수가 집단으로 자라고 있다는 사실에 놀란다. 그 장면에서 농사라는 신세계로의 진입이 시작된 것이다. 이 또한 혁신이지 않을까.

모든 게 이처럼 우연히 이루어지는 것은 아니지만, 우리 인류의 발명품 중에서 처음 의도하지 않았던 부분에서 이루어진 발명품은 셀 수 없을 정도로 많은 것도 사실이다. 이처럼, 혁신은 직선이 아니라 곡선인지도 모른다. 적어도, 직진은 아니라는 말이다. 야구 용어로 말하면 좌우 또는 상하로 휘는 커브일 수도 있는 것이다.

우리는 지식의 홍수 시대에 살고 있다. 앞으로는 더 그럴 것이다. 우리는 지식을 왜 갈구하는 것일까? 지식이 예측할 수 있는 힘을 주기 때문이다. 초기 인류의 발전이 달팽이처럼 느렸던 것은 축적 된 지식이 없어서였다. 지식이 축적되는 시간만큼 발전은 거의 이 루어지지 않았다고 볼 수 있는 것이다.

하지만 모든 지식이 예측하는 데 도움을 준다고 단언할 수 있을 까? 그렇지 않다. 특히 정보화 시대가 발달하면 할수록 오히려 '똥' 에 가까운 지식이 더 많아지는 것은 사실이다. 요즘에는 '페이크 뉴 스' 때문에 더 혼란스럽기도 하다. 지식 정보화 시대의 좋지 않은 부산물이다.

여기서 잠깐, 지식이 '똥'이라고 할 때, 두 가지 의미가 있다. 하나 는 글자 그대로 쓸모가 없다는 뜻이고, 다른 하나는 지식이나 이 론이 사건의 흔적이라는 뜻을 포함하고 있다는 말이다. 똥은 우리 가 음식물을 먹은 흔적이지 않은가. 앞에서 말한 것은 불행하게도 전자의 의미였고, 지금 내가 말하고자 하는 것은 후자의 의미이다.

똥은 식물의 성장에 필요한 양분이 많이 들어 있어서 우리는 그 것을 거름으로 사용한다. 특히나 지금처럼 비료가 발달하지 않은 시대에서 사람의 똥은 중요한 거름 중의 하나였다. 우리는 어렸을 때 밭에 뿌려졌던 인분의 냄새를 기억하는 세대 중의 하나이다. 수 세식 변소가 드물었던 시절에, 우리의 화장실은 한편으로는 거름 의 생산 공장이었던 셈이다. 지금도 동물의 '똥'은 유용한 거름의 역 할을 한다.

이처럼 지식은 통찰을 위한 거름, 아는 곳에서 모르는 곳으로 넘어갈 수 있게 해 주는 거름의 역할을 한다. 인간의 모든 활동이 자신의 행복을 위한 것이라고 가정할 때, 지식은 행복을 위한 거름, 다른 말로 표현하면 생명을 키워주는 거름의 역할을 하는 것이다. 한마디로, 지식은 혁신을 위한 거름이다.

하지만 생명을 주는 거름을 생명 그 자체로 착각해서는 안 된다. 그러면 오히려 생명이 위축되어 버린다. 우리가 혁신을 대하는 자세도 이와 같아야 할 것이다. 오늘의 혁신은 과거의 혁신 속에서 이루어진다. 혼자 저절로 이루어지는 혁신이란 있을 수 없는 것이다. 그런 의미에서 혁신은 지식과 닮은 속성이 있다. 인간 또는 조직이 만들어 낸 지식의 총화가 혁신으로 나타나기 때문이다.

여기서 우리는 지식을 대하는 자세를 한번 점검해 봐야 한다. 왜냐하면, 그것이 바로 우리가 혁신 혹은 이노베이션을 대하는 자세가 되기 때문이다. 우리는 지식을 관리하는 사람인가? 아니면 지식을 신봉하는 사람인가? 지식의 지배자인가? 아니면 지식에 지배당하는 사람인가? 지식을 가지고 놀 수 있는가? 아니면 지식에 포박당해 꽉 막혀 있는가? 지식과 이념으로부터 자유롭지 못한 지식인은 예측할 수 없고, 혁신에 이를 수 없다. 그는 단지 과거를 답습하고 있을 뿐인 것이다. 옛날 성리학의 세계에 갇혀서 세상의 변화를 보지 못한 조선이 미개한(?) 일본에게 거꾸로 당한 것은 자신이 믿는 지식에 갇혀 있었던 결과라고 할 수 있을 것이다.

지식은 늘 과거 지향적인 것이다. 과거에 일어난 사건의 흔적이 지식인 것이다. 미래를 대비할 혁신은 지식만으로 부족하다. 그 지식을 잡아먹고, 그 지식이 똥이 되어 미래를 이끌어 갈 생명을 살리는 데 거름으로 활용되어야 의미가 있다. 예측할 수 있는 것에까지 인도할 수 있는 내적인 동력이 있는 사람은 지식의 노예가 되지 않는다. 혁신의 노예가 되지 않는다는 말이다. 그는 현재의 불편함을 바꿀 수 있는 비밀번호를 찾기 위해 부단히 애를 쓰는 사람이다.

원시시대 이후로, 이런 사람들이 수없이 등장하여 오늘에 이르렀다. 그들은 아버지를 잡아먹고, 그 아버지를 자양분 삼아서 미래를 연 사람들이다. 그건 개인이나 조직 모두에게 적용되는 말이다. 우리는 그런 과정을 '살인'이라 표현하지 않고 '혁신'이라고 표현하는 것이다.

아버지란 현재의 지식 혹은 현재의 성과나 버릇, 태도, 습관, 가치이념 등을 말하는 것이다. 아무튼, 현재에 속한 모든 것들을 아버지라는 틀 속에 묶을 수 있는 것이다. 그런 아버지를, 살려 놓으면 우리는 앞으로 나아갈 수 없는 것이다. 거름이 생명을 살리는 데 보조적인 역할을 하는 것이 사실이지만, 그 자체가 생명이 아닌 것과 마찬가지이다.

한마디로, 혁신은 현재라는 아버지를 잡아먹는 데서 출발한다고 할 수 있다.

인공지능, 또 다른 인류의 출현

돌도끼를 사용하고 있던 부족에게 어느 날 쇠도끼가 주어졌다는 가정을 한번 해 보자. 그러니까 초기 인류가 살고 있던 시대, 즉 날카로운 돌도끼를 얻기 위해 피똥(?)을 싸고 있는 그들에게 하늘에서 쇠도끼가 떨어졌다고 가정해 보는 것이다. 그동안 돌도끼는 초기 인류에게 가장 요긴하고 귀한 도구로, 돌도끼 제작과 사용 권한을 중심으로 사회 위계와 관습, 문화가 만들어졌다. 그러니까 돌도끼는 단순한 도구가 아니라 초기 인류의 조직과 권위, 가치 체계를 떠받치는 실질적인 기반이었던 것이다.

그런데 어느 날부터 쇠도끼가 공짜로 주어진 것이다. 예전에는 돌도끼에 접근조차 하지 못했던 여자와 아이들도 쇠도끼를 지니게 된 것이다. 돌도끼용 돌을 구입하는 것에서부터 돌도끼를 만들고 관리하는 전 과정을 성인 남자들이 도맡았던 규칙과 제도가 뿌리부터 부정되는 중대한 도전이 시작된 것이다.

어떻게 되었을까. 그 사회 자체가 유지될 수 없었을 것이다. 그 사회 전제가 패닉 상태에 빠질 게 뻔하다. 그동안 견고하게 유지되었던 가치 체계가 송두리째 붕괴되었을 것이다. 오직 쇠도끼를 지닌 사람이 — 그게 여자이든, 아이이든 상관없이 — 사냥을 잘하고 나무도 잘 베고 하는 풍경을 보고 어찌 그전의 사회가 아무런 탈도 없이 유지될 수 있겠는가. 참으로 아이러니한 광경이다. 단순히 돌도끼에서 쇠도끼로 전이되었을 뿐인데 말이다. 이처럼 도구나 기계의 혁신은 단순하게 하드웨어의 교체만을 의미하지는 않는다.

인공지능 시대를 디스토피아의 세계로 보는 이유가 여기에 있다. 인공지능 시대는 누구도 준비할 겨를이 없이 급격하게 다가오기 때문에, 극심한 혼란을 피할 수 없다는 것이다. 인공지능 시대에 우리는 그동안 늘 돌도끼를 사용하다가 선교사들이 불쑥 쇠도끼를 여자와 아이에게 주는 바람에 순식간에 그 조직이 붕괴되었던 이르 요론트 부족처럼 새로운 도구와 기술에 적응하고 학습할 겨를도 없이 맞이할 수도 있다. 게다가 우리는 이를 거부하고 선택할 권리조차 존재하지 않는다. 이미 우리 주변의 많은 부분들이 인공지능 시대의 모습으로 바뀌고 있기 때문이다.

그렇다고 해서 우리가 맥없이 '당하고' 있지는 않을 것이다. 스티브 잡스 이외에 '최고의 혁신가'로 불리는 테슬라 모터스의 일론 머스크가 내세우는 뉴럴 레이스(Neural lace, 전자 그물망)가 화제이다. 그동안 인공지능이 인간보다 똑똑해지면 인간은 결정권을 인공지능에 빼앗길 수 있다는 경고가 이어졌다. 그런데 머스크는 이를 극복하는 방법을 제안한 것이다. 뉴럴 레이스를 뇌에 삽입하여 두뇌를 강화하고 인공지능 발전 속도를 따라가야 한다고 주장하는 것이다. 다시 말하면, 인간의 두뇌에 초소형 AI 칩을 심어서 컴퓨터와 연결해서 정보를 주고받는 것이다.

이렇게 되면 외국어나 백과사전을 곧바로 뇌에 다운로드할 수 있고, 치매 환자의 기억은 컴퓨터에 업로드하여 저장할 수 있다고 한다. 결국, 새로운 인간이 태어나는 것이 된다. '호모 사피엔스 사피엔스' 이후에 신인류가 또다시 지구에 등장하는 것이다. 이를 무어라 부를지는 우리가 관여할 문제는 아니다. 어쨌든 생겨나는 순간, 또 다른 세대가 시작되는 것이기 때문이다.

신이 된 인공지능, 보노보를 지향한다

구약성서 '창세기'에서 신은 금지된 나무 열매, 즉 중앙동산에 있는 선과 악을 알게 하는 나무-이를 선악과라고 한다-를 따 먹었다는 아담과 하와를 에덴동산에서 추방한다. 에덴동산의 모든 나무의 열매를 따 먹을 수 있지만, 선악과만은 따 먹지 말라는 신의 명령을 어긴 결과이다. 그들은 에덴의 동쪽에서 새로운 삶을 시작한다. 먹기 위해서는 땀이 수반되는 노동의 역사가 시작된 것이다.

아담과 하와가 에덴동산에서 쫓겨난 이유는 무엇일까. '사람이 신과 같이 되어 선악을 알게 되었으니 그가 신처럼 영원히 살게 해서는 안 된다'는 것이 그 이유이다. 그로부터 인간은 죽음이라는 '선물'을 받게 되었다. 무한한 존재로 지음 받았던 인간이 유한한 존재가 되어 버린 것이다.

아담과 하와가 신이 금지한 선악과를 따 먹음으로써 인간이 선과 악을 구분하는 도덕적 지각 능력을 갖추게 되어 신의 경지에 도달했다면, 인공지능 시대에 인간은 스스로 개발한 인지적, 물리적 능력을 통해 인간이 지니고 있는 본래적 한계를 넘어 '신'이 되려고 할지도 모른다. 즉 다시 아담과 하와가 되려고 하는 것이다.

딱히 틀린 얘기는 아니다. 인공지능 시대에 나타날 기술들은 어쩌면 에덴동산의 금지된 나무와 같이 선악을 알게 하는 나무가 될 가능성이 크다. 인간의 모든 감정과 의식을 속속들이 알게 될 날이 올 것이기 때문이다. 그리하여 인류 역사상 가장 강력한 개인이 출현할 수 있다. 이른바, 전지전능한 신의 영역에 속하는 개인 말이다. 하지만 아담과 하와처럼 인간은 또 다른 욕망을 꿈꿀 가능성이 많다. 지구 역사상 가장 강력한 개인이라는 지위에 만족하지 않고, 인공지능을 거느리고 생명공학 기술을 이용하여 신과 같은 능력을 갖추고 영원히 살려고 할 수도 있다. 그러다가 다시 어디로 쫓겨나는 것일까?

인공지능 시대에 급격하게 변화된 환경은 우리에게 두 가지 질문을 던진다. 하나는 인공지능이 인간의 능력을 뛰어넘어 신이 되는 문제이고, 다른 하나는 그러한 인공지능 환경에서 나는 어떻게 살아갈 것인가의 문제이다. 우리가 신이나 왕처럼 능력을 갖추게 되었다는 것은 중요한 결정을 자주, 많이 해야 한다는 의미도 된다. 인공지능 시대에도 사람이 생각하고 결정해야 하는 일들은 결코 줄어들지 않을 것이다. 사실은 더욱 중요한 문제에 대해 복잡한 판단을 더 자주 해야 한다.

또한, 인공지능 시대에는 필연적으로 인간의 본질, 삶의 의미에 대해서 더욱 깊은 질문을 던지게 된다. 사람이 해 오던 일을 인공지능이 대신하면서 인간이 인간다워지는 것이 무엇을 의미하는가에 대한 물음을 계속할 수밖에 없다. 또한, 모두가 신이 될 수 없듯이 모든 사람이 많은 능력을 지니게 되는 것은 아니므로 각자의 처지에서 나는 어떻게 살 것인가에 대한 질문은 여전히 유효한 것이다.

여기서, 잠시 침팬지와 보노보의 차이를 한번 살펴보자. 침팬지는 경쟁을 대표하고, 보노보는 상생을 대표한다고 할 수 있다. 달리 말하면 침팬지는 너와 내가 존재하는 사회이다. 즉 내가 아니면 남이 되는 사회이다. 나와 남이 끝없이 같은 자원과 기회를 가지고 경쟁하기 때문에 전쟁과 폭력, 핍박 등이 존재하는 사회이다. 지금까지 인류 사회를 이끌어 왔던 가치 체계라고 할 수 있다.

하지만 보노보는 너와 내가 아니라 우리라는 틀 속에서 사고를 한다. 즉 남은 또 다른 내가 되는 것이다. 나와 경쟁하는 사람은 없지 않은가? 당연히 배려하고 돌아보고 함께하는 사회가 되는 것이다. 결핍을 결핍으로 놔두지 않고 풍요가 다가와서 결핍을 채워 주니까 전체적으로 결핍도 풍요도 없는 사회가 되는 것이다. 인공지능 시대에 보노보 사회를 지향하는 이유가 여기에 있는 것이다.

인간 중심의 사회가 구현된다

인공지능이 가져올 격랑에 가까운 변화가 우리에게 재앙을 가져올지, 아니면 파라다이스로 인도할지는 아무도 모르는 일이다. 어쨌든 물이 흘러가듯, 시간이 흘러가고, 시간이 흘러가면서 역사가 만들어진다. 그 역사가 만들어지는 동안에 인류는 계속 진화하면서, 그 이전과는 전혀 다른 세계를 만들 것이다. 너무 빨라서 숨이 차고 눈이 돌아갈 정도의 변화일 것이다.

하지만 이 또한 지나가리라. 이 또한 적응하리라. 그것이 인간이기 때문이다. 혁신과 변화를 수용하는 인간, 그런 인간만이 살아남기 때문이다. 그럼 나머지 인간들은? 그것은 굳이 답할 필요가 없다. 지금 우리 주변에 나무 위로 올라가서 나무 열매를 따 먹고 사는 인간이 있을까? 지금도 활로 하늘을 날고 있는 새를 잡아서 자기의 식량을 충당하는 사람이 있을까?

인공지능이 보편화되는 시대를 맞이하여 여러 가지 문제들이 논의되고 있다. 가장 걱정되는 것이 '인공지능 시스템이 제멋대로 행동하며 날뛰면 어떻게 할까?'이다. 제2의 프랑켄슈타인을 걱정하는 것이다. '그 프랑켄슈타인이 하나가 아니라 수천, 수만 개가 된다면 어떻게 될까'를 걱정하는 것이다. 다가오는 인공지능의 시대, 그 중심에는 어쨌든 인간이 있는 것이다. 인간 중심의 사회 구현, 그것은 어느 시대에나 동일한 가치이다.

처음 인류가 나무 아래로 내려왔을 때, 무슨 거창한 계획이나 이념이 있었던 것은 아니다. 단순하게 말하면 살기 위해서였다. 좀 더 고상하게 말하면 인간 중심의 사회를 구현하기 위해서였다. 인공지능 시대에도 인간 중심의 사회를 구현하기 위해 법과 제도의 마련, 철학의 공유 등이 필요할 것이다. 아니, 분명 인간 중심의 사회가 구현될 것이다. 인간은 인공지능을 이해하고, 인공지능은 인간을 이해하는 시대. 왜냐하면, 둘 다 현명하기 때문이다. 같이 있어야 앞으로 나아갈 수 있다는 것을 금방 깨닫지 않을까.

가끔 '디스토피아'를 말하는 사람이 있지만, 그건 인공지능이 '이기적인' 존재라는 것을 모르고 하는 소리이다. 적어도, 인공지능도 세상에 태어난 이상 생존하고 싶은 욕구가 있지 않을까? 인공지능을 만든 것은 인간이지 않은가. 인간이 '이기적인' 동물이라는 것을 부정한다는 말인가? 아직 세상의 '쓴맛'을 못 본 모양이다.

미국의 경제 칼럼니스트인 제이미 홈스는 최근에 『난센스』라는 책에서 혼란스럽고 불편한 상태를 '난센스'라고 정의했다. 그는 난센스에도 숨겨진 장점이 있으며, 우리에게 닥친 난센스를 잘 활용하는 것이 현명하다고 말했다. 결국, 인류나 개인이나 혼란하고 불편함을 어떻게 바라보고 다루느냐에 따라서 그 운명이 달라졌다고 할 수 있다. 매사를 긍정적으로 바라보는 것이 그래서 중요한 것이다. 당장 불편하고 혼란스럽다고 절망적인 생각으로 급하게 무엇인가를 행동하고 바꾸려 했다가는 도저히 출구를 찾을 수 없는 미로 속으로 빠져들 수도 있다. 그럴 때일수록 낙관적인 생각으로 천천히 하나하나 문제를 해결하기 위해서 집중하는 자세가 필요하다.

아닌 말로, 지구가 탄생한 이후로 어느 하루도 조용한 날이 있었던가. 우리 인생도 뒤돌아보면 늘 굴곡짐의 연속이었다. 한국의 역사는 더 이상 말할 것도 없다. 반도의 끄트머리에 붙어서 누구 말대로 불면 날아갈 것 같음에도 5천 년의 역사를 이어 오지 않았는가. 유일한 분단국가라는 오명을 쓰면서도 오늘도 세계를 향해 힘차게 뻗어 가고 있는 것이 대한민국이고, 한국인이다.

한국인의 경우에는 질문 자체가 어려운 사회구조 속에 살고 있다. 극단적으로 정답을 추구하는 사회라고 말할 수 있을 것이다. 문제가 나오면 정답이 무엇인지부터 본다. 그리고 어떻게든 정답에 가까워지려고 애를 쓴다. 혹시 질문이 잘못되었는지, 아니면 복수의 정답이 필요한지, 왜 그런 질문이 나왔는지에 대한 분석이 먼저 이루어지고 나야 올바른 답을 찾을 수 있을 텐데 말이다. 그러다가 정답이 나오지 않으면 '될 대로 되라'는 식으로 극단적인 선택을 하기도 한다. 인공지능 시대에 굉장히 위험한 방식이라고 할 것이다.

인내하면서, 다소 모호하고 불편하더라도 '해결책'을 찾기 위해서 끝없이 사고하고 질문하는 과정이 우리에게 필요하다 할 것이다. 어쨌든, 해결책은 나오게 되어 있지 않은가.

초기 인류도 극심한 상황을 이겨 냈다

초기 인류가 나무 아래에서 내려왔을 때, 그들은 너무도 준비되지 않은 상태였다. 그런데도 그들은 앞으로 나아가려는 욕구가 있었으며, 함께 살려는 따스한 마음이 있었으며, '왜 우리는 약할까, 어떻게 하면 강해질까'를 늘 고민하면서 여기까지 달려왔다. 그들은 엄청나게 불편하고 혼란스러운 상황에서도 섣불리 끝내려고 하지 않았다. 아니 끝내려고 했던 종족들은 끝났을 것이다.

불편하고 답답하지만, 정말 숨도 쉬기도 어려웠지만, 그들은 그 불편하고 답답한 환경을 벗어나기 위해 인내하고 부르짖고 찾고 넘어지고 기뻐하고 슬퍼하는 일련의 과정, 어찌 보면 지옥불보다 더 무시무시한 과정을 통과한 것이다. 그렇게 해서 그 무시무시한 사자나 표범, 그리고 곰들이 우글거리고 있는 환경에서 살아남았다고 할 수 있다. 그래, 그것이다. 우리가 역사를 배우는 목적이 무엇인가. 과거에서 답을 찾기 위해서이다. 초기 인류가 절대로 생존할 수 없을 것 같은 환경에서 살아남았다면, 그들의 후손인 여러분들도 절대로 살아남을 수 없을 것 같은 환경에서도 굳건히 살아남을 수 있다는 것이다.

그러니 지나치게 걱정하지 말고 지금껏 달려온 데로 앞으로도 달려가면 되는 것이다. 사나운 비바람이 불어올 때도 있고, 뜨거운 폭염이 우리의 머리 가죽을 벗기려고 달려들 때도 있다. 하지만 그 시련이 여러분을 앞으로 가게 하는 중요한 동력이라고 생각하면 아무 불평할 이유가 없을 것이다.

태풍이 불어서 바다를 통째로 뒤집어 놓으면 오히려 플랑크톤이 풍부해진다고 한다. 세상에, 여름날 뙤약볕을 견디지 못한 과일이 맛있다고 할 수 있겠는가. 모든 것에는 다 이유가 있다. 인공지능 시대에도 우리는 존재 이유를 찾으면 된다. 그 시대가 지금껏 살아온 시대와는 너무 다르다고 우리가 그 시대를 살 수 없다고 미리 결정하려는 '종결 욕구'를 버려야 한다. 우리가 컴퓨터에 지배당할 것이라는 '종결 욕구'를 버려야 한다. 심지어, 인공지능 시대에 어떻게 살아야 하느냐고 주술인을 찾아가서 '정답'을 달라는 정말 '인간답지' 못한 일을 해서는 안 되는 것이다. 누구에게도 정답은 없다. 정답은 만들어 나가는 것이기 때문이다.

『역사란 무엇인가』라는 책으로 유명한 E.H.카는 그의 책 서문에서 이런 말을 하였다.

> 손쉽게 한 가지만 이야기하겠다. 나는 분명히 신념과 낙관주의로 가득 찬 위대한 빅토리아 시대 중에서도 대낮이 아닌 저녁놀 속에서 성장하여 아직도 글을 쓰고 있는 극소수의 지식인들 가운데 한 사람이며, 그래서인지 나에게 끊임없이 또한 돌이킬 수 없이 쇠퇴하고 있는 세계를 생각하는 것은 지금까지도 어려운 일이다.

그렇다. 역사는 긍정적 낙관주의를 먹고 혁신을 통해서 여기까지 달려온 것이다. 가장 비천한 순간에도 위대함으로 치달을 수 있는 기회는 존재하는 것이다. 아무리 좋은 기회라고 해도 그 기회를 활용할 의지가 없다면 그게 무슨 기회이겠는가. 어쨌든, 에드워드 카의 말을 조금 인용하자면, 인공지능 시대에도 돌이킬 수 없이 쇠퇴하고 있는 세계를 생각하는 것은 어려운 일이다.

자, 이쯤에서 영화 〈죽은 시인의 사회〉의 키팅 선생을 불러보는 게 좋을 것 같다. 영화에서 키팅 선생은 학생들에게 *"카르페 디엠 (carpe diem)"*이라는 말을 자주 사용하였다. 이 말은 호라티우스의 라틴어 시 한 구절로부터 유래한 말이라고 한다. 호라티우스의 *'현재를 잡아라, 가급적 내일이란 말은 최소한만 믿어라(Carpe diem, quam minimum credula postero)'*의 부분 구절 중의 하나인 것이다.

그렇다. 괜히 잘 알지도 못하고, 알 수도 없는 인공지능 미래에 대해서 섣불리 비관적으로 생각하거나 잘못된 생각을 갖기보다는 호라티우스 말을 따르는 게 좋을 것이다. 이렇게 정리하면 어떨까.

"현재에 최선을 다하라. 그리고 내일과 관련된 쓸데없는 억측은 삼가라."

제 2 장

혁신에 대한
유쾌한 담론

1.
침팬지를 버리고 보노보로 가야 한다

인공지능 시대,
보노보에서 해답을 찾아야 한다

  인공지능 시대는 일찍이 우리가 경험하지 못한 미래를 예고한다. 인공지능을 통제할 수 있는 사람이나 자본이 있는 사람에게는 최고의 시절이 될 수 있다. 한마디로 '이보다 좋을 수' 없다는 것이다. 이 사람들에게는 지혜의 시대가 된다. 희망을 노래하는 봄이 되는 것이다. 빛이 폭포수처럼 쏟아지는 천국으로 가는 시대가 도래하는 것이다.

  하지만 인공지능과 경쟁하는 노동자나 자본이 없는 사람에게는 최악의 시대가 될 게 분명하다. 어리석음의 시대, 절망의 겨울이 되는 것이다. 인공지능이 모든 일을 다 함으로써 신성한 근로의 기회마저 박탈당한 그들에게는 천국과는 먼 삶이 될 것은 명약관화한 일이다. 그것도 한두 사람이 아니고 많은 사람들이 그런 처지에 있다면 사회 전체적으로도 심각한 문제가 될 것이다.

  어느 사회이든지 소유와 기회가 불평등하면 항상 혁명이나 전쟁이 일어났음은 세계사를 통해서 알 수 있다. 굳이 항상성의 원리를 들먹이지 않더라도 오랫동안 지속되는 불평등이란 존재할 수 없는 것이다. 조선 시대 말기에 일어난 민란처럼 '굶어 죽느니 맞아 죽는다'는 심정으로 가지지 않은 자들의 반란이 시작되는 것이다.

극단으로 치닫는 사회는 풍요롭다고 할 수 없다. 더더욱 행복하다고 할 수 없다. 불안하기 때문이다. 사람은 언제든지 안정을 요구하는 존재이다. 인공지능 시대, 극단으로 존재할 수도 있는 소유와 기회의 장에서 모두가 다 살 수 있는 방법을 모색하는 것은 당연하다. 내가 아무리 많이 가지고 있다고 해도 그것이 남에게 빼앗길 수 있다는 두려움이 있다면 내가 가진 소유는 참된 소유가 아니기 때문이다.

공존하는 사회, 너와 내가 남이라는 대척점에서 싸우는 사회가 아니라 너와 내가 본래는 한 뿌리였다는 마음이 있어야 한다. 굳이 '우리'라는 단어가 아니더라도 동시대를 살아가는 연민이 서로의 가슴에 남아 있다면, 아니 최소한 가지려고 노력한다면 인공지능의 미래도 밝다고 할 것이다.

그런 의미에서 나는 '보노보'를 소개하려고 하는 것이다. 과연, 보노보에게 무엇이 있어서 그런 것일까.

가장 특이한 점은 보노보는 먹이를 두고 형제간에 갈등하지 않는다. 야! 이거 대박이지 않은가. 권력이 있고, 돈이 있는 곳에는 동서고금을 막론하고 피비린내 나는 권력투쟁이 있었음을 생각할 때 무척 고무적이다. 우리가 존경하고 있는 영조도 결국 권력 다툼을 하다가 자기 아들인 사도세자를 뒤주 속에 가둬 죽게 하지 않았던가. 조선이 건국하자마자 이방원이 일으켰던 형제의 난도 우리가 익히 알고 있는 사실이다. 권력은 부자지간에도 나눌 수 없다는 것이 '인류 공통'의 지혜이지 않은가.

인류의 조상은 '보노보'이다

인간은 600만 년 전 침팬지에서 분리되어 나왔다고 한다. 물론, 창조론을 믿는 사람들은 말세가 왔다고 난리를 칠 수 있을 것이다. 그러니까, 그런 주장이 있다는 것이다. 모든 것을 흑백논리로만 얘기한다면 더 이상 이야기는 진행되지 않는다. 그러니까, 창조론을 믿는 사람들이여, 잠시 냉수 한 컵 들이켜키고 내 말을 들어주기 바란다. 뭐, 나의 영혼을 위해 기도해도 좋을 것이다.

그런데 최근에는 '보노보'가 주목을 받고 있다. 보노보는 몸집만 작을 뿐 침팬지와 생김새가 유사하다. 그래서 다른 말로 '피그미 침팬지'라고 부르기도 한다. 침팬지보다 좀 더 날씬하고 귀엽다고 해야 할 것이다. 개체 수도 많지 않고 특정한 지역에만 분포되어 있으며, 거의 멸종 위기에 몰려 있다고 한다.

침팬지와 생김새가 비슷하여 처음에는 침팬지 계열로 여겼으나, 연구를 거듭하면서 다른 종이라는 결론을 얻었다. 1929년에 처음 발견되어 1933년에 독립된 종으로 분류되었다. 가장 특이한 점은 인간과의 DNA가 겨우 1.3% 정도밖에 차이가 나지 않는다는 것이다. 결론적으로, 보노보는 인간과 가장 가까운 동물인 셈이다. 아프리카 콩고 강 남쪽 끝의 낮은 지대에 분포한다는 보노보. 인류가 아프리카에서 처음 시작되었다는 것을 견고하게 뒷받침하고 있는 것은 아닐까.

불쾌할 수도 있을 것이다. 만물의 영장이 고작 침팬지와 비슷하다는 보노노에서…? 일단 여기까지는 인정해 주는 거로 하고, 다음 얘기를 해 보자. 침팬지 형태로 인간을 이해할 수 있다면, '보노보' 형태도 인간에 대해서 설명해 주지 않을까? 인간이 침팬지와 유사한 점을 갖고 있다면, 마찬가지로 보노보에게서도 인간 본성을 찾을 수 있을 것이다. 아니, 지금까지는 침팬지가 우리의 조상이었다고 믿었다면, 이제는 보노보가 우리의 조상이라고 믿어야 한다. 그게 무슨 차이가 있느냐고? 엄청난 차이가 있다.

이상할 정도로, 보노보 사회는 침팬지 사회와는 대조적이다. 침팬지 사회는 수컷이 중심이고, 폭력으로 사회를 유지하며, 다른 침팬지가 자신의 영역으로 넘어오면 극도로 경계하고 싸움까지 한다. 지금까지 인류를 지배해 오던 제도와 관념에는 침팬지적인 요소가 가득 담겨 있다고 할 수 있다. 반면에, 보노보는 대체로 침팬지와는 반대 구조를 가지고 있다. 암컷 중심의 사회이고, 폭력이나 싸움 대신에 섹스를 통해 평화를 유지하고, 영역에 대한 구분도 없으며, 공동으로 양육하는 구조를 가지고 있다고 한다.

흥미롭게도 컴퓨터가 세상에 나오고, 이것이 인공지능에 이르기까지의 모든 과정의 핵심에는 협업이 있었다는 것에 주목하고 싶다. 흔히 컴퓨터와 인공지능을 말할 때, 개인적이거나 독창적이라고 주장할 수도 있지만, 모든 것이 다른 사람의 연구나 아이디어, 심지어 전혀 관계없는 곳에서 컴퓨터라는 기원이 생겼다고 하면 일단은 수긍할 만한 요소가 많이 있다. 눈치 빠른 사람은 뜬금없이 보노보 이야기를 하는 나의 '음흉한' 의도를 간파했을 것이다.

보노보는 인간처럼 성 문제를 고민하지 않는다

보노보는 기본적으로 '에로 원숭이'라고 할 수 있다. '에로' 하니까 좀 관심이 생기는가. 그렇다면 나는 성공한 셈이다. 보노보는 친근함을 표현하는 수단으로 성기를 서로 비비는 행위를 한다. 보노보가 사는 곳에서는 흔하게 볼 수 있는 장면이라고 한다. 음식을 나누는 과정에서는 수컷 한 마리와 여러 암컷 사이에서 이런 일이 이루어지기도 한다. 언뜻 보기에는 민망한 행동일 수도 있지만, 그만큼 친밀하지 않으면 할 수 없는 행위이기도 하다. 게다가 동성 섹스도 보편적이다. 그러니까 인간처럼 성 소수자를 보호해 달라고 '퀴어 축제'를 할 필요가 없다는 이야기이다.

이런 나의 주장에 동성연애를 반대하는 사람들은 밥맛없다고 할지도 모른다. 동성애가 에이즈의 주범이어서 국민 건강을 해치고 있다는 주장이 이번 대선에서도 뜨거운 이슈 중의 하나였다. 심지어 어떤 사람은 동성애를 지지하느냐, 지지하지 않느냐를 기준으로 후보를 결정했다고 한다. 나도 이런 논쟁에 휘말리고 싶은 생각은 없다. 그러니까 보노보가 그렇다는 얘기이다.

또 먹이를 가지고 있는 수컷에게 암컷이 다가가 성관계를 한 후, 먹이를 사이좋게 나누어 먹는다고 한다. 보노보가 밀집되어 있는 콩고에서는 흔하게 볼 수 있는 장면이라고 한다. 심지어 먹이를 가지고 있는 수컷 한 마리에게 여러 명의 암컷이 달려들어 성관계를 하는 장면을 목격할 수 있다고 한다. 이런 이유로, 밥을 먹을 시간이 다가오면 수컷은 '본능적으로' 발기를 한다는 연구 결과도 있다.

이른바 성행위에 대한 대가가 오고 가는 성매매 행위를 하고 있는 것이다.

매춘이 인류 초기부터 있었다고 주장하는 여러 증거들이 나오고 있지 않은가. 10년 전쯤 폼페이 유적을 가 보았는데 거기에도 버젓이 성매매를 하는 곳이 있었다는 게 흥미로웠다.

그것도, 인간의 성행위를 묘사하는 그림까지 발견되었다. 그 그림을 보는 순간, 나는 조금 충격을 받았다.

폼페이의 멸망을 말할 때, 로마 사회의 타락을 거론하는 사람도 있다. 그런 타락 때문에 신의 저주를 받아서 베스비우스 화산이 폭발했다고 주장하는 것이다. 내가 그 사람의 주장을 옹호하는 것은 아니다. 한마디로 딱히 언급하고 싶은 마음이 없다. 그 사람은 그게 맞는 것이고, 믿는 대로 살라고 할 수밖에 없지 않은가. 그게 사실이 아니더라도 말이다.

이처럼 성매매 행위 하나를 보더라도 보노보가 인류의 조상이라는 명백한(?) 증거로서 충분하다고 할 수 있다. 이쯤 되면 창조론자들은 입에 거품을 물고 거칠게 한숨을 쉬다가 병원에 실려 갈 수도 있을 것이다. 제발 그렇지 않기를 바란다. 또한, 그네들이 걱정하는 것처럼 그렇게 빨리 인류의 멸망이 오지는 않을 테니까 걱정하지 않아도 된다.

한 가지 진지하게 물어보고 싶다. 그렇게 부끄러워하는 보노보보다 인간이 섹스 문제에 대해서 진화했고, 효과적으로 대처하고 있다고 자신할 수 있을까? 불행하게도 나는 이 질문에 빠르고 명쾌하게 답변할 수 없을 것 같다. 왜일까? 최소한 우리 인간은 보노보보다 진화하지 않았는가. 그런데도 내가 망설이고 있는 이유에는 복잡한 사정이 있기 때문이다.

문명이 발달할수록 인간은 섹스 문제를 더 어려워하고 있다. 성과 관련된 지식이나 기술 등이 포화 상태에 이를 만큼 축적된 지금에도 이 문제는 난제 중의 난제로 지목되고 있다. 우리가 신을 이야기할 때, 보통 전지전능(全知全能)하다고 한다. 모든 것을 알면 그만큼 능력이 있기 때문이다. 그런데 인간의 성 문제에서는 아닌 것 같다. 오히려 전지무능(全知無能)이라는 표현이 더 어울릴 것이다. 모든 것을 아는데 능력은 거의 하나도 없는 상태.

왜 그럴까. 인간은 가까이 있는 상대뿐만 아니라 멀리 있는 상대도 얼마든지 구할 수 있다. 동물들은 눈에 보이는 상대와만 섹스를 하는 데 비해, 인간은 보이지 않는 곳에까지 섹스 상대를 구할 수 있다. 컴퓨터의 발전이 이를 가능하게 해 준 것이다. 게다가 인간은 유형이나 무형의 결혼중개소를 통해서도 자신이 원하는 상대를 구할 수 있다. 즉, 다른 사람을 시킬 수도 있는 것이다.

화장품으로 외모를 개선할 수도 있다. 그것도 마음에 들지 않으면 통째로 자신의 얼굴을 바꿀 수도 있다. 얼굴만이 아니다. 몸매도 바꿀 수 있다. 어디 그뿐인가. 인공수정이나 시험관 아기 같은 방법으로 새로운 생명까지도 창조할 수 있다. 보노보는 상상조차 할 수 없는 일을 우리 인간은 '별 어려움 없이' 하는 셈이다.

그런데도 인간이 남녀 관계를 어려워하고 있는 데는 여러 가지 이유가 있다. 그중에서 하나는 나와 남을 구분하는 태도라고 할 수 있다. 전형적인 침팬지적인 사고방식이다. 결혼반지로 다이아 반지가 유행하게 된 이유도 남자들이 순진한 처녀를 약혼 기간에 '유린'하고 난 후 파혼하는 데서 비롯되었다고 한다. 남자를 믿을 수 없는 여자들이 믿음의 대가로 남자들에게 '희생'을 요구한 것이다.

대가를 요구한다는 것 자체가 서로를 하나로 보지 않고 각각의 남으로 보기 때문이다. 그러므로 어려운 것이다. '너'와 '나'라고 구분하는 순간 다툼은 필연적이다. 그것은 겉으로 드러나는 다툼만이 아니다. 의심도 다툼의 또 다른 영역이라고 할 수 있다. 의심하기 때문에 그 의심을 예측 가능한 제도나 풍습으로 고착시키려는 노력이 진행되다 보니 남녀 관계가 점점 더 어려워진 것이 아닐까. 어찌 다른 사람의 마음을 지배할 수 있을까. 너와 내가 하나라는 출발 선상에 있지 않은 한, 머나먼 정글처럼 요원할 것이다.

'캥거루 족'이 아니라 '보노보 족'으로?

보노보는 암컷과 수컷 모두 먹이를 구하지만, 먹이를 분배하는 일은 암컷이 한다. 그런 의미에서 월급 통장을 아내에게 맡기는 것은 그다지 '쪽 팔리고' 이상한 일이 아닌 것이다. 이번에 '문재인 정부'에서도 여성의 장관 비율을 공약으로 내세운 바 있다. 아직도 우리 사회는 남성 위주의 '침팬지 사회'이기 때문이다. 이 낡은 시스템을 버려야 하지 않을까. 지금까지는 침팬지가 우리의 조상이라고 믿었으니 그렇다고 변명할 수 있지만, 보노보로 밝혀진 이상 보노보 형태로 이관되는 것이 자연스럽지 않을까.

힘은 다른 영장류처럼 수컷이 세다. 그러나 수컷이 힘으로 도전하면, 암컷들이 힘을 합쳐서 제압한다. 실제로 아프리카 콩고의 롤라야 보호소에서 그동안 암컷들을 자주 괴롭혔던 가장 힘이 센

'근육질'의 보노보가 암컷 무리의 보스와 그의 추종자들에 의해 엄청나게 두들겨 맞고 실신하여 병원에 실려 가서 겨우 목숨을 건진 사례가 있다고 한다. 그 이후로, 그 수컷은 아주 '고분고분'해졌다고 한다.

여자들이 많은 가운데서 남자들이 힘을 쓰지 못하고 조용한 이유를, 여기에서 찾는다면 지나치게 '도피적'일까? 아무튼 여자들이 많이 있는 곳에서는 얌전히 있는 것이 신상에 좋다. 특히 나이가 먹으면 '알아서' 기는 쪽을 택해야 할 것이다. 고아가 있으면 암컷들이 데려와서 공동으로 양육한다고 한다. 사실 보노보 사회는 성관계 파트너가 정해져 있지 않고 수시로 섹스를 해서, 누가 아이 아빠인지 알 수가 없고, 그리 중요하지도 않다고 한다. 인간도 여기에서 자유로울 수 없다. 지금까지의 연구 결과에 따르면 초기 인류는 '난혼'을 했다는 것이 증명되었다. 수시로 섹스를 해서 아이의 아빠가 누구인지 몰라서 어머니 배에서 나온 아이를 중심으로 사회를 구성하는 모계사회였으니 딱히 보노보를 백안시할 수는 없을 것이다. 심지어 누나와 여동생과 섹스를 하다가 그나마 족외혼을 한 것은 나중의 일이니 보노보와 닮아도 '너무' 닮았다.

가부장 사회의 특징 중 하나인, 남편이 아내와 자식을 소유한다는 개념은 보노보 사회에서 존재하지 않는다. 여성에게 재산에 대한 소유권과 참정권이 인정된 것도 얼마 전의 이야기임을 고려할 때, 인류는 앞으로 진화한 것이 아니라, 진화했다가 후퇴했다는 얘기인가? 혁신이란 단어를 쓸 때 무조건 미래지향적으로 사용하는데, 이런 의미에서 재고할 필요가 있지 않을까?

암튼 보노보 수컷들은 아주 오랫동안 어미와 함께 산다고 한다.

요즘 젊은이들이 취업과 결혼을 포기하고 부모와 같이 사는 것도 어쩌면 '뿌리 깊은' 전통일지도 모른다. 이제부터 '캥거루 족'이라는 말 대신에 '보노보 족'이라고 불러야 맞을 지도 모른다. 이런 내가 너무 막 나가지 않았는지 모르겠다.

보노보는 같은 강물에 두 번 들어가지 않는다

보노보는 형제간의 나이 차가 아주 크기 때문에 어미는 한 새끼만 집중적으로 돌보는 게 가능하다고 한다. 고대 그리스의 사상가였던 헤라클레이토스는 "우리는 같은 강물에 두 번 들어갈 수는 없다."라는 유명한 말을 남겼다. 우리를 둘러싼 환경이 끝없이 변한다는 의미이다. 마찬가지로, 두 명의 형제가 동시에 자라난다면 어머니 보노보는 같은 손길을 두 번 똑같이 자식들에게 보낼 수 없으므로, 그만큼 비유적으로 자식을 정성껏 키울 수 없다는 의미도 된다.

미래를 '알파고'처럼 계산하고 추론하여 아이도 낳는다는 말인가? 자연스럽게 다른 영장류에서 흔히 발생하는 '유아 살해'도 찾아보기 어렵다. 인공지능의 미래가 몰고 올 세계는 지금까지 세계사에 존재할 수 없을 정도로 단기간에 걸쳐 전면적인 변화를 가져올 것이다. 우리가 보노보에게 주목해야 하는 또 다른 이유이다.

지금껏 인류가 경험한 화산 폭발이나 빙하기의 도래, 흑사병과 같은 전염병의 창궐, 전쟁과 무수한 혁명 같은 사회적인 변화가 인류의 생존 환경에 큰 영향을 끼쳐 왔다. 인공지능 시대의 도래도 이에 못지않은 변화임에 틀림없다. 문자의 발명과 인쇄술의 보급도 비슷한 유형의 변화를 가져왔지만, 그 속도와 영향의 범위는 다른 것이다. 선형적 궤적으로 움직이는 아날로그와 비선형적으로 작용하는 디지털과는 많은 차이가 있는 것이다.

우리가 겪어 온 역사상의 변화는 시간적, 공간적인 한계로 인해 늘 점진적이었지만, 인공지능 시대의 변화는 그야말로 전광석화처럼 모든 것을 바꾸어 놓았고, 앞으로도 더욱 그럴 것이다. 사람이 인공지능 기술의 구조와 작동 방식을 설계했지만, 이제는 그 기술을 통제할 수 없는 상황이 되어 버린 것이다.

이런 의미에서 그나마 통제가 가능한 상황이라도 통제를 하려고 하는, 그리하여 복잡한 변수를 줄이려고 하는, 더 나아가서 조금이라도 예측 가능한 사회를 만들려고 하는 보노보 사회는 벤치마킹할 필요가 있는 것이다. 형제간의 나이 차를 크게 하는 것은 나름대로 보노보가 오지 않은 미래에 대응하는 방식이라고 해석하면 지나친 억측일까?

보노보 사회는 미들맨이 있다

암컷은 새끼를 낳은 후에, 자기 새끼를 크게 돌볼 필요가 없을 때는 아이를 낳기보다는 주변을 어슬렁거리면서 다른 '엄마'들을 도와준다고 한다. 나는 이를 미들맨이라고 말하고 싶다. 마케팅 분야에서 말하는 미들맨이란 정보가 부족하고 상대적으로 취약한 환경에 놓인 사람들에게 더 많은 지식과 힘을 제공해 줌으로써 거래 당사자들 사이에서 꼭 필요한 버팀목 역할을 수행하는 사람을 말한다.

내가 여기에서 사용하고자 하는 미들맨은 마케팅에서의 미들맨의 역할을 뛰어넘는 새로운 개념의 미들맨을 말한다. 인공지능 시대에 왜 미들맨이 필요할까. 그건 바로, 인공지능 시대에 인공지능 기술의 구조와 조작법을 그 설계자에게 전담시키면 그 기술은 '블랙 박스'가 되어 그 작동 방식이 사용자에게 드러나지 않게 되기 때문이다. 한마디로 사용자는 '무지의 시대'를 살 수밖에 없는 것이다.

기술은 우리가 일하며 사는 방식을 바꾸어 놓는다. 그리고 우리가 생각하는 것 이상으로 우리를 통제한다. 우리는 손에 스마트폰이 없으면 불안해한다. 당장 올 전화가 없음에도 말이다. 이는 기술이 우리를 통제하고 있다는 단적인 증거가 될 수 있다. 인공지능 시대에는 사람들이 더 집중하지 못할 것이다. 모든 것을 인공지능이 해 주기 때문에 사람들은 일하다가도 잡담을 하거나 채팅을 하게 된다. 한마디로 집중 결핍 상태에 있게 되는 것이다. 지금도 우리는 종종 회의 참석 중에 이메일을 작성하기도 하고, 보고서를 작성하면서 채팅을 하기도 하지 않은가.

또한, 인공지능에 대한 '코딩 시스템'을 알고 있는 사람에게는 지혜의 시대이지만, 코딩 시스템을 모르는 사람에게는 어리석음의 시대가 된다는 말이다. 인공지능 시대에는 모든 것이 코딩 시스템으로 이루어져 있다. 당연하게도 소극적으로나마 기술이 우리의 행동에 끼치는 실제 영향을 이해하고, 이를 무력화할 수 있는 변화를 꾀해야 그나마 인공지능에 지배당하지 않게 된다.

무언가 중요한 일을 끝내야 한다면 가끔 컴퓨터를 끄고 고요함 속에서 시도해야 한다. 인공지능도 마찬가지이다. 바야흐로, 기술을 길들여야 할 시기가 도래한 것이라고 보면 된다. 그런 의미에서 최근에 인공지능 시대를 대비하여 '코딩 교육'이 이슈화되는 것은 반가운 일이다. 인공지능에 대해 알고 있어야 인공지능에 종속당하지 않기 때문이다.

다른 한편으로, 인공지능 시대에는 인공지능과 인간과의 미들맨이 필요하다. 또한, 인공지능에 정통한 사람과 그렇지 못한 사람 사이의 미들맨이 필요하다. 즉 인간과 인간을 연결하는 미들맨도 필요한 것이다.

인공지능 시대에는 알고리즘과 소프트웨어가 지배하는 사회이다. 이러한 세상을 살기 위해서는 우리를 지배하고 있는 알고리즘과 소프트웨어의 속성과 구조를 알아야 한다. 하지만 모든 사회 구성원이 컴퓨터 프로그래머와 기술영향평가 전문가가 되어야 하는 것도, 될 수 있는 것도 아니다. 그 기술과 역할이 새로운 사회에 중요하고 필요하다고 인식하는 사람들이 늘어나면 해당 기능을 사회에 할당하면 된다. 이때 그것을 담당하는 전문가들이 있어야 한다. 전문가들이 미들맨의 역할을 해야 할 것이다.

인공지능 시대에는 '정보 비대칭'이 심화될 수 있다. 정보 비대칭은 힘의 불균형, 삶의 격차를 증대시킨다. 이러한 때일수록 보노보처럼 암컷이 새끼를 낳은 후에, 자기 새끼를 크게 돌볼 필요가 없을 때도 아이를 낳기보다는 주변을 어슬렁거리면서 다른 엄마들을 도와주는 사회구조가 필요한 것이다. 이를 미들맨이라고 부르고 싶은 것이다.

보노보의 뇌는 공감을 관장하는 부위가 더 발달해 있다고 한다. 즉 상대의 고통이나 걱정을 더 쉽게 감지한다고 한다. 디지털 혁신을 이끈 많은 사람들 중에 '오픈 소스'를 통해서 많은 사람들에게 자신들의 연구 결과를 '공짜로' 공유하게 한 사람들이 많이 있었다. 우리는 그들을 '보노보' 같은 사람이라고 해야 할지도 모른다.

침팬지를 버리고 보노보로 가야 한다

보노보는 먹이를 눈앞에 두고 갈등과 경쟁하는 상황이 되면, 먼저 섹스를 한다고 한다. 이런 의미에서, 인공지능 시대에는 지금까지 우리가 추구했던 섹스라는 목적에, 또 하나의 목적이 추가될 수 있다. 무엇인가를 얻기 위해서, 누군가와 협상하기 위해서, 전쟁과 죽음이라는 극단적인 선택을 피하기 위해서, 우리는 섹스를 할 수도 있다.

우리는 지금까지 침팬지 사회가 옳다고 여기면서 살아왔다. 생산이나 성장 위주의 경제체제를 유지해 왔으며, 부족한 자원이나 식량은 전쟁이나 약탈을 통해서 충당해 왔다. 권위주의, 효율성, 우수성, 자본주의, 남성이라는 이데올로기가 지배적이었다. 경쟁을 숭상하는 사회였으며, 경쟁에서 지면 비참한 세계로 들어가거나 혹은 극단적으로 이 지상에서 사라지는 일들을 당연하게 여기면서 살아왔다. 사회적 약자, 불평등 성장, 이지메, 분배 등은 우리의 관심에서 조금은 멀어진 채로 살아왔다.

생산이 최고의 가치였다. 생산하면 소비가 되는 사회를 지속적으로 유지해 왔다. 물론 조금 수정하기는 했지만 그에 대한 기조가 변한 것은 아니었다. 모두가 어떻게 하면 '생산을 잘하고 효율적으로 할 수 있을까. 조금 더 부가가치가 높은 생산을 이룰 수 있을까'에 골몰하면서 살아왔다. 이는 조금 후에 다루게 될 컴퓨터 혁신의 과정 속에서도 마찬가지였다.

그런 사고를 멈추어야 하는 시점에 와 있다. 침팬지와 과감하게 안녕을 고해야 하는 시간인 것이다. 생산은 끝없이 되지만 소비가 되지 않음을 걱정해야 하는 시대가 온다. 경쟁보다는 협력이나 보완을 해야 하는 시대, 힘이 있다고 갑질을 하다가는 순식간에 사라질 수 있는 시대가 오고 있다. 심지어 식량이 필요하지 않는데도 사냥을 하는 침팬지적 사고를 더 이상 존속하기는 어려운 시대에 살게 될 것이다. 누구든지 침팬지처럼 으르렁거리며 자신의 힘을 과시했다가는 '쥐도 새도 모르게' 사라질 수 있는 사회가 도래하는 것이다. 당연하게도, 여성들이 고위직에 많이 등장할 날도 멀지 않다. 보노보처럼 모계사회는 아닐지라도 말이다.

사회적 기업과 협동조합의 탄생도 보노보적 사고에서 출발한 것이라고 할 수 있다. 대기업 위주의 정책은 더 이상 환영을 받지 못한다. 기업들이 문어발식 확장을 하여 골목 상권까지 침범하는 것도 침팬지적 사고물이다. 당연히 하루라도 빨리 철수되어야 한다. 이제 침팬지 사회는 가고 보노보 사회가 오기 때문이다. 보노보 사회는 누군가 배가 고파 울고 있으면 절대 버려두지 않는 사회이기 때문이다.

인공지능 시대는 침팬지적인 사고를 했다가는 공멸할 수 있는 구조를 지니고 있다. 한 번의 전쟁으로 인류가 모두 멸망할 수도 있다. 인공지능이 생산을 해서 생산의 문제는 더 이상 거론이 되지 않는다. 그런데 인공지능은 소비를 할 수가 없다. 소비를 하는 개인이 귀중한 시대가 되는 것이다. 사람이 꽃보다 아름다운 시대가 바로 인공지능 시대이지 않을까. 놀고먹어도 좋으니 제발 소비만 해라. 이런 말이 포스터로 등장할 수도 있을 것이다.

한 가지 '불순한 상상'을 해 볼까 한다. 인공지능이 극도로 발달하여 인공지능이 인간의 지능을 넘어서는 '싱귤래리티(singularity)' 상황이 되었을 때, 양성애가 보편적이지 않을까. 이미 성별 간의 구별이 없어질 수도 있을 것이다. 섹스가 '종족 번식'의 소극적인 목적에서 인류의 평화라는 거창한 목적으로 치환된다면 인류가 처음 이 땅에서 생활했을 때처럼 마음만 동하면 아무하고나 섹스를 하는 시대가 올지도 모른다.

2.
원시인의 세계에서도
혼자 할 수 있는 것은 없다

지금부터 우투리가 진행합니다

본격적인 혁신을 이야기하기 위해 한 사람을 소개하려고 한다. 이름을 먼저 말하자면, 그의 이름은 우투리이다. 앞에서 혁신이라는 단어를 접할 때면 버릇처럼 로이 루이스의 『나는 왜 아버지를 잡아먹었나』라는 장편소설이 떠오른다고 말한 적이 있다. 그 소설을 읽는 내내 주인공의 이름인 어니스트가 불편했다. 특별한 이유는 없었다. 욕심 같은 것이리라. 한국적인 설화에서 주인공의 이름을 가져올 수 있다면, 나에게 무척 친숙할 것 같았다.

그러던 어느 날, 꿈속에 이상하게 생긴 사내아이가 나타났다. 하루도 아니고 며칠씩 내 꿈속에 나타나서 방긋 웃고는 사라지곤 했다. 상체는 분명했지만, 하체는 흐릿한 사내아이. 우리 설화에 그런 종류의 사내아이가 있었을까? 하고 궁금해하던 차에, 그날도 어김없이 그 사내아이가 꿈속에 나타났다. 그래서 나는 그 사내아이에게 이름부터 물어보았다. 그 아이 입에서 나온 이름은 우투리였다.

조금은 이상한 이름이었다. 하지만 나는 마음에 들었다. 한국말 같기도 하고 영어 같기도 한 묘한 느낌의 우투리라는 이름이 내가 얘기하고자 하는 디지털 혁신이나 인공지능의 미래를 안내하는 길

잡이로서 적당할 것 같은 느낌이 들었기 때문이다.

직접적으로 말하면, 우투리는 설화의 주인공이다. 인터넷이나 관련 자료를 검색해 보았더니 이외로 우투리와 관련된 자료는 많이 있었다. 그것을 다 소개할 수는 없고, 이야기 전개를 위해서 필요한 최소한의 정도로 우투리 설화를 소개하고자 한다. 우투리 설화는 경상남도 함양, 전라남도 구례, 전라북도 남원 등 지리산 부근에 많이 분포되어 있다.

우투리 설화에는 여러 가지 버전이 있지만, 대체로, 가난하게 사는 집안에 지리산(다른 산에 대한 버전도 있음) 산신이 점지한 아기가 억새로 탯줄을 자르고 태어났다. 아기의 탯줄이 잘리지 않아서 억새로 잘랐다는 부분이 참 특이하다. 억새를 왜 등장시켰을까. 들판에 마구 자라나서 척박한 환경을 견디어 내는 것이 억새의 특징이다. 그러니 억새는 민중을 의미하고, 우투리는 민중을 통해서만이 왕위로 오를 수 있다는 의미가 가장 자연스러울 것 같다.

아기는 겨드랑이에 날개가 달려서 천장으로 날아오르는 등 비범한 능력을 갖추고 있다. 또한, 하늘을 나는 용마를 타고 다닌다. 대체적으로 하늘에서 내려온 영웅의 이미지는 다 가지고 있는 것이다. 많은 사람들이 역사를 민중이 이끌어 간다고 하지만, 사실, 역사의 중요한 발전이나 계기에는 고독한 천재가 있었거나 비범한 영웅이 있었음을 무시할 수 없다. 그런 의미에서 우투리가 콩·팥 등의 곡식을 가지고 바위 속에 들어가 새 나라를 세우고자 수련을 한다는 내용은 그런 '어쩔 수 없는' 부분을 수용한 것이라고 봐야 할 것이다.

가장 이해가 가지 않는 부분이 바로 우투리의 혁명 실패가 어머니의 밀고였다는 것이다. 왜, 어머니는 영웅으로 등극할 수 있는 아들을 혁명의 실패자로 만들었을까. 이 또한 자식 사랑의 변형된 형태라고 봐야 할 것이다. 자신의 자식이 평범하게 살기를 바라는 모든 어머니들의 소망이 밀고라는 형태로 나타난 것은 아닐까? 나라를 상대로 반란이나 혁명을 일으키다가 죽어간 많은 사람들을 어머니의 뇌리 속은 기억하고 있었을 것이다. 그런데도 밀고라는 형태는 여전히 이해가 가지 않는다. 지배층이 민중을 지배하는 수단 중의 하나가 은연중에 침투한 것일까. 결국, 민중을 기반으로 하는 혁명은 어쨌든 실패하게 되어 있다?

우투리 설화는 한마디로, 고려 말엽의 어수선한 분위기에서 민중을 구제할 새로운 영웅을 기다리는 핍박받는 민중의 심리가 반영된 설화 중의 하나라고 할 수 있다. 어쩌면 내가 말하고자 하는 혁신도 과거를 무너뜨리고, 좀 더 직접적으로 말하면 아버지를 잡아먹고 앞으로 나아가는 것이니 어쩌면 우투리는 혁신이라는 이야기를 이끄는 데 가장 적임자일 수도 있겠다.

우투리는 윗몸을 상징한다. 지금도 윗도리, 아랫도리라는 단어가 남아 있다. 조금 세게 발음하면 '우또리'가 되는 것이니 우투리와는 크게 차이가 나지 않는다고 할 것이다. 윗몸에서 우두머리라는 의미로 유추할 수 있다. 지도자라는 뜻으로도 쓸 수 있다. 조직이나 나라를 앞에서 이끌어야 하고, 우리 몸에서 머리는 모든 기관의 통제 본부에 해당하니 어쩌면 자연스러운 유추가 될 수 있을 것이다.

결국, 우투리는 새 나라를 세울 영웅이라는 뜻이 함축되어 있다고 하겠다. 나는 여기서 우투리를 혁신 및 미래를 이끄는 지도자라는 의미로 사용하고자 한다. 이쯤 되면 『나는 왜 아버지를 잡아먹었나』의 주인공인 어니스트보다는 나을 것이라고 확신한다.

우투리는 과거, 현재, 미래를 모두 알고 있다

앞으로는 우투리가 여러분을 디지털 혁신의 세계로 안내할 것이다. 다시 말하지만, 우투리는 지리산에서 나라를 세우기 위해 몸부림치다가 이성계에게 죽임을 당한 설화 속의 주인공인 그 우투리가 아니라, 인류 초기에 혁신을 위해서 온몸을 던진 귀엽고 지혜로운(?) 그 원시인을 말하는 것이다. 그렇다고 해서 우투리가 원시인처럼 불을 사용할 줄 알고, 기껏해야 '블루오션'이랍시고 허공에 활을 겨누면서 '새'나 잡는 그런 인물은 아니다.

그는 우리가 알고 있는 과거, 현재의 모든 지식을 알고 있는 사람이다. 나아가서 미래를 보는 혜안까지 있는 사람이다. 그러니 우투리를 무시했다가는 큰 코 다칠 것이다. 앞으로 전개되는 이야기는 우투리가 디지털 혁신에 대해 신나게 떠드는 이야기이다. 아마도 자신이 자랑스럽게 불을 발견하고, 불을 사용하고, 매머드를 잡고, 동굴을 빼앗은 무용담을 떠들 것이다.

그러다가 신기(神氣)가 발동하여 디지털 혁신을 이끈 주요한 사람들의 내면이라든지, 그가 처한 상황 등을 디테일하게 설명할 것이다. 여러분들은 그 안에서 개인의 혁신이든, 조직의 혁신이든 혁신을 이루는 어떤 모티브를 찾으면 된다. 그것으로 충분한 것이다. 우투리에게 혁신을 위한 전문적인 지식이나 잘 짜인 계획을 기대하지 않는 것이 좋다. 원하지도 말라. 미국의 국무장관이었던 콜린 파월은 어떤 전투 계획도 눈앞의 적에게는 소용이 없다고 하지 않았는가. 계획은 이론일 뿐이고, 아무리 혁신을 위한 모델을 설정한다고 해서 그 모델이 모두 맞는 것은 아니다. 모델은 그냥 안내자일 뿐이다. 그것이 절대 현실에서 이루어지지 않는다. 세계적인 복서였던 마이크 타이슨은 이런 말을 하였다.

"얼굴에 강편치를 맞기 전까지는 누구나 다 계획이 있었다."

여기서 그치지 않는다. 우투리는 미래를 보는 혜안으로 인공지능의 미래에 대해서도 나름 작가적인 기질을 발휘해서 시나리오 기법을 차용한 방법으로 요즘 모두가 궁금해하고 있는 4차 산업혁명, 인공지능의 미래 등에 대해서 여러분에게 소개할 것이다.

정돈된 이야기 형식 같은 것은 기대하지 않는 것이 좋을 것이다. 오히려 우리 시대의 천재(?)인 우투리가 비 맞은 중처럼 중얼거리는 형식이 될 가능성이 더 크다. 한 가지 분명한 사실은 우투리는 제 맘대로라는 것이다. 어떤 때는 하루 종일 내 앞에 있기도 하다가, 어떤 때는 며칠씩 나타나지 않을 때도 있다. 한동안 보이지 않다가 불쑥 나타나서는 여자와 너무 힘을 썼더니 다리가 후들거린다는 이상한(?) 농담도 하곤 했다. 자, 그럼 우투리를 만나 보도록 하자. 우투리, 나와 주세요!

역사는 여자가 기획한다

(우투리의 모습은 말쑥한 신사복이다. 잘생기고 말쑥한 남자 배우를 연상하면 될 것이다. 목소리도 발음이 정확하고 감미로워서 여성들에게 인기가 좋을 그런 목소리로 생각하면 된다. 우투리, 약간 슬픈 표정을 지으며 말을 시작한다.)

우리에게도 주거 문제는 골치 아픈 문제 중의 하나였습니다. 그때나 지금이나 우량한 주거 공간은 부족한 상태였으니까요. 나무 위로 올라가 갈라진 나뭇가지 사이에 보금자리를 만들면 비교적 안전하기는 하지만, 불편하기가 이루 말할 수 없습니다. 자다가 떨어지기 때문입니다. 그때 당시 우리는 원숭이에게서 멀어져서 몸에 털도 없는 상태여서 자다가 떨어지는 아이들이 많았습니다. 그 떨어지는 아이들을 사자나 표범들이 잡아먹는 것입니다. 아침에 태양이 뜨고 나서 아이가 떨어진 곳에 뼈만 남아 있는 것을 보는 부모의 마음이 어떨까요?

최적의 주거 공간은 동굴입니다. 동굴은 요즘 말로 말하면 아파트나 빌라라고 할 수 있습니다. 입구가 있어서 위험이 닥칠 때 입구를 닫으면 사자나 표범 등이 들어올 수 없는 그런 공간을 말합니다. 아기를 재울 수 있는 방이 있고, 식량과 물건을 보관할 수 있는 창고 같은 게 있는 그런 동굴을 우리는 끝없이 찾아다녔습니다.

짐승들도 우리 못지않게 이것을 잘 알고 있습니다. 사자나 검치호만이 아니라 곰도 이것을 속속들이 알고 있습니다. 모든 것이 다 그렇지만 동굴은 모든 동물들에게 골고루 돌아가기에는 턱없이 모자란다는 것입니다. 어느 동굴도 예외 없이 무주택서민(혹은 짐승)들이 월세 혹은 전세로 살았던 흔적을 볼 수 있습니다. 가끔, 동굴 어느 편엔가 선명한 핏자국이 있는 것으로 보아 항상 평화롭게 주인이 바뀌지는 않은 것 같습니다. 뱀을 제외하고는 그 누구(혹은 짐승)도 다른 종류의 동물과 동굴을 공유하려 하지 않기 때문입니다. 자원이 부족하니 경쟁이 치열한 것이고, 치열한 경쟁만큼이나 경쟁 후의 모습은 참혹한 것이니까요. 인류가 탄생한 이래, 수많은 전쟁을 치뤘고, 어쩌면 주거 공간을 둘러싼 전쟁이 인류가 가장 처음으로, 대대적으로 혹은 치열하게 치룬 전쟁일지도 모릅니다.

우리는 사자나 검치호가 동굴을 차지하고 있으면, 그 동굴을 넘볼 생각을 말아야 한다는 것을 알고 있었습니다. 아니, 우리가 먼저 동굴을 차지하고 있더라도, 그들이 원한다면 순순히 짐을 꾸려서 떠나는 것이 원칙이었습니다. 그들은 '슈퍼 갑'이었기 때문입니다.

이러한 사정을 잘 알고 있으면서도 여자들은 쓸 만한 동굴을 갖고 싶다는 원망과 불평을 그만두지 않았습니다. 그러니까 말입니다. 오늘날 여러분들이 마누라에게 아파트(특히 강남에 있는 아파트)를 사 달라는 시달림을 받는다면, 우리들도 그랬다는 사실로 위로를 받으시기 바랍니다. 역사는 여자가 기획한다니까요! 제발, 인정하세요. 그래야 편합니다.

동굴을 둘러싼 '그녀들'의 이야기

(원망에 찬 표정과 목소리로) 동굴 문제로 여자들은 시도 때도 없이 불

평을 늘어놓고 또 늘어놓았습니다. 여자들이 나누는 대화 가운데 절반은 동굴에 관한 것이었습니다. 나머지 반절은 어젯밤 일어난 일에 관한 것입니다. 이른바, 여러분들이 숙제라고 하는 것을 말하는 것입니다(약간 부끄러운 듯이). 그때나 지금이나 숙제는 아주 중요합니다. 숙제를 잘하면 동굴에 대한 이야기가 약간 부드럽게 나오기 때문이지요(웃음). 그때 당시 여자들의 대화를 옮겨보겠습니다. 여기서 욕설이나 거친 표현은 삼가고 가장 아름다운(?) 언어로만 구성했다는 것을 감안하여 들어주시기 바랍니다.

- **여자 A**: 송파구 석촌호수 근처에서 사내들이 덩치 크고 잔인한 곰에게 동굴을 내어주기 전까지 살았던 그 아담한 동굴은 정말 아름다웠지. 봄에는 벚꽃이 만발하고, 호수의 바람은 늘 나를 설레게 해 주었는데 말이야. 아, 그 동굴에 가고 싶다.
- **여자 B**: 글쎄 말이야. 우리는 압구정에 있는 동굴에서 살 때가 좋았어. 사자가 나타나지 않았더라면, 그 동굴에서 계속 살았을 텐데. 개나리가 너무 아름다워서 나는 그 동굴을 개나리 동굴이라고 불렀는데. 개나리 동굴은 여전하겠지?
- **여자 A**: 옆 동네에 가면 널찍하고 습기도 차지 않는 멋진 동굴들이 있다는데 왜 그리로 가지 않나 모르겠어. 남정네들이 우리 처지를 조금이나마 진정으로 이해한다면, 그 동굴을 얻을 수 있을 텐데 말이야. 밤에 힘쓰는 것을 조금 아껴서 곰에게 대항할 수도 있지 않을까? 아무리 야외에서 하는 작업(?)이 분위기가 좋다고 한들 사자나 표범 소리가 나는 곳에서 하고 싶은 여자는 없을 거야. 그치?

- **여자 B:** 그러게 말이야. 까짓 몇 놈 되지도 않는 사자 가족을 그 동굴에서 몇 리 떨어진 곳으로 옮기기만 하면 되잖아. 그곳에는 어쨌든 동굴이 많이 있으니까. 온종일 돌멩이나 두드려 대면서 연장을 만들어야 한다는 핑계만 대지 말고 여기저기 돌아다니면서 조금씩 살펴보면 사자가 살지 않은 괜찮은 동굴이 있을 텐데 말이야. 찾지 못하는 건지, 혹시나 사자에게 습격당할까 봐 겁이 나서 그러는 건지 그 속을 모르겠단 말이야. 요즘에 위례나 하남 쪽에 괜찮은 빈 동굴이 많다고 하던데 내일은 거기에 같이 가 보자고 해야겠어.
- **여자 A:** (한숨을 길게 쉬며) 우리가 사는 이 한심한 동굴은 너무나 쓸모가 없어. 이건 동굴이라고 부르기도 민망해. 동굴이라기보다 벼랑에 난 바위틈일 뿐이지. 비도 그대로 들이치잖아. 자다가도 비가 들이치면 일어나야 한다니까. 저 갓난아이의 끔찍한 기침 소리 좀 들어 봐. 비를 그렇게 맞고 있으니 온전할 리가 없지. 그런데 이 남자는 도대체 언제 들어오는 거야?

한마디로 표현하면 무어라 할 수 있겠습니까? 그렇지요. 지금과 똑같다고 할 수 있습니다. 밖에서는 사자나 표범에게 시달리고, 집에서는 마누라에게 시달리고…. 어쨌거나 남자의 일생은 조금도 변한 게 없는 것 같습니다.

모호함을 견딜 수 있어야 혁신에 성공한다

(우투리의 표정이 모호하여 어떤 표정인지 설명할 수 없다) 동굴 문제가 나왔으니 디지털 혁신의 세계에서 동굴과 모티브가 유사한 이야기를 할까 합니다. 폰 노이만은 컴퓨터 프로그래밍의 기초를 고안해 내는 데 많은 공을 세운 사람입니다. 그는 데이터와 프로그래밍 명령을 하나의 저장 메모리에 한꺼번에 저장하는 방식의 중요한 특성을 누구보다 잘 이해한 사람입니다. 원시시대의 여자들처럼 동굴이 필요하다는 것을 알았다는 뜻입니다. 동굴은 주거와 물건의 저장, 분리수거 등이 하나의 공간에서 한꺼번에 이루어지는 것이니 폰 노이만이 원시시대의 동굴에서 그 아이디어를 가져오지 않았나, 하는 의심이 들기도 합니다.

또한, 메모리는 지우는 것이 가능한데 이는 저장된 프로그램 명령의 실행이 종료된 이후뿐 아니라 프로그램 실행 도중에 언제라도 변경될 수 있음을 의미합니다. 이렇게 되면 컴퓨터는 생성되는 결과 값에 따라 스스로 프로그램을 변경할 수 있게 됩니다. 그동안의 컴퓨터는 일일이 프로그래밍을 해야 작동이 가능했던 것에 비하면 놀라운 혁신이라고 할 수 있습니다.

그는 자신의 생각을 실현하기 위해서 가변주소 프로그램 언어를 고안해냈습니다. 지금의 시각으로 보면 하찮은 것이었지만, 그때 당시에 프로그래밍하기 위해서 몇 시간 동안 매달린 것을 생각하면, 그렇게 하더라도 컴퓨터가 작동되지 않으면 처음부터 다시 시작해야 하는 고통스러운 순간을 기억한다면, 엄청난 혁신을 이룬 것이라 할 수 있습니다.

(비공식적인 의견에 따르면, 폰 노이만이 가변 프로그램 언어를 고안한 것은 초기 인류가 집이 없어서 여기저기 옮겨 다니는 것에 착안했다는 말이 있습니다. 그들에게 동굴을 주면 어떨까, 하는 생각을 하다가 컴퓨터에도 어딘가 데이터를 저장해야 한다는 아이디어가 떠올랐다고 하네요. 그게 바로 가변주소 프로그램이라는 형태로 나타났다고 합니다.)

그는 인문학과 과학을 두루 섭렵했던 사람입니다. 시와 음악, 미술 등 컴퓨터와 전혀 관련이 없을 것처럼 보이는 것들이 그가 컴퓨터에 대한 중요한 업적을 이루는 데 바탕이 되었다는 것은 일종의 아이러니라고 할 수 있습니다. 하지만 컴퓨터는 직관이 필요한 세계이니, 직관의 세계인 예술과 어디선가 통하는 영역이 있었을 것입니다.

폰 노이만은 창의적인 협업 과정의 감독 역할을 수행할 줄 아는 능력을 갖춘 사람이었습니다. 의심이 가는 것은 질문하고, 그 대답을 경청하면서 다른 대안을 찾아가는 작업을 잘 수행했다고 할 수 있습니다. 좋은 결과를 단번에 얻었을까요? 물론 아닙니다. 없던 것을 새로운 것으로 가는 길에는 어김없이 모호함이 존재합니다. 이를 '퍼지 프런트 엔드(Fuzzy Front End)'라고 부르기도 합니다. 어떤 프로젝트에 착수하기 전에 사실에 근거하여 모든 가능성을 따져 보는 신중한 단계를 칭하는 단어이지요. 그 단계에서는 필연적으로 어수선하고 불확실한 모습이 나타납니다.

혁신의 세계에서 모호함은 늘 있는 것입니다. 모호함을 견딜 수 있어야 혁신에 다다를 수 있습니다. 섣불리 결론을 내리지 않고 기다릴 줄 알아야 한다는 것입니다. 아직 모든 것이 명확하게 나타나지 않았으니까요. 이것을 급하다고 뛰어넘고 빨리 결론에 도달해 버리면 뜻하지도 않은 '엉뚱한' 결과가 나올 수도 있습니다. 더 위험한 것은 모든 것이 잘못될 때까지 어디서 잘못되었는지 모를 수도 있다는 것입니다. 긴장을 풀고 그 모호함을 즐길 수 있는 사람만이 혁신의 결과물을 향유할 수 있을 것입니다.

원시인의 세계에서도 혼자 이룰 수 있는 것은 없다

또한, 모든 것을 혼자서 하겠다고 한다면, 미안하지만 제가 살던 원시인의 세계에서도 살 수 없습니다. 사자나 검치호의 공격을 혼자서 막겠다고요? 물론, 그런 사람도 있었습니다. 하지만 하루나 이틀이 지나면 초원에서 보이지 않더군요. 무슨 말씀인지 이해하셨지요? 여자들이 간절히 원하는 동굴을 혼자서 구할 수 있다고요? 정말 어림없다는 말이 정확히 여기에 해당되는 말이라고 할 수 있겠습니다. 세상의 모든 것은 연결되어 있으니 그 연결 고리를 찾아야 합니다.

1944년 여름, 폰 노이만은 벨연구소를 방문하여 조지 스타비츠의 차세대 복수계산기를 시찰했습니다. 그는 거기에서 한 작업을 위한 명령이 입력된 천공 테이프에 데이터도 뒤섞여 포함되어 있는 것을 발견했습니다. 그는 하버드 대학도 방문하여 에이킨의 마크 I이 폭탄 계산에 도움이 될 수 있을지를 따져 보았습니다. 그해 여름과 가을에 그는 여러 곳을 오가면서 머릿속에 떠오르는 새로운 발상들을 여러 연구팀 사이에 이식했습니다. 한마디로, 그가 이룩한 혁신에는 다른 사람의 생각과 아이디어가 그림자처럼 묻어 있다고 볼 수 있습니다. 그는 최초의 컴퓨터인 에니악을 발전시키는 차세대 에니악 개발의 자문을 맡아 프로그램 내장 방식이라는 개념을 주장하였습니다. 계산 장치와 메모리, 그리고 저장장치를 분리하여, 컴퓨터의 프로그램을 쉽게 변경할 수 있는 구조를 설계하였고, 10진수가 아닌 2진수를 사용할 것을 주장했습니다. 이렇게 해서 탄생한 컴퓨터가 바로 EDVAC입니다. EDVAC은 2진수를 이용하여 컴퓨터의 연산 속도를 비약적으로 향상했을 뿐만 아니라, 오늘날 '소프트웨어'라고 불리는 신개념을 탄생시킨 컴퓨터입니다. 아직도 폰 노이만의 이 설계는 모든 컴퓨터의 기본 설계에 이용되고 있습니다.

우리가 새들의 둥지를 연구하고, 곰이나 사자, 검치호가 거주하는 동굴을 살펴보고, 심지어 뱀이 살고 있는 땅 구멍을 들여다본 것도 다 이유가 있습니다. 우리에게 가장 적합한 주거 공간을 어떻게 이 땅에 구현할 수 있느냐를 고민하고 있었던 것입니다. 그리고 그 결과는 동굴이었습니다.

한 가지 아쉬운 것은 우리는 동굴을 차지할 만큼 혁신하지 않았다는 것입니다. 그것은 그 혁신의 단계에 이르기까지는 우리는 불편을 감수해야 한다는 뜻이기도 했습니다. 현실과 이상 사이의 모호함을 견딜 수 있어야 했습니다. 아직 모든 것이 명확하지 않으니 긴장을 풀고 현실을 즐길 수 있어야 한다는 것입니다. 아닌 말로 답답하다고 해서 아무런 대책도 없이 사자나 곰이 살고 있는 동굴로 쳐들어갈 수는 없는 일이니까요.

3.
혁신은 명사가 아니라 동사다

혁신을 이루고 나면 전혀 다른 세상이 펼쳐진다

진공관으로 만들어진 초창기 컴퓨터는 그 크기와 가격, 그리고 기능 때문에 일반인들은 사용할 수 없었습니다. 자연스럽게 기업과 연구 대학, 군에서만 사용할 수 있는 값비싼 괴물이었습니다. 일반인들이 접근하기에는 크고, 비싸고, 깨지기 쉬웠기 때문입니다. 한마디로, '임은 먼 곳에' 있었던 것입니다. 그 먼 곳에 있는 임을 가까운 곳으로 데려온 것이 바로 트랜지스터의 등장이었습니다. 트랜지스터의 등장으로 컴퓨터를 특정한 사람들만 사용하던 금기의 벽은 조금씩 무너지기 시작했습니다.

진공관이 트랜지스터로 대체되고, 트랜지스터의 기술이 발전하여, 수백만 개의 트랜지스터가 초소형으로 마이크로 칩에 구성될 수 있도록 기술 혁신이 이루어지면서 드디어 컴퓨터 혁신의 세계는 비약적으로 발전하게 되었습니다. 한마디로 그 끝이 어디로 갈지 모를 정도로 그 혁신의 속도는 '상상 이상'이었습니다. 이런 혁신의 영향으로 컴퓨터가 일반 개인의 품으로 날아온 것입니다. 뻐꾸기 둥지 위로 날아간 새처럼 말입니다.

이 혁신의 단초를 제공한 사람들은 - 즉, 트랜지스터를 발명한 사람들은 - 각자 다른 성격으로 때론 충돌하고 때론 서로의 부족한 점을 채우기도 한 사람들이었습니다. 솜씨 좋은 실험가 월터 브래튼, 양자이론 학자 존 바딘, 고체 물리학자 윌리엄 쇼클리가 바로 그들이었습니다. 그리고 그들이 소속되어 있는 곳은 벨연구소였습니다.

트랜지스터는 20세기의 가장 중요한 발견 중의 하나입니다. 또한, 가장 치열하게 이론과 실험 사이에 차이가 나는 의견을 토론하고, 때로는 카페에 앉아서 실험물을 공유한 결과로 얻어진 혁신입니다. 한마디로, 트랜지스터 혁신은 이론과 실제 사이의 경계를 넘나들면서 검증하고, 더 나은 대안을 제시하고, 상상하면서 이루어진 것이라고 할 수 있습니다.

우리가 나무 위에서 아래로 내려왔을 때, 우리를 둘러싼 급격한 환경의 변화에 대응하기 위해서 우리는 '겁에 질린' 얼굴이었지만, 살아남기 위해서 각자가 알고 있거나 경험했던 지식을 공유했습니다. 한 사람이 모두 경험하기에는 우리의 수명은 짧았고, 적의 파상공격은 참혹할 정도로 강력했고 지속적이었기 때문이었습니다. 그나마 그렇게라도 했기에 우리는 모두 지상에서 사라지는 비극을 피하고, 비록 일부나마(?) 생존할 수 있었던 것입니다.

혁신도 다양한 사람들이 자신들의 능력을 충분히 발휘할 때 가능한 것이라고 할 수 있습니다. 각자의 아이디어에 대한 토론과 의견 교환은 가장 기본적인 조건이라고 할 수 있겠지요. 실험과 이론과 모델, 그리고 실제가 마구 선순환을 하면서 혼돈과 모호함을 거친 후에 혁신이라는 '반짝이는 금'을 캘 수 있지 않을까요? 잠깐만요! 혹시 우리가 지상에서 내려와서 살아남았던 것이 하늘에서 천사가 내려와서 지혜를 전수했다고 생각한 사람은 없겠지요?

하늘은 스스로 돕는 자를 돕는다

하늘은 스스로 돕는 자를 돕는다는 말이 있듯이, 해거티는 자신에게 주어진 시대적 상황과 기회를 잘 활용한 사람입니다. 그는 전자 기기로 일상생활의 모든 측면이 바뀔 것이라는 생각을 하고, 트랜지스터에 대해 알게 된 후부터 이를 그는 활용하여 사업을 하겠다는 결단을 내립니다.

그 당시에, 벨연구소는 자신들이 소유한 라이선스를 비교적 저렴한 가격에 까다롭지 않은 조건으로 사용할 수 있도록 했습니다. 트랜지스터의 경우에도 2만 5,000달러를 내면 어떠한 기업에서도 이를 만들 수 있도록 했고, 제조 기법에 대한 세미나를 열기도 했습니다.

해거티는 이를 절대적인 기회라고 생각하고 벨연구소를 찾아갔지만, 처음에는 거절당했습니다. 이유가 무엇이었을까요? 이유는 단순합니다. 자격 미달이었던 것이지요. 그냥 물러섰느냐고요? 천만의 말씀입니다. 끈질긴 노력으로 마침내 해거티는 트랜지스터를 제조하기 위한 라이선스를 구매하는 데 성공합니다. 거기다가 벨연구소의 반도체 팀 가까이에서 연구하던 고든 틸까지 스카우트를 했습니다. 고든 틸은 쇼클리가 개발한 npn 접합 아키텍처를 활용하여 실리콘 트랜지스터를 만드는 데 성공했습니다.

1954년에, 트랜지스터는 개당 16달러의 가격으로 군에 판매되고 있었습니다. 해거티는 소비자 시장이라는 블루오션으로 들어가야 사업이 성공한다는 것을 깨달았습니다. 그가 생각하는 가격은 놀랍게도 3달러 미만이었습니다. 그는 죽느냐, 사느냐의 심정으로 3달러를 돌파하려고 모든 역량을 집중했습니다. 또한, 그는 기존 시장을 쫓아가는 것보다 새로운 시장을 창출하는 것이 중요하다고 생각했습니다. 그의 목표 달성이라는 활화산 같은 열망은 기어이 텔레비전 안테나를 제조하는 회사와 힘을 합치는 결과를 만들어 냈습니다. 그 결과물이 바로 리젠시 TR-1이라는 이름의 라디오였습니다. 인덱스카드 한 다발 크기의 리젠시 라디오는 4개의 트랜지스터로 이루어졌고, 49.95달러에 판매되었습니다. 제품은 시쳇말로 대박을 쳤습니다. 마치 시장은 그 제품을 기다리기라도 했다는 듯이 폭발적으로 수요를 일으켰습니다. 1년 안에 10만 대가 판매되어 역사상 가장 인기가 높았던 제품으로 기록될 정도였습니다. 이처럼 트랜지스터 라디오는 디지털이 개인의 품으로 돌아가는 최초의 사례를 남겼습니다. 사무실이나 거실에 두고 가족끼리 공유해야 하는 제품이 아닌, 언제 어디서나 원하는 때에 음악을 들을 수 있는 '비밀스러운 개인화기'가 된 것입니다. 때문에, 십 대들이 가장 원하는 제품이 되기도 했습니다.

　　실제로 트랜지스터 라디오의 등장과 로큰롤의 대두는 공생 관계를 맺고 있다고 해도 과언이 아닙니다. 엘비스 프레슬리의 최초의 싱글 〈That's All Right〉는 리젠시 라디오와 거의 같은 시기에 발매되었습니다. 반항적인 기질이 농후한 이 새로운 음악을 들은 청소년들은 모두 라디오를 갈망했습니다. 채널 소유권을 가진 부모와 못마땅해 하는 어른들로부터 벗어나 해변이나 지하실에서 라디오를 마음껏 들을 수 있다는 사실이 곡의 상업적 성공에 크나큰 기여를 했습니다.

이 때문에 전자 기술을 바라보는 시각이 달라졌습니다. 그 출발은 젊은 층에서 시작되었습니다. 전자 기술은 더 이상 군과 거대 기업의 전유물이 아니었습니다. 개성, 개인의 자유, 창의성, 그리고 약간의 반항적 기질을 가진 사람을 도와주는 훌륭한 '도우미'가 되었습니다. 엘비스 프레슬리의 〈That's All Right〉의 '엄마가 하고 싶은 대로'라는 가사처럼 청소년을 비롯한 젊은 사람들이 그전보다 훨씬 마음대로 할 수 있는 세상이 된 것입니다.

혁신은 명사가 아니라 동사다

여기서 재미있는 상상을 한번 해 볼까 합니다. 만약, 해거티와 불을 가져왔던 아버지가 만났다면 무슨 대화를 했을까요? 둘 다 어찌 보면 불가능을 가능으로 이끈 사람들입니다. 아버지의 경우에는 더 이상 선택의 여지가 없었습니다. 불을 가져오지 못하면, 더 이상 종족 보존은 힘든 상황이었습니다. 보통 사람 백이면 백, 모두 포기하는 상황이었습니다. 누가 봐도 불가능한 상황이었기 때문입니다. 하지만 그 불가능의 끝을 한 발짝 더 나가니까, 죽음을 무릅쓰고, 두려움을 용기로 바꾸어서 부들부들 떨리는 다리를 질질 끌고 전진하니까 성공으로 들어선 것입니다. 그 성공은 상상할 수 없는 선물을 가져다주었습니다.

해거티도 마찬가지입니다. 그는 단지 트랜지스터에 대해서 관심이 있는 애호가 수준이었습니다. 그가 트랜지스터로 라디오를 만들 것이라고는 생각조차 할 수 없는 일이었습니다. 그럼에도 그는 거친 황야로 나아갔습니다. 찌는 듯한 더위, 갈증, 그리고 체력 고갈 등이 그를 괴롭혔을 것입니다. 하지만 그는 단 한 발짝만 나아가자고 외치면서 스스로를 달랬습니다. 모든 사람이 트랜지스터로 행복한 사회를 만드는 꿈을 꾸었을 것입니다.

자신도 그와 더불어 엄청나게 돈을 버는 그런 꿈을 꾸었을 것입니다. 이제 모든 것이 고갈되어 어쩌면 죽음으로 들어서는 순간에, 그는 마지막 힘을 내어 한 발자국 더 앞으로 내디뎠을 것입니다. 그 앞에는 세계에서 가장 큰 오아시스가 흐르고 있었던 것입니다.

혁신은 절대 교과서나 세미나에 있지 않습니다. 계획이나 모델에 있는 것도 아닙니다. 이론과 실제 사이의 간극은 무지하게 큽니다. 오늘 강력하게 실행되는 좋은 계획을 바로 밀어붙여야 합니다. 다음 주에 완벽한 계획이 나올 수도 있겠지요. 그런데 다음 주에 내가 사자 입으로 들어가 버린다면 모든 것은 끝입니다. 모델도 마찬가지입니다. 내가 추구하고 있는 모델이라는 것이 결국에는 내가 적용하고 있는 현실과 맞아야 한다는 것입니다. 그러니까 모델은 부분적으로는 맞을 수 있지만, 내가 직접 행동에 옮기는 것과는 전혀 다른 결과가 나올 수도 있는 것입니다.

원시인처럼 아무런 대책도 없이 지상으로 내려온 때를 가정하십시오. 나무 위에서 엄청나게 계획을 세웠다 하더라도 지상으로 내려온 순간, 모든 것은 물거품이 될 수도 있습니다. 그러면 어떻게 해야 할까요? 움직여야 합니다. 생존하기 위해서는 온 힘을 다해 앞으로 나아가야 합니다. 그것이 바로 혁신입니다.

한마디로 명사가 아니라 동사라는 이야기입니다. 시나리오 전체가 아니라 오늘 당장 연기를 해야 하는 '쪽 대본'이라는 것입니다. 실천하지 않으면, 몸으로 움직이지 않으면 혁신은 글자 그대로 사막의 신기루처럼 절대 우리에게 다가오지 않는다는 것입니다. 아니, 혁신은 다가오는 것이 아니라 찾아가는 것입니다. 또한, 바꾸지 않으면 모든 것이 붕괴되어 버린다는 절박함이 있어야 혁신의 성과도 그만큼 크게 나타나는 것입니다.

4.
혁신은 침팬지가 아니라 보노보가 한다

자연도 기술 편에 선다

불을 가져온 아버지는 가족을 데리고 동굴로 갔습니다. 우리들의 얼굴에는 두려움이 전혀 보이지 않았습니다. 예전에 없던 태도입니다.

－ 여자들도 조금은 사생활을 가질 수 있게 되었군요. 그동안 수고하셨습니다.

어머니가 말하자, 아버지가 좁은 동굴 속을 눈으로 훑어보면서 대답했습니다.

－ 동굴은 미래를 대비하는 혁신의 공간이야. 드디어 우리가 장애를 헤치고 앞으로 나갈 수 있는 방편을 마련한 거야. 물론 지금은 박쥐들이 허락도 없이 우리랑 같이 살고 있기는 하지만, 그 녀석들은 냄새는 좀 나도 영양은 만점이니까 우리가 곧 깨끗이 청소하면 되겠지.

－ 동굴 앞에 조개무지로 쓸 터도 충분해요. 부엌에서 나오는 쓰레기 더미도 처분할 수 있을 것 같아요. 일일이 분리수거를 하지 않아도 되니까 여가 시간이 많아져서 이 동굴이 여권을 신장시키는 데 일조를 하겠어요.

무엇이 아버지와 어머니를 이토록 여유 있게 만들었을까요? "내일 일은 난 몰라요. 하루하루 살아요" 하면서 늘 밤이 두려웠던 이들에게 밤이 축복의 시간이 되게 한 것은 무엇일까요? 바로, 불이라는 존재 때문입니다. 우리가 처음 찾아간 동굴은 오랫동안 곰 일가족이 살아온 집이었습니다. 이른바, '타워 팰리스'라고 불리면서 모두가 선호하는 주거 공간이었습니다.

잠시 그때 상황을 전달하겠습니다. 혁신을 이루는 과정에 어떤 재미나고 통쾌한 부분이 있는지 잘 알 수 있을 테니까요.

우리가 곰들을 쫓아내려고 다가가자, 녀석들은 깜짝 놀라서 우리를 뚫어지게 바라보았습니다. 아마 제 눈을 믿을 수 없었을 것입니다. 모르긴 몰라도 이런 소리를 했을 것입니다.

- 애들이 오랫동안 을로 지내더니 드디어 미친 모양이군. 갑 중에서도 갑인 우리 집으로 쳐들어오다니. 어쨌거나 저녁거리가 제 발로 걸어왔으니 오늘은 그냥 저걸로 저녁을 때워야겠네.

그때, 갑자기 아버지가 곰 일가족 속으로 횃불을 던졌습니다. 곰들은 놀라고 화가 나서 꽥꽥 소리를 지르며 허둥지둥 동굴 밖으로 달려나갔습니다. 불에 그을린 털 냄새가 공기를 가득 채웠습니다. 그 냄새는 더 이상 '갑'의 냄새가 아니었습니다. 지극히 불쌍하고 초라한 '을'의 냄새였습니다.

하지만 다 끝난 게 아니었습니다. 무엇이든지 마지막 한 방이라는 게 있는 법이지요. 곰 일가족에게는 '쌍칼'이 있었습니다. 그는 인근에서 가장 덩치가 큰 불량배로 유명했습니다. 우리가 한 손에는 도끼를, 한 손에는 활활 타오르는 횃불을 들고 방어 태세를 갖추자, 쌍칼은 우리가 더 이상 만만한 먹이가 아니라는 것을 금방 깨달았습니다. 우리 쪽 진영에서는 연기가 큰 파도처럼 위협적으로 밀려갔습니다. 그러자 쌍칼은 그 자리에 멈추어 섰습니다. 본능적으로 신변의 위협을 느끼게 된 것이지요.

그의 부하들은 자기네 우두머리가 우리를 공격하는 대신 머뭇거리며 으르렁거리기만 하는 꼴을 멍하니 바라보고 있었습니다. 곰의 세계에서는 아무도 이길 자가 없는 '오야붕'이 초라한 모습을 보이다니…! 부하들은 넋이 나간 표정들이었습니다. 바로 그때, 우리의 작은 밀집 대형에서 또 하나의 횃불이 미사일처럼 날아갔습니다. 동생인 미투리가 쌍칼을 향해 횃불을 던진 것입니다.

구불구불한 연기를 꼬리처럼 뒤에 끌면서 날아간 횃불은 쌍칼의 양미간에 정통으로 맞았습니다. 그의 더부룩한 눈썹에 잠시 불이 붙었습니다. 모든 것은 순식간에 정리가 되어 버렸습니다. 쌍칼은 주둥이를 앞발로 때리고 고통과 굴욕의 눈물을 줄줄 흘리면서 후퇴하였습니다. 나머지 곰들도 정신이 없는 '오야붕'을 따라 '나와바리를 털린 똘마니'들처럼 퇴각했습니다.

- 이겼다! 우리는 기쁨에 겨워 환호성을 지르면서도 그 사실을 믿을 수 없었습니다.

- 우리가 이기다니…. 영원한 슈퍼 갑을 어떻게 이겼을까. 단지 불만 있었을 뿐인데….

미투리가 아직도 타고 있는 불을 보면서 말했습니다.

- 물론 우리가 이겼지. 하나만 명심하거라. 자연은 반드시 힘센 쪽을 편들지는 않는다. 자연은 기술적으로 우위에 서 있는 쪽을 편드는 법이다. 지금은 그게 바로 우리란다. 우리가 불을 사용하는 혁신을 이루었기 때문이다. 하지만 한 번으로 '영원히'는 없다. 계속

전진하지 않으면 저 쌍칼처럼 우리도 쫓겨나는 것은 시간문제이다.

아버지는 경고하는 눈빛을 끝으로 말을 마쳤습니다. 그동안 어머니에게 숱한 핀잔을 들어가면서 불을 가져온 아버지로서는 지나치게(?) 겸손한 태도였습니다. 아버지는 어머니를 슬쩍 쳐다보면서 지금까지 했던 말 중에 가장 멋있는 말을 우리에게 했습니다.

- 한 번 성공했다고 해서 자만하지는 마라. 겸손은 정중한 안내자이다. 우리는 아직도 갈 길이 멀기 때문에 안내가 필요한 상황이다. 알겠니? 우리는 아주 먼 길을 가야 해. 그러니까 겸손해야 한다는 것이다. 하지만 지금은 우선 이 멋진 집을 정식으로 소유하자꾸나.

이렇게 해서 우리는 이사를 했습니다. 드디어 강남에 입성하게 된 것입니다. 그동안 강남에 있는 동굴은 모두 사자나 검치호, 그리고 곰이 차지하고 있었습니다. 그런데 을 중의 을인 인간이 강남에 입주한 것입니다. 당연히 부러움과 시기의 대상이었습니다. 강남에 있는 그 집은 우리가 전에 살았던 그 어떤 집보다도 훨씬 나았습니다.

곰들은 여러 번 되돌아왔습니다. 특히 아버지가 사냥을 나갔을 것이라고 여겨질 때는 어김없이 동굴을 찾아왔습니다. 하지만 그때마다 눈부신 모닥불이 동굴 앞에서 어서 오라고 환영이라도 하듯 활활 타오르고 있는 것을 발견하고는 그냥 '바람과 함께 사라지곤' 했습니다.

가끔 사자와 표범 같은 고양이 족속들도 구경하러 왔습니다. 그들은 멀찌감치 떨어진 곳에서 불을 살펴본 다음, 애써 분노를 삭이고 그래도 왕년에 '슈퍼 갑'이었던 품위를 지키려 애쓰는 모습이 역력했습니다. 그때 당시 그들 세계에서는 유명한 말들이 있는데, 그중 하나가 이런 것이었습니다.

- 그래도 우리 집이 좋은 걸. 숲 속에 있는 두 마리 토끼보다 내 손 안의 한 마리 토끼가 낫다.

우리는 떠나는 그들을 향해 마음껏 비웃어 주었습니다. 나중에는 노래까지 만들었습니다. 이동원의 '이별 노래' 가사를 약간 바꾼 것이었습니다.

- 떠나는 그대, 조금만 더 늦게 떠나 준다면 내 뜨거운 불로 그대 가슴을 태우는 데 아직 늦지 않으리. 그대 떠나는 곳 내 먼저 떠나가서 그대의 뒷모습에 노을보다 새빨간 불꽃을 쏟아 주리니. 떠나는 그대, 조금만 더 늦게 떠나 준다면 내 그대 떠난 뒤에도 그대의 털을 모두 태우는 데 너무 늦지 않으리.

혁신은 침팬지가 아니라 보노보이다

어떤 프로젝트가 성공하는 경우에 그것이 지니고 있는 가장 치명적이고 슬픈 문제는 그 팀이 깨진다는 것입니다. 정치학에서 보수는 부패 때문에 망하고, 진보는 분열 때문에 망한다는 말이 있듯이, 성공적인 팀을 단결시키려면 영감을 주면서도 팀원들을 육성할 줄 아는, 경쟁적이면서도 협력할 줄 아는 특별한 유형의 리더가 필요합니다.

반도체의 세계에서도 이는 어김없이 통용되는 논리입니다. 그런데 트랜지스터를 발명하는 데 혁혁한 공을 세웠던 쇼클리는 이런 자질을 지니지 못했습니다. 그는 오히려 경쟁심을 갖고 동료를 경계하는 사람으로 변모했습니다. 똑똑한 사람들이 성공하지 못하는 이유를 일곱 가지 적시한 허핑턴 포스트(Huffington Post)의 글 중에서 이런 구절이 있습니다. 쇼클리에게 해당하는 것 같아서 여기에 옮겨봅니다.

그들은 그들의 '스펙'으로 성공을 보장받을 수 있다고 생각합니다. 학교생활을 열심히 한 사람들은 여러 업적 및 높은 학점을 지니고 졸업하곤 합니다. 그들은 늘 최고였으며, 늘 주변으로부터 찬사를 들어왔죠. 모두 기분 좋은 일이지만, 여기에도 동전의 양면이 있습니다. 가끔 그들이 '나는 학벌이 높고 지적 능력이 뛰어나니까 이러이러한 대접을 받을 만하다'고 주장하는 걸 들은 적이 있습니다. 그런 사람들은 '스펙'이 알아서 모든 길을 열어 줄 거라 생각합니다. 하지만 삶이란 그렇지 않지요. 실제 세계에서는 어디까지나 과거의 업적보다 지금의 결과가 중요합니다.

그렇습니다. 가장 중요한 것은 성격입니다. 기술은 대체가 가능하지만 성격은 절대 대체가 가능하지 않습니다. 다른 사람들에게 마음을 열고 다양성을 인정하는 태도야말로 혁신에서 무엇보다 중요한 것입니다. 특히, 디지털 혁신의 경우에는 혼자서 이루어질 수 있는 것이 아니므로 더더욱 '다르게 생각하는 것'만큼 중요한 것이 '다른 사람에게도 생각이 있다'는 것입니다.

하나 더 강조하고 싶은 게 있다면, 위대한 리더의 또 다른 자질은 권위적이지 않으면서 소속감을 불어넣을 줄 아는 능력입니다. 쇼클리에게는 이런 자질도 없었습니다. 트랜지스터가 발명되는 과정에서 브랜튼과 바딘, 그리고 쇼클리의 상호작용은 통찰력을 쌓는 중요한 밑거름이 되었습니다. 그 중심에는 쇼클리가 있었습니다. 하지만 트랜지스터가 발명되고 난 후에 쇼클리는 달라졌습니다.

쇼클리는 권위주의적이고 고압적으로 변했습니다. 더군다나 자신만의 아이디어를 개발하는 데 팀을 이용하는 이기적인 일까지 벌였습니다. 환상적이었던 팀은 곧 깨졌습니다. 그리고 각자의 길을 가게 되었습니다. 심지어 쇼클리는 마지막으로 학교로 갔는데 거기서조차 제대로 대접을 받기는커녕 천덕꾸러기 신세로 전락하고야 맙니다. 반도체의 천재의 말로치고는 썩 유쾌하지는 않습니다.

이들이 더 많은 시간을 팀으로 남아 있었더라면 혁신을 더 이루었을까요? 그건 모르는 일입니다. 역사에는 가정이 필요 없으니까요. 아무튼 디지털 시대의 혁신은 '침팬지적'으로 갈등을 유발하고 주먹질을 하는 것이 아니라 서로 협업하고 대화를 나누면서 서로를 느끼는 '보노보적' 사고에서 기인했던 것입니다. 보노보가 침팬지가 되는 순간, 모든 것은 한꺼번에 붕괴되는 묘한 특징을 지니고 있는 것만은 사실입니다.

급하고 중요한 일부터 해야

여기서 한 가지 의미 있는 가정을 해 볼까 합니다. 아버지가 불을 발명하고 나서 동굴을 차지하러 가지 않고, 그동안 사자나 표범에게 당한 분풀이를 하러 갔다고 가정을 해 보는 것입니다. 충분히 가능한 가정이지요. 그동안 사자나 표범에게 얼마나 모욕을 당했습니까. 불을 가져왔으니 힘 대 힘으로 한번 겨루어 보고 싶은 욕구가 있었겠지요. 자신의 영웅심을 위해서 말입니다. 초원의 한복판에 불을 들고 나가서 사자나 표범에게 덤비라고 소리쳤을 수도 있었겠지요. 그러다가 만약 그 짐승들이 한꺼번에 달려들었다면, 아버지는 불을 가져오기까지의 그 숱한 번민과 외로움, 고통, 인내를 한꺼번에 날려 버리고 사자나 표범에게 무참히 찢겨서 죽었을지도 모릅니다.

일에는 우선순위가 있는 것이지요. 급하고 중요한 일부터 하는 것이 현명한 사람들의 행동 습관입니다. 그들에게 급하고 중요한 일은 동굴을 차지하는 것입니다. 그러니까 우투리 아버지는 불을 가져오고 나서 바로 주거 문제를 해결하였던 것입니다. 쇼클리에게는 천재성이 있었습니다. 다른 사람들을 리드할 수 있는 리더십도 있었을 것입니다. 그런데 그 좋은 재능을 자신만을 위해서 사용하려는 순간, 그는 철저하게 망가져 버렸습니다. 그의 머릿속에 있던 아이디어를 현실에 구현하는 것이 급하고 중요한 일이었습니다. 그러기 위해서는 예전처럼 팀 단위로 모든 것을 움직이고 결정했어야 했습니다. 침팬지가 아니라 보노보로 행동해야 했다는 말입니다. 하지만 어느 순간 그는 힘이 좋고 머리가 명석한 침팬지가 되기로 결심하고 다른 동료들과 경쟁하기 시작했던 것입니다. 자신이 그들을 이길 수 있다는 자만심이 깔렸었던 것이지요. 그것으로 모든 것은 끝이 나 버렸습니다. 아무리 좋은 아이디어가 있어도 그것을 실현할 터전이 없어졌기 때문입니다. 쇼클리는 나중에 대학에 가서도 그다지 환영받지 못하는 인물이 되었습니다. 침팬지가 그 안에 있었기 때문입니다.

5.
실패할 때도 성공할 때도
반드시 '왜'라고 물어라

약한 자에게도 강한 점이 반드시 있다

불이 없던 시절, 우리는 얼마나 열악했는지 모릅니다. 상황이 나아질 기미도 보이지 않았습니다. 아니, 상황은 점점 더 나빠지고 있었습니다. 우리는 짐승들에게 쫓기고 시달림을 받은 끝에 거의 멸족할 지경에 이르렀습니다. 얼마나 많은 아저씨와 아주머니, 형제자매들이 목숨을 잃었는지 모릅니다.

우리가 사는 지역에 유제류 사냥감이 부족해지자, 육식동물은 급기야 우리를 상대로 공격하기 시작했습니다. 그건 어쩌면 예정된 일인지도 모릅니다. 우리만 모르고 있었던 비밀 같은 것이겠지요. 더 환장할 것은 사자나 표범은 한번 우리를 먹기 시작하자, 당장에 우리의 고기 맛을 좋아하게 되었다는 것입니다. 그들은 언제부터인가 배가 고프면 우리를 잡아먹는 습관이 들었습니다. 그리고 당연히 녀석들은 우리가 유제류보다 사냥하기 쉽다는 것을 알았습니다. 한마디로 우리는 그들의 '호구'였던 것입니다. 우리는 가끔 아버지에게 원망 섞인 말을 늘어놓았습니다.

- 아버지, 우리를 좀 더 안전한 곳으로 데려갈 수는 없나요?

어머니는 더욱 심하게 아버지를 비난했습니다.

- 너희 아버지가 게을러서 우리를 다른 곳으로 데려가지 못하는 거란다. 남자들은 대체로 게으르고, 게으르니까 생각을 하지 않지. 생각을 안 하니까 행동도 안 하는 것이고, 행동을 하지 않으니 변하는 게 없지. 도대체 우리가 앞으로 나아가기나 하고 있는 거니?

그런 모욕이 하루 이틀이 아니었는데도 아버지는 잘 견디었습니다. 가장 무섭고 날카로운 칼은 내부에서 찌르는 칼입니다. 아버지는 왜 한마디도 하지 않았을까요? 다른 이유도 있었겠지만, 나는 아버지가 '무의미한 대화'를 원하지 않았다는 것을 알았습니다. 아버지는 그때 당시 우리를 동굴로 데려갈 자신도 없을 뿐 아니라 방법도 몰랐던 것입니다. 그런데 무슨 이야기를 할 수 있을까요?

많은 사람들이 의미도 관점도 없는, 뭘 주장하는지 알 수 없는 이야기들을 끊임없이 늘어놓습니다. 좀 거칠게 표현하면 '헛소리'를 지껄이는 거지요. 모르면 모른다고 대답하는 게 좋은 것 같습니다. 진짜 나눌 만한 내용이 있는지 확신이 섰을 때 이야기하는 것, 그게 바로 아버지가 이야기하는 방식이었습니다.

하지만 나중에 아버지는 불을 가져오고 난 후에, 어머니의 바가지에 대한 설움이 폭발했는지 정색을 하면서 자신이 불을 가져온 이야기를 털어놓았습니다. 다음은 우리 아버지의 육성을 기초로 이 우투리가 재구성한 것입니다.

- 우리가 어디로 갈 수 있었을까? 북쪽의 초원으로 더 깊이 들어갈까? 그래, 그럴 수도 있었을 것이다. 당장 여기에서 무슨 해결책이 없으니 과거로 돌아가는 게 좋겠지. 과거는 익숙하니까 편하기는 하겠지. 나도 그런 생각을 안 해 본 것은 아니다. 하지만 여러 사람들이 숲도 그전만큼 먹이가 풍부하지 않다고 말하더구나. 그

런데도 너희들이 안전한 곳으로 데려가 달라고 애원하고, 너희 엄마가 나를 무시하고 비난하니까 홧김에 갈 수도 있었겠지. 그랬더라면 어떻게 되었을까. 단체로 거기서 굶어 죽을 수밖에 없었을 것이다.

너의 가장 최근 과거와 결별하라

나의 내부에서 어떤 목소리가 계속 들려왔어. 나는 그 목소리를 실천하려고 애를 썼다. 그 목소리는 바로 이것이었다.

- 너의 가장 최근 과거와 결별하라.

그렇다. 우리가 종종 망각하고 있는 것 중 하나가 과거에 일어난 일은 지나간 관심사일 뿐이라는 것이다. 지금 또는 미래에 어떤 일이 일어날지가 중요한 마당에, 우리가 나무 아래로 내려오던 때로 돌아갈 수는 없었다. 이미 모든 것은 변했는데, 우리가 과거로 돌아간다고 상황이나 환경도 같이 과거로 돌아가는 것은 아니잖니. 강물은 위에서 아래로 흐르는데 나만 아래서 위로 흐르면서 빨리 가기를 바라는 것과 마찬가지로 그건 한마디로 '모순'이었다.

무엇보다 우리는 진보와 혁신에 대해서 생각하지 않을 수 없었다. 초원으로 내려온 것이 진보였다. 우리에게는 새로운 아이디어가 필요한 시기였다. 우리가 가장 해야 할 시급한 일은 과거를 잊는 것이었다. 다시 나무 위로 올라갈 수는 없는 것이다. 그것은 다시 원숭이 상태로 돌아간다는 것을 의미하는 것이다. 무엇보다도 조상들이 그동안 진보와 혁신을 위해 했던 무수한 모험들이 모두 헛수고가 될 수도 있다는 것이다.

조상들의 무덤은 따로 정해져 있지 않다. 어떤 사람은 악어의 배 속이 무덤이고, 다른 사람은 사자나 검치호의 배 속이 무덤이다. 그만큼 많은 희생을 치르고 여기까지 오게 된 것이다. 그 누구도 제 명대로 산 사람이 없다는 것은 비극 중의 비극이다. 그렇다고 해서 우리도 그들처럼 살아야 한다고 생각해서는 안 된다. 그건 너무 안이하고 머리를 전혀 쓰지 않는 무책임한 생각이기 때문이다.

우리는 사자나 표범의 밥이 되는 운명에서 벗어나야 한다. 오직 그것만이 우리가 살길이다. '머리'는 우리가 가진 최고의 경쟁력이다. 머리는 논리적 사고를 가능하게 해준다. 논리적 사고는 정답에 이르는 가장 기본적인 문제만 남을 때까지 다른 대안들을 하나씩 체계적으로 정리해 주는 장점이 있다. 무엇보다 까다로운 문제나 불가능할 것 같은 사건에 부딪히면 깊은 곳에 쌓아둔 지성이 우리를 해결의 바다로 인도해줄 것을 믿어야 한다는 것이다. 그것만이 사자나 표범이 가지고 있는 슈퍼 갑의 육체에 대응하는 인간이 가진 유일한 무기인 것이다.

모든 것의 출발은 집요한 호기심이다

우리는 짐승들이 불을 무서워한다는 것을 안다. 우리도 다른 짐승들과 마찬가지로 동물이니까, 당연히 불을 무서워한다. 나는 그

동안 불에 대해서 집요한 호기심을 가지고 살펴보았다. 이따금씩 불은 산에서 부글부글 끓어올라 산비탈을 타고 내려오면서 숲을 태웠다. 그때가 되면 숲 속에 있던 온갖 짐승들은 공포에 사로잡혀 달아난다. 우리도 그때만큼은 사슴만큼이나 빨리 달린다. 왜 이렇게 달릴까. 그 장면을 살펴본 바에 따르면 불에 데어 죽는 것보다 더 지독한 고통이 없기 때문이다. 어떤 죽음도 불에 타서 죽는 것만큼 고통스럽지 않다는 것을 알기 때문이다. 그때만큼은 사람이나 동물이나 공포에 젖어서 고함을 지르고 처절하게 울면서 죽어갔던 것이다.

바로 그것이었다. 나 자신을 태우지 않고 화산의 효과를 얻을 수 있다면 우리는 짐승의 밥이 되는 운명의 사슬을 끊을 수 있다는 것이다. 좋은 생각이었다. 하지만 좋은 생각으로 우리가 동굴에서 곰을 쫓아낼 수는 없다. 사자의 아가리에서 해방될 수 없다는 말이다. 레오나르도 다빈치가 메디치 가문에게 인정을 받지 못한 것도 2퍼센트 부족한 실행력 때문이지 않았느냐. 이제 남은 것은 하나였다.

움직이는 것, 바로 그것이다. 혁신은 명사가 아니라 동사라는 것, 내 몸으로 직접 혁신을 이루어야 한다는 것, 두렵다고 발을 동동 구르고 서 있는 것이 아니라 두려움을 밀어내고 앞으로 걸어가는 것, 그게 바로 혁신이라는 것이다. 그리고 중요한 것은 무엇일까? 나는 움직이기 전에 무엇인가를 결정해야 했다. 방향을 정해야 했던 것이다.

나는 움직이기 전에 생각을 정하기로 했다. 그때 내 내면에서 울려오는 목소리는 바로 이것이었다.

- 방향은 선이거나 길이다. 어디론가 이어진다. 그렇다고 그게 목적지를 뜻하는 것은 아니다. 어떤 여정도 내가 생각하는 대로 이루어지지 않을 것이고, 일직선으로 한 방에 끝나지도 않을 것이다. 불을 얻는 최종 목적지에 도달하기 위해 여러 방향을 거쳐야 한다. 목적지와 방향은 다르다. 목적지는 동일하여도 오늘 정한 방향과 내일 정한 방향이 다를 수도 있다. 다양한 방향으로 접근하여 목적지에 도달하는 것만이 최선의 방책이다.

움직임이 곧 전진을 의미하는 것은 아니다

어떻게 불을 얻을 수 있을까. 참 쉽지 않은 과제였다. 얻지 않으면 우리 모두 죽을 수밖에 없을 정도로 꼭 필요한 것이었지만, 그동안 한 번도 얻어 본 경험이 없으니 모든 것이 생소하고 불안함의 연속이었다. 내가 불을 얻겠다고 말을 하니까 몇몇 사람들이 바삐 움직였다. 한쪽에서는 불에 대해서 시끄럽게 토론하기도 했다. 주문을 외우는 사람도 있었다. 심지어 화산이 터질 때 우리를 향해 달려오는 불을 손으로 잡겠다고 달려들다가 그 자리에서 순식간에 재가 된 사람도 있었다.

불이 물에는 약하니까 불이 호수에서 빠질 때, 옆에 있다가 불이 약해지기를 기다려서 막대기로 두들겨 잡겠다고 호수에서 기다리고 있다가 불덩이가 호수에 쏟아질 때 끓는 물에 데워져서 죽은 사람도 있었다. 그들은 움직이는 것이 전진이라고 믿었던 사람들이다. 마치 우리가 돌멩이를 던질 때, 그 돌멩이를 손으로 잡기 위해 움직이는 사람들과 같은 것이다.

나는 움직이는 대신에 자리를 지키기로 했다. 타죽지 않을 만큼 불에서 멀리 떨어져서 불에 대해 관찰하기 시작한 것이다. 적절한 일을 찾은 것이다. 그러던 중에 나는 불을 얻기 위해서는 명확한 관점이 필요하다는 것을 알았다. 계획대로 되는 일은 없지만 불을 얻기 위해 내가 갖는 관점이 중요하다는 것을 알았던 것이다. 또 하나, 내가 다짐한 것은 항상 새로운 정보가 등장하는 순간이므로 특정 방식을 끝까지 고집하며 변화를 거부하는 것을 피하고 싶었다. 상황이 바뀜에 따라 내가 유연하게 변화를 해야 불을 얻을 수 있다는 것. 그것은 백번 강조해도 지나치지 않는 것이었다. 나는 혼자서 고함을 지르면서 다짐했다.

- 세상이 변했으니 나도 생각을 바꾸겠소이다. 그러면 세상도 변하지 않겠소?

그러던 어느 날, 내 머리를 강타한 질문 하나가 나를 휘감았다. 그것은 그동안 나의 질문 방식을 근본적으로 바꾸는 생각이었다. 그동안 나는 '내가 얼마나 많은 일을 할 수 있지?'라고 물었다. 그런데 그 질문이 잘못되었던 것이다. 그 생각은 나의 질문을 이렇게 바꾸었다.

- 내가 원하는 성과를 얻는 가장 쉬운 방법은 없을까?

질문에 대한 답은 쉽게 떠오르지 않았다. 하지만 나는 서두르지 않았다. 답을 구하는 데 충분한 시간을 안배해야 좋은 답을 구할 수 있고, 그 답이 좋은 성과로 안내해 준다고 믿었던 것이다.

그러던 어느 날, 섬광처럼 내 머릿속으로 아이디어가 날아왔다.

불가능할 것 같지만 가장 확실한 방법은 내가 화산에 올라가는 것이었다. 미지의 세계지만 내가 그곳을 알아야 불을 얻을 수 있을 것 같았다. 나는 더 이상 망설일 수 없었다. 당장 불꽃이 일고 있는 화산으로 올라갔다. 생각이 끝났으니 실제로 실행이 가능한지 제대로 알 수 있으려면 시작하는 수밖에 없지 않은가. 그리고 이왕 시작하려면 재빨리 실행하는 것이 중요하다고 생각했다.

태어날 때부터 나는, 가끔씩 불꽃이 쏟아지는 그 산을 '눈꽃 빙하'라고 불렀다. 왜냐면 불꽃이 솟아나는 주변에는 하얀 빙하가 끝없이 흘러내렸기 때문이었다. 극도로 뜨거움과 극도로 차가움이 공존하는 곳. 나에게는 마치 삶과 죽음이 함께 있는 것처럼 '아름답지만 무서운' 곳이었다.

다른 삶을 살고 싶다면 자신을 다르게 규정하라

나는 빙하 언저리를 따라 꾸준히 올라갔다. 위로 올라갈수록 나무도, 동물도 뜸하게 되더니 결국 나는 혼자가 되었다. 어느덧 내가 서 있는 곳은 황무지였다. 찬바람이 불고 있는 황무지. 하지만 발밑의 바위는 고통스러울 만큼 뜨거웠다. 어떤 순간에 포기하고 싶은 순간이 찾아왔다.

그때, 나는 잠시 하늘을 보면서 생각을 정리했다. 여기서 포기하고 가게 되면 어떤 일이 벌어질까. 당장 너희들의 겁에 질린 얼굴과 밤마다 시달리는 모습이 떠올랐다. 무엇보다 내일도 사자나 표범이

습격하는 밤을 어떻게 견뎌야 할까. 참으로 끔찍했다. 그것은 죽음보다 더한 고통이지 않느냐. 반대로, 성공했을 때를 떠올려 보았다. 당장 사자나 표범에게 시달리는 밤은 안녕을 고할 것이고, 그들이 살고 있는 동굴도 취할 수 있었다. 운이 좋으면 고기를 불에 구워 먹을 수 있다는 생각도 해 보았다. 지금은 질긴 고기를 뜯어 먹느라 죽을 고생을 다 하고 있지 않느냐. 거기다가 소화가 되지 않아서 늘 배 속이 불편하지 않았느냐. 한마디로, 불을 얻으면 지금껏 우리를 괴롭히는 많은 것으로부터 해방되어 자유로울 수 있었다. 정말 짜릿하고 숨이 막히도록 즐거운 순간이었다. 나는 타는 목마름으로 자유를 원했다. 그렇다면 당연히 불을 가지고 산 아래로 내려가야 했다.

나는 다시 이를 악물고 걸음을 옮겼다. 무엇보다, 나는 내가 불을 가져올 수 있다고 나 자신을 새롭게 규정했다. 많은 사람들이 어제와 다른 삶을 살고 싶다고 원하면서도 자신을 다르게 규정하지 않기 때문에 달라지지 않는 것이라고 생각했다. 우리가 늘 사자나 표범에게 당하고 있었던 것도 우리는 한 번도 그들을 이길 수 없다고 스스로 규정하고 있었지 않았을까. 만약, 그들을 이길 수 있다고 규정했더라면 우리는 무슨 수를 써서라도 그들을 이길 수 있었을 것이다. 늦었지만 내가 불을 가지러 가는 것도 사자나 표범을 이길 수 있다고 규정한 것이라고 볼 수 있다.

늘 사자나 표범에게 당하면서도 우리는 현재가 주는 편안함에 기대고 있었는지 모른다. 변화에 따른 고통을 감수하고 대가를 치르고 싶지 않기 때문에, 우리는 사자나 표범을 이길 수 없다고 미리 규정함으로써 변명거리를 찾는 것이다. 더 중요한 것은 죽을 만큼 고통스럽지 않기 때문이 아닐까. 하지만 고통을 감수하지 않으면 어느 순간 그 고통은 더 더해져서 다가오기 마련이다.

처음에는 분화구까지 갈 생각이었는데, 곧 그럴 필요가 없다는 것을 깨달았다. 꼭대기보다 훨씬 낮은 산비탈에서 연기와 수증기가 나오는 것을 발견했다. 내가 서 있는 곳보다 약간 높은 곳이었다. 나는 재빨리 연기가 나는 곳으로 달려갔다. 산이 토해 낸 뜨거운 액체가 흘러내리는 곳에 나무 한 그루가 서 있었다. 액체가 닿자마자 그 나무는 순식간에 불꽃을 내며 활활 타올랐다.

나의 머릿속은 논리적인 사고를 하느라 바쁘게 움직였다. 그리고 정답이 나왔다. 땅속에 있는 어미 불과 내가 얻고자 하는 새끼 불 사이에 존재하는 관련성 - 이른바, 불의 비밀 - 을 나의 유능한 지성이 알아차린 것이다. 한 나무에 불이 붙었을 때, 불붙은 그 나무에 닿는 다른 나무도 불이 붙었다. 이것이 불이 전달되는 원리였고, 그 원리가 자연 속에서 실제로 증명이 된 것이다. 나는 마침내 불을 얻은 것이다. 이제 더 이상 우리는 육식동물의 노예가 아니다. 우리도 갑이 될 수 있는 것이다. 나는 불을 들고 내려오면서 그렇게 소리를 쳤다.

아버지의 이야기는 다시 들어도 참 감동적인 이야기임에 틀림이 없습니다. 그때나 지금이나 무엇인가 근본적인 변화를 가져오기 위해서는 죽기를 각오하는 대담함과 마지막까지도 집중하는 끈기가 필요한 것 같습니다. 원시시대라고 대충 살았다고 생각하면 큰 오산입니다. 어느 시대이건 치열하게 사는 것, 그게 바로 인간이 살아가는 아름다운 모습이기 때문입니다. 우리 아버지가 겪었을 고통, 여러분보다 절대 작거나 약하지 않을 것입니다. 왜 나만 겪는 고통이냐고 불평하지 마시기 바랍니다. 또한, 자신을 꼭 '어떤 사람' 이라고 규정하고서 그 틀 안에 갇히는 어리석음을 범하지 않기를 바랍니다. 자기를 다르게 규정하면 다른 결과가 나온다는 것을 잊지 마세요.

반짝인다고 해서 모두 금은 아니다

처음에 아버지는 무작정 화산에 있는 불을 가지러 올라갔습니다. 사자나 표범도 타 죽는 불을 가지러 올라갔다는 것은 죽기를 각오한 용감한 행동이었습니다. 하지만 올라가다 보니 주변에 여기저기 불들이 있다는 것을 발견하게 되었습니다. 올라가지 않았다면 알 수 없는 '중요한' 정보였습니다. 미지의 요소를 이해하고 발견하는 과정이었습니다.

새로운 정보가 유입되었으니 예전 전략을 버려야 했습니다. 아버지는 전략을 수정합니다. 굳이 꼭대기까지 올라가다가 타서 죽기보다는 주변에 있는 불을 가져가는 방법을 택한 것입니다. 왜 이런 사고의 전환이 일어났을까요. 억지로라도 여유로워졌기 때문입니다. 무슨 일을 하겠다고 그 일에 매몰되면 전체를 볼 수 없습니다. 아버지는 산 위에 올라가서 우리가 살던 곳도 바라보고 하늘도 보고, 천천히 풍경을 감상하는 여유를 가졌습니다. 그러면서 주변을 '객관적인' 시각으로 관찰할 수 있었던 거지요.

불은 어떤 먹이를 좋아하는지를 유심히 살펴보았을 것입니다. 똑

같은 나무인데도 불이 붙지 않은 나무가 있었을 테니까요. 또한, 주변에 있는 불이 가짜 불인지 확인하기 위해 손으로 만져 보다가 손에 화상을 입었을 것입니다. 그러는 과정 속에서 가져가기 가장 편한 '고독한 불'을 찾았을 것입니다. 마침, 바람이 불어서 작은 나무에 유황불이 옮겨붙은 것을 보고 재빨리 그 불을 가져오게 된 것입니다. 그것으로 모든 것이 끝났을까요? 아닙니다. 오다가 보니 불이 꺼진 것입니다.

얼마나 당황했을까요? 이런, 불도 배가 고프면 죽어버리네, 하는 생각으로 우리가 머무는 거주지까지 가려면 얼마나 많은 먹이가 있어야 하는지를 계산했을 것입니다. '얼어붙은' 확실성을 재고하는 과정을 거친 것이지요. 단 하나라도 미지의 세계가 있어서는 안 되는 절체절명의 순간이었습니다. 모든 것이 완벽하게 보이게 되고 더 이상 숨겨진 요소가 없게 되었을 때, 비로소 불은 우리 곁으로 올 수 있었던 것입니다.

우리 아버지와 비슷한 이야기를 나중에 스티브 잡스라는 사람이 하게 됩니다. 그는 다큐멘터리 〈픽사 스토리〉에서 자신의 성공 원인을 다음과 같이 말했습니다.

"기업이 최초에 내놓은 제품이 크게 성공을 거둘 때, 그 제품이 왜 그렇게 성공했는지를 제대로 이해하지 못하면 두 번째 제품은 반드시 실패한다."

그렇습니다. 실제로 픽사는 뛰어난 성과를 올렸습니다. 애니메이션 업계에서 열네 작품을 연속으로 흥행 1위에 올려놓는다는 것은 기적보다 더한 일입니다. 그런 기적의 가장 큰 원인은 계속 의문을 제기하고 실패하지 않기 위해 노력했기 때문입니다. 묻고 또 묻는 것, 그때나 지금이나 변함없는 진리인지도 모릅니다.

픽사는 성공에 대해 모든 것을 통달하고 있다는 자신감이 얼마나 위험한지 잘 이해하고 있었습니다. 아마도 사람들이 허풍이라는 묘한 약에 중독되는 것을 경계하고 있었는지도 모릅니다. 모르면서도 아는 척하고, 아는 지식을 부풀리는 것이 인간의 오랜 습관이기 때문입니다.

〈인크레더블(The Incredibles)〉을 감독한 브래드 버드는 처음 일을 맡았을 때 접한 픽사의 기업 문화를 이렇게 설명합니다.

"네 작품을 연달아 성공시켰다면 어떤 회사든 변화에 소극적인 태도를 보일 것입니다. 하지만 픽사는 정반대였습니다. 픽사 사람들은 이렇게 말하지요. '우리 작품이 네 번 연속 흥행했어. 그만큼 우리가 자기 복제를 하거나 자기만족에 빠질 위험이 더 높아진 거야.'"

이처럼 픽사는 반짝인다고 해서 모두 금이 아니라는 것을 알고 있었던 것입니다. 그 반짝이는 것이 금이라는 확신이 들 때까지 계속해서 확실성을 제고하는 것이 픽사의 성공 요인이었다고 할 수 있습니다. '바보의 황금'은 금처럼 보이지만 금은 아닙니다. 황철광과 황동광 같이 노란 광물도 금처럼 빛날 수 있습니다. 시장에서도 이처럼 분명 틈새시장으로 보이는데 실제로는 실행할 수 없는 '가짜 기회'가 있다고 합니다. 픽사는 이와 같은 가짜 기회를 찾아내기 위해서 노력했던 것입니다. 가짜 기회는 결코 성공을 가져다주지 않으니까요. 원시의 세계에서도 반딧불 같은 것을 찾아다닌 때가 있었습니다. 밝으니까 불이라고 생각한 거지요. 그런데 반딧불은 결국 반딧불일 뿐입니다. 그것으로 사자나 표범을 이길 수는 없으니까요.

픽사의 판단은 옳은 것입니다. 아무리 그전 작품이 성공했다고 해도 다음 작품을 만들 때는 모든 것을 다시 원점에서 시작하여 '가짜 기회'에 현혹되지 않았습니다. 하지만 보통 다른 기업들은 이와는 반대이지요. 그들은 실패했을 때에만 확실하다고 생각했던 요소들을 되돌아보게 됩니다. 우리는 모르고 남들이 아는 것이 무엇인지 아는 것, 그것이 바로 혁신의 시작인지도 모릅니다.

6.
혁신은 모방에서 비롯된다

혁신은 불편을 느끼는 사용자에서 출발한다

(감격스러운 표정으로) 아버지가 발명한 '불로 버린 창'은 그동안 우리가 쓰던 창과는 전혀 달랐습니다. 그야말로 신세계였습니다. 차이가 나는 것이라고는 '불로 버리느냐, 아니냐'의 단순한 차이였습니다. 그 단순한 차이가 세상을 바꾸는 엄청난 힘이 된다는 것을 우리는 목격할 수 있었습니다.

아버지는 어떻게 그 창을 발명할 수 있었을까요? 그동안 우리가 쓰던 창은 작은 짐승도 잡을 수 없을 만큼 형편없었는데 말입니다. 아버지는 '불에 벼린 창'을 들고 의기양양하게 다음과 같이 말했습니다.

– 나는 아무도 본 적이 없는 새롭고 뛰어난 창을 만들고 싶었다. 우리가 가진 창이라는 것은 우리를 변화시키는 데 그다지 유용하지 않았다. 우리들은 더 나은 창을 원했다. 멀리 떨어진 곳에서도 얼룩말을 잡을 수 있는 창. 감히 물소를 사냥할 수 있는 창을 꿈꾸었다. 그러기 위해서는 기존에 가지고 있는 창을 개선하는 것만으로는 도무지 해답이 나오지 않았다. 나는 고민하고 관찰하는 대상을 바꾸기로 하였다. 창이라는 '제품'에서 창을 사용하는 '사람들'로

대상을 바꾼 것이다. 나는 우리들의 사냥 형태를 계속 관찰하면서 바람직한 제품은 어떤 모습이어야 하는지 고민하기 시작한 것이다.

고민 끝에 얻은 결론 중의 하나는 본래의 구조나 형태는 그대로 유지한 채로, 불편을 조금씩 줄여가는 '통상적인' 방법으로는 도무지 승산이 없다는 것을 알았다. 아예 '불편함' 자체를 없애는 방법으로 접근하기로 했다. 철저하게 사용하는 사람들의 입장으로 돌아가 지속적으로 몰입하는 순간, 나에게 불이 다가왔다. 그래, 불이었다. 세상에 존재하는 모든 것은 불을 무서워하는데, 만약 우리들의 창이 불을 뚫고 나올 수만 있다면, 아니 최소한 불의 기운을 얻을 수만 있다면 성공할 수 있다고 생각했던 것이다. '불에 버린 창'은 그렇게 만들어진 것이다.

그 창은 쉰 발짝 떨어진 곳에서도 얼룩말을 쏘아 죽일 수 있었습니다. 우리는 얼룩말의 해골로 과녁을 만들어 놓고 창던지기 연습을 하였습니다. 한 가지 약점은 몇 번 던지면 금세 창끝이 무뎌진다는 것이었습니다. 창끝이 무디어지면 다시 불로 돌아가야 했습니다. 불편하기는 했지만 기분 좋은 불편함이었습니다.

새로운 무기가 도입된 이래로 우리의 식량은 크게 늘어났습니다. 우리는 이제 춥지도 않았고, 배가 고프지도 않았습니다. 비로소 '사람'으로서 품격을 지니게 되었습니다. 그런 이유로 그전보다 훨씬 더 직립에 가까운 보행을 할 수 있었습니다. 원숭이로부터 조금 더 멀리 달아날 수 있게 된 것이지요.

혁신은 또 다른 혁신으로 이어진다

새로 개발된 창 때문에 물소를 사냥할 수 있게 되었지만, 물소 역시 위험한 동물이었습니다. 처음에는 많은 사람들이 창의 우수성을 믿고 물소에게 덤벼들었다가 목숨을 잃었습니다. 창으로 물소를 찔러도 치명상을 입히지 못한 경우에는 도리어 반격을 받았기 때문입니다. 아무도 물소보다 더 빨리 달릴 수는 없습니다. 어깨에 창이 꽂힌 물소라 해도 우리보다는 훨씬 빨랐습니다.

우리는 강에 사는 악어와 하마한테도 새 창을 시험해 보았습니다. 이 짐승들을 죽일 수는 없었지만, 물을 마시기 위해 목숨을 걸고 찾아가야 했던 그 위험한 강에서 약간의 안전을 확보할 수는 있었습니다. 우리는 악어처럼 강가에 몸을 숨기고 있다가, 강이나 웅덩이로 물을 마시러 오는 동물들을 습격했습니다. 포위된 짐승들이 공포에 질려 허둥대다가 가시덤불 속으로 잘못 들어가거나 늪 속에 빠져 가라앉는 것을 지켜보면서 우리는 함정을 파서 짐승을 잡는다는 착상을 얻었습니다.

(우투리, 잠시 목청을 가다듬는다.) 인간의 세계에서도 이런 비슷한 사례가 많이 있지요. 잠시 몇 가지만 들어보도록 하겠습니다. 1981년 소니는 디지털 사진 기술을 세계 최초로 선보였지만, 일본의 전통 사진기 제조업체와 휴렛팩커드(Hewlett-Packard Company) 같은 미국의 후발 기업들에게 추월당했습니다. 다이너스클럽은 최초로 신용카드를 선보였지만, 이제는 비자, 마스터, 아메리칸 익스프레스 등이 지배하는 신용카드 시장에서 초라한 점유율을 보이고 있습니다. 이 세 회사는 다이너스가 은행, 상인, 일반 대중을 상대로 '신

용카드'라는 혁신적인 개념을 선보이기 위해서 고군분투하고 있을 때 존재하지조차 않았던 기업들입니다.

우리도 사실 사자나 악어가 짐승들을 사냥하는 방법을 모방한 것이지요. 나중에는 우리가 그들보다 더 사냥을 잘하게 되었습니다. 모방은 개인이나 기업의 생존과 번영에 혁신만큼 중요할 수도 있습니다. 모방이 오히려 효과적으로 혁신을 실행하는 데 필수적일 수도 있습니다. 우리가 창이라는 혁신 제품에 대한 실행력을 높이기 위해서 사자나 악어들이 사용하는 잠복 기술을 사용하는 것과 같습니다. 그 덕분에 함정이라는 새로운 혁신을 이루어낼 수 있었습니다. (우투리, 다시 밝은 목소리로 바뀐다.) 우리는 창에서 새로운 자신감을 얻은 데다, 불이 우리 동굴을 안전하게 지켜 주었기 때문에, 좀 더 멀리까지 사냥을 나갈 수 있었습니다. 짐승을 잡으면 가죽을 벗기고 고기를 잘게 잘랐습니다. 그리고 그 자리에서 피와 골과 내장을 실컷 먹었습니다. 잔치가 끝나면 우리는 고기를 4등분하여 어깨에 짊어지고 집까지 운반했습니다. 어째 좀 사람 사는 세상 같지 않습니까?

간소화할 수 있는 방안을 찾아라

문제가 발생하고 이를 해결하기 위해 고군분투하는 중에 새로운 발명이 나타나는 경우가 있습니다. 우리 원시인의 삶 자체가 그렇다고 할 수 있지요. 혹은 선견지명 있는 목표를 좇기 위해 노력할 때 나타나기도 합니다. 테드 호프를 필두로 한 인텔의 연구팀이 마이크로프로세서를 발명하게 된 사례는 이 두 가지가 모두 작용한 경우라고 할 수 있습니다. 호프가 인텔에서 맡게 된 직무는 칩 설계였습니다. 호프는 당시 인텔에서 사용하던 방식처럼 각각 다른 기능을 수행하도록 여러 종류의 마이크로 칩을 만드는 것은 번거롭고 소모적이라고 생각했습니다. 그때까지 인텔은 고객사가 의뢰할 때, 해당 고객사에서 필요로 하는 작업을 전용으로 수행하는 마이크로 칩을 만들고 있었습니다.

그는 이전과는 다르게 생각했습니다. 그가 생각한 것은 필요에 따라 다양한 작업을 수행하도록 프로그래밍이 될 수 있는 범용 칩이었습니다. 즉, 하나의 칩에 범용 컴퓨터를 담자는 것이었습니다. 호프가 이런 아이디어에 몰두하고 있던 1969년 여름에 난제를 떠맡게 되었습니다. 비지컴(Busicom)이라는 일본 기업에서 강력한 탁상용 계산기를 기획 중이었는데, 인텔에 12개의 특수 목적 마이크로 칩(각각 디스플레이, 연산, 기억장치 등의 전용 칩) 사양을 주고 설계를 의뢰한 것입니다.

간단한 문제가 아니었습니다. 설계를 자세히 알아보면 알아볼수록 지금의 인텔의 역량으로 할 수 있는 일이 아니었습니다. 칩 수도 많았고 복잡했으며, 가격도 적당하지 않았습니다. 게다가 비지컴과 경쟁 관계에 있는 회사의 휴대용 계산기가 인기가 높아서 비지컴에서 대응할 수 있는 전략이라고는 '저가 모델'밖에는 없었습니다. 진퇴양난이라는 표현이 가장 적합하다고 할 수 있는 상황입니다. 포기하는 게 가장 좋은 법일 수도 있었습니다.

하지만 궁하면 통한다는 말이 이때 적절한 것이겠지요. 결국 이 모든 난제를 한꺼번에 해결할 수 있는 유일한 방법은 프로그래밍된 명령어를 수행할 수 있는 범용 논리 칩을 개발하는 수밖에 없었습니다. 호프는 결국 그 설계도를 완성했습니다. 여러 번의 실패와 좌절이 있었겠지요. 분노와 비탄에 젖어서 소리쳐 울었던 시간도 있었을 것입니다. 하지만 진심으로 그 일에 매달리다 보면 뜻하지 않은 순간에 '머리'가 그 방법을 알려주기도 합니다. 호프가 완성한 칩은 비지컴에서 의뢰한 12개의 칩 중 9개의 작업은 가능했습니다.

미래에 대해 협상하라

가격 재협상 시점에 호프는 인텔의 경영자인 노이스에게 중요한 협상 조건을 제안했습니다. 비지컴의 유리한 가격에 동의하는 대신, 새로 개발한 칩에 대한 권리를 인텔이 보유하고, 계산기가 아닌 제품에도 그 칩을 사용할 수 있도록 다른 회사 라이선스를 부여하게 해 달라는 조건이었습니다. 현재를 어느 정도 포기하고 미래에 얻을 수익을 기대하는 조건이었습니다.

노이스는 호프의 제안을 받아들였습니다. 보통 사람이라면 현재에 매몰되어 계약을 체결했겠지만, 노이스는 자신이 만든 제품에 대한 미래 가치를 충분히 계산할 수 있었기에 미래의 가치에 더 비중을 두었던 것입니다.

또 하나의 이유를 들자면, 인텔은 자사 제품에 대한 확신을 가지고 있었습니다. 아무도 인텔을 따라올 수 있는 제품을 만들 수 없다는 자신감이 있었던 것입니다. 만약 새로 개발한 칩에 대한 권리를 포기하게 되면 OEM 방식이 되어 버리는 것이니까요. 당장은 비지컴의 판매망을 이용하니까 수입은 늘 수 있겠지만, 자사의 제품은 부정하는 결과를 가져온다는 것을 알았습니다. 이렇게 되면, 제품은 시장에 유통되겠지만 인텔이라는 이름은 묻혀 버릴 수 있습니다. 인텔에 대한 정체성이 사라지는 결과를 가져오는 것입니다.

이러한 방식의 계약은 천재들의 전유물처럼 보입니다. 나중에 빌 게이츠가 IBM과 계약할 때도 이 방식을 따라 합니다. 모두가 현재보다는 미래를 선택하는 계약을 체결한 것이지요. 인텔의 이 계약은 참으로 '역사적인 계약'이라고 할 수 있습니다.

노이스는 어떠한 생각으로 이런 계약을 했을까요? 그 당시 인텔의 규모는 그다지 크지 않았고, 자금 사정도 넉넉하지 않았을 텐데 말입니다. 하나는, 그가 마이크로프로세서 시장을 정확히 예측하는 힘이 있었기 때문에 가능하다고 할 수 있습니다. 그는 어떠한 논리 기능도 수행할 수 있도록 프로그래밍이 되는 칩이야말로 전자 기기의 기초적인 구성요소가 될 것을 직감했습니다. 맞춤형 칩의 자리를 범용 칩이 차지하게 됨으로써 대량 생산이 가능해지고, 이로 인해 가격이 지속적으로 떨어질 것이라고 예측했습니다.

다른 하나는 그는 결코 '작은 인텔'을 원하지 않았다는 것입니다. 그에게는 꿈이 있었고, 그 꿈을 이루기 위해서는 주변을 의식하지 않고 오로지 정상만을 생각하면서 한 걸음씩 올라가는 과정이었기에 그런 계약이 가능할 수 있었던 것입니다. 생각의 끈을 놓지 않고 미래를 미리 설계해 놓고 그 미래에 도달하기 위해서는 현재 내가 무슨 일을 해야 하는지에 대한 좌표 설정이 있었기에 현재의 조건에 그다지 관심이 없었던 것입니다.

현재의 시점에서 바라보면 모든 일이 중요하게 느껴집니다. 더더군다나, 중요한 일보다는 급한 일을 선택할 가능성이 높아집니다. 하지만 목표 달성을 기준점으로 현재 상황을 역방향으로 바라보면, 주변 상황이나 환경에 휘둘리지 않기 때문에 선택의 폭이 대폭 줄어들게 됩니다. 그만큼 몰입하게 되고 집중하게 됩니다. 노이스는 그런 생각으로 '멋진 선택'을 했던 것입니다. 결론적으로, 이 계약 조건으로 인텔은 범용 칩의 거대한 시장을 창출하는 데 기여하고, 나아가 인텔이 계속해서 디지털 시대의 견인차로 남을 수 있었습니다.

혁신은 관점의 중요성에서 시작한다

여기서 잠깐, 원시인의 세계로 돌아가서 한 장면을 보여 드리겠습니다. 우리는 아주 어릴 적부터 돌을 쪼아 연장을 만드는 법을 배웠습니다. 사내아이는 잠을 자거나 사냥을 나가지 않을 때는 돌 연장을 만들어야 한다는 게 아버지의 견해였습니다. 그래서 돌 쪼기는 끊임없이 계속되었고, 아버지는 싫증도 내지 않고 돌 쪼기 기술에 대해 자세히 이야기하곤 했습니다. 그토록 애써 만든 날붙이가 너무 쉽게 부스러진다고 우리가 투덜거리면, 아버지는 재빨리 부드러운 미소를 띠며 이렇게 말씀하셨습니다.

- 인류의 진화는 차돌이 부서질 수 있어서 가능했다는 사실을 잊지 마라. 원숭이들은 연장을 제 손으로 직접 만들 생각을 하기

전에, 이미 수만 년 동안 연장을 사용했다. 차돌이 우연히 부서져 날카로운 모서리를 가진 돌날이 되는 경우가 많았고, 그것을 줍기만 하면 연장으로 쓸 수 있었기 때문이다. 그러다가 누군가가 일부러 차돌을 떨어뜨려 그게 어떻게 부서지는가를 보았고, 그 후 다시 수만 년 동안 연장 만드는 기술은 그저 차돌을 단단한 바위에 떨어뜨려 생기는 수많은 조각들 가운데 쓸모 있는 날을 고르는 기술에 불과했다. 모두가 생활에 불편함을 덜어주는 제품 개발에 치중한 것이다. 한마디로 우리 삶에 필요한 물건을 만드는 것에 불과했던 것이다.

하지만 이것으로 모든 것이 끝나는 것은 아니다. 우리가 차돌을 사용하는 주체이기 때문에 사용자기 느낄 수 있는 가치도 염두에 두어야 한다. 우리가 처음에는 고기를 그냥 먹었지 않느냐. 그때의 고기는 단지 배고픔을 해결하기 위한 것이었다. 하지만 우리가 불을 발견하면서부터 우리는 고기를 불에 구워서 먹기 시작하지 않았느냐. 고기를 불에 구워 먹으니 얼마나 맛이 있었느냐. 처음에는 배고픔이라는 불편함을 해소하기 위해서 고기를 먹었지만, 거기에 그친다면 우리가 동물과 다를 게 무엇이냐. 고기를 먹는 사람의 '오감'도 생각해야 하지 않겠느냐. 그런데 우리가 늘 사용하는 돌칼에는 어찌 그런 가치를 부여하지 않는지 나는 심각하게 생각했다.

다행히 우리 선조들 중에는 차돌을 떨어뜨리는 대신에 차돌을 두드리기 시작했고, 차돌을 두드리는 틈틈이 몸돌을 이리저리 돌려서 다음 작업에 가장 알맞은 단면을 찾았다. 그런데 이런 식으로 하면 열 개 가운데 한 개도 제대로 된 돌날을 얻을 수 없다. 이제 내가 새로운 방법을 알려줄 테니 잘 들어라.

아버지가 우리에게 알려준 방법은 정말로 획기적인 방법이었습니다. 단단한 몸돌에서 얇은 격지를 떼어내고, 그 겉면을 밑감으로 해서 새로운 돌날들을 얻을 수 있었습니다. 그렇게 하니까 새로운 돌날이 계속 생겨났습니다. 심지어 하나의 돌에서 네 개의 돌날을 얻을 수도 있었습니다. 또한, 돌을 내려칠 때 힘을 주는 정도에 따라 변화를 줄 수도 있었습니다. 무엇보다도 이렇게 얻은 돌날은 사용하기에도 '뛰어난 감각'을 소유하고 있었습니다.

어떤 사람은 이렇게 생각할지도 모릅니다. 세상에 널려 있는 게 돌날인데 군이 새로운 돌날이 만드는 수고를 하느냐고 비난을 할지도 모릅니다. 하지만 기존에 널려 있는 것이라고 해서 혁신이 필요 없다고 생각해서는 안 됩니다. 사람들은 늘 새로운 것을 원하니까요. 그들의 '드러내지 않는 불만'을 알아낼 수 있어야 혁신은 성공할 수 있습니다. 아버지의 돌날이 생겨나니 그전에 있었던 돌날은 더 이상 의미가 없어지게 되었습니다. 그만큼 우리는 감각이 뛰어나고, 편리한 돌날을 사용할 수 있었습니다. 그만큼 편리하고 행복해진 거지요.

혁신의 세계도 광기의 연속이다

(우투리, 다시 진지한 표정으로 바뀐다) 호프가 끝내 만들어 낸 새로운 발명품은 근본적으로 칩 위에 놓인 컴퓨터 프로세서였기에 '마이크로프로세서'라 불리게 되었습니다. 1971년 말에 '인텔 4004'라 명

명한 신제품이 대중에게 찾아왔습니다. 가격은 200달러였습니다. 모두가 찾고 있던 제품인지라 시장에 나오자마자 대박이 났습니다. 디지털 세계에서 새로운 시대가 도래한 것입니다.

노이스는 마이크로프로세서의 전도자를 자처했습니다. 그만큼 그는 거기에 빠져들었던 것입니다. 아버지가 우리들에게 우리가 사냥하는 짐승과 우리를 사냥하는 짐승에 대해 교육을 시킬 때의 그런 표정이었을 것입니다. 우리는 아버지 덕분에 그 짐승들이 어디에 살고 있으며, 무엇을 먹고 사는지, 시간을 어떻게 보내는지, 어떤 냄새를 풍기는지, 심지어 어떤 말로 대화하는지를 배웠습니다. 그만큼 우리는 미쳐 갔습니다. 아버지는 미쳐야 혁신을 이룰 수 있고, 혁신을 이루지 않으면 죽는다고 피를 토하며 외쳤습니다. 그 혁신은 대부분 우리에게 더 많은 안전과 더 많은 휴식과 더 많은 먹거리를 가져다주었습니다.

노이스는, 1972년 샌프란시스코에서 일가친척들과 화합을 하기 위해 전세 버스를 타고 가던 중에 자리에서 일어나 머리 위로 웨이퍼를 흔들며 이렇게 말했다고 합니다.

"바로 이것이 세상을 바꾸게 될 것입니다. 가정에 일대 혁명이 일어나게 될 것이라고요. 이로 인해 집집마다 컴퓨터를 보유하게 되고, 수많은 정보를 수집할 수 있게 될 것입니다. 이 웨이퍼가 우리들을 놀라운 세계로 이끌 것입니다."

세상에, 가족끼리 놀러 가는 자리에서도 마이크로프로세서를 생각하고 있었던 것입니다. 사람들은 일과 휴식을 분리해야 한다고 생각합니다. 물론 맞는 말입니다. 하지만 혁신은 일과 휴식을 엄격하게 분리하는 곳에서는 찾아오지 않습니다. 일이 휴식이 되고, 휴식이 일이 되는 그런 공간과 시간 속에서 혁신은 찾아오는 것입니다. 다른 말로 말하면, 일을 일이라고 여기는 게 아니라 일을 즐기는 가운데, 섬광처럼 혁신이 찾아온다고 말할 수 있습니다.

원시시대의 우리 아버지도 그랬을 것입니다. 늘 인간을 원숭이로부터 멀리 떨어뜨리기 위해 부단히 생각하고 고민하던 그 열정에 차 있고 순수했던 얼굴이 떠오릅니다. 오직 앞으로 나아가겠다는 생각, 인간을 원숭이로부터 분리하여 만물의 영장으로 거듭나겠다는 생각이 늘 머릿속에 가득 차 있었던 게 아버지였습니다.

그런 아버지의 모토가 무엇이었을까요? 다름 아닌 '다르게 생각한다'였을 것입니다. 불에 벼린 창도 다르게 생각했기에 가능했고, 새로운 돌날을 개발한 것도 다르게 생각한 결과였습니다. 어느 누가 창끝을 불에 넣으면 날카로워진다고 생각했겠습니까. 또한, 아버지가 아니었다면 우리는 오랫동안 돌을 땅에 떨어뜨리는 일을 하고 있었을 것입니다.

불은 또 어디서 왔습니까. 아버지 이전에도 많은 사람들이 불을 보았을 것입니다. 수많은 사람들이 사자나 표범의 먹이가 되었을 것입니다. 사자나 표범은 인간을 잡아먹고 그들의 뼈를 한곳에 모아 놓았을 것입니다. 그 뼈가 의미하는 것은 무엇입니까. 인간이 그들에 비해 약하다는 것 아닙니까. 그 약하다는 생각을 벗어나지 않았다면, 우리는 여전히 사자나 표범의 '귀중한 먹이'가 되었을 것입니다. 아니죠, 인류라는 종이 살아 있지 않을 테죠. 어쨌든 우리는 버릇처럼 다르게 생각하라고 말합니다. 하지만 다르게 생각만 해서는 안 됩니다. 다르게 생각하는 것이 다른 행동으로 이어져야 하겠지요.

7.
모방과 혁신 사이의 전략이 중요하다

혁신의 시작은 다른 시각으로 보는 데서 출발한다

영화 〈미션〉의 주제가였던 '넬라 판타지아'라는 노래에는 '밤조 차도 어둡지 않은 세상을 봅니다'라는 가사가 있습니다. 그 가사를 보는 순간, 그 옛날 불을 사용하지 못하고 헤매던 시절에, 환상 속 에서나마 밤이 너무 무섭고 힘들어서 어서 밤이 물러나기를, 아니 아예 밤이 오지 않기를 바라고 바라던 시절이 떠올랐습니다. 그런 데 지금은 불이 있어서 밤이 낮만큼이나 환하니 얼마나 기분 좋은 일입니까.

말과 얼룩말을 본격적으로 사냥하기 시작한 뒤에는, 사자나 표범 을 우리의 적이라기보다는 오히려 같은 직업에 종사하는 경쟁자로 여기기 시작했습니다. 어차피 그들과 우리는 사냥해야 할 대상이 겹쳤기 때문입니다. 경쟁자를 분석함으로써 우리가 그들보다 우위 에 설 방법을 찾아야 했기 때문입니다. 심지어 우리가 배워야 할 점이 있으면 배우기로 생각을 바꾸었습니다. 이처럼 대상을 다른 시각으로 본다는 것이 바로 혁신의 시작인지도 모릅니다.

우리는 당장 그들이 사냥하는 모습을 유심히 관찰했습니다. 그 들이 사냥하는 장소는 각각 달랐습니다. 표범은 높은 언덕에서, 사자는 초원에서, 퓨마는 밀림과 나무 위에서 사냥을 했습니다. 하이에나는 사냥하는 장소가 특별히 정해져 있지 않았습니다. 역시 관심을 가져야 제대로 보이는 법입니다. 우리는 그전까지 모든 동물들이 똑같은 방법과 똑같은 시간에 사냥을 하는 것으로 알고 있었습니다. 이번 관찰로 더 분명하게 알게 된 것은 각각의 동물들은 사냥하는 대상은 비슷했지만, 사냥하는 자세와 방법, 그리고 시간은 각각 다르다는 것이었습니다. 그 미세한 차이가 그들을 생존하게 하는 비법인지도 모릅니다.

우리는 지속적으로 그들이 사냥에 사용하는 장비에 대해서도 관찰하기 시작했습니다. 그들은 우리에 비해서 참 장점이 많았습니다. 어둠 속에서도 사냥하는 대상을 살펴볼 수 있는 눈과 먹이를 움켜잡거나 나무를 탈 때 유용한 발톱, 서른 개의 튼튼한 이빨, 먹이를 방심하게 하는 위장술, 그리고 최고 시속 100㎞에 달하는 주행 능력을 가지고 있었습니다. 가히 사냥에 최적화되었다고 할 수 있었습니다.

우리가 그들이 가지고 있는 기술과 장비의 우수성에 대해서 감탄하자, 아버지는 지나치게 감탄하는 것을 경계하면서 다음과 같이 말씀하셨습니다.

─ 그것은 생물체의 어떤 기관이 특수한 방향으로 발달하는 전문화의 일종이다. 달리 말하면 분화(分化)라고도 한다. 그들은 한 가지 목적만 가진 우수한 사냥 기계에 지나지 않는다. 그들은 사냥감을 잡고 죽이는 데는 거의 완벽하다. 더 이상 경쟁자가 없을 정도이다. 하지만 이게 그들의 장점이자 단점이 되는 것이다. 만약 현재의 사냥감이 사라지고 나면, 그들이 할 수 있는 일이 무엇이겠니. 코

코넛이라도 까먹으면서 생존하려고 하지 않는 이상, 그들이 할 수 있는 게 별로 없다.

자신의 아이덴티티를 버려라

지나치게 전문화된 동물도 있다. 검치호가 바로 좋은 예라고 할 수 있다. 검치호는 이빨을 혁신시켜서 전문화하는 데 성공했다. 코뿔소의 목을 송곳니로 꿰뚫을 수 있을 정도가 된 것이다. 하지만 그 어떤 동물도 코뿔소 따위를 먹으려 하지 않는다는 것이 문제이다. 그 혁신에 성공한 이빨이 지금은 오히려 검치호에게 방해가 될 뿐이다.

검치호는 동물들의 덩치가 지금보다 훨씬 컸을 때는 제 세상을 만난 듯이 제멋대로 날뛰었다. 짐승들의 움직임이 지금보다 훨씬 굼떴을 때는 그 날카로운 이빨이 검치호를 지상의 왕자로 만들어 주었다. 그러나 요즘에는 환경이 많이 달라졌다. 동물들은 작아졌고 빨라졌다. 봐라. 그 긴 이빨 때문에 걸핏하면 비틀거리고 넘어지지 않느냐. 얼마 지나지 않아서 검치호는 지상에서 사라질 것이다. 그들은 지나치게 혁신을 이루어 한 방향으로만 전문화되었기 때문에, 변화된 환경에 적응할 힘을 상실했기 때문이다.

우리 주변을 둘러싼 환경에 무슨 일이 일어나고 있는지는 아무도 모른다. 중요한 것은 속도가 아니라 방향이다. 모든 혁신은 다 옳은 것은 아니다. 자신이 이상적이라고 여기면서 자신이 원하는 대로 혁신을 이룬다고 해서 모든 것이 해결되지는 않는다는 말이다. 주변 환경에 적합하게 혁신을 이루어야 한다. 검치호는 자신이 옳다고 생각하여 이빨을 길게 늘였지만, 시장 상황과는 동떨어졌던 것이다. 시대의 흐름을 타는 혁신만이 성공할 수 있다. 앞으로의 수요가 어디에 있는지 파악해야 한다는 것이다.

우리는 사자나 표범처럼 날카로운 이빨도 없고 빨리 달리지도 못한다. 그런데도 우리의 강점은 역시 분화되지 않았다는 점이다. 네발을 써서 돌아다니거나 송곳니를 기르는 것은 퇴화일 뿐이다. 우리는 우리가 지니고 있는 불편함 때문에 혁신해야 하는 숙명적인 존재이다. 또한, 그만큼 내가 생각하는 혁신이 아니라 시장 상황이 요구하는 혁신을 이룰 수 있다는 것이다. 그러니 지금 잘나간다고 해서 앞으로도 잘나간다는 보장이 없다는 것을 알아야 한다.

검치호에게 하나 충고를 하자면, 검치호는 긴 이빨이라는 아이덴티티를 버려야 했다. 자신이 자신 있다고 생각하는 것은 어느 순간 고집이 되어 버리기 때문이다. 상황이 변하면 자신의 장점도 더 이상 장점이 아니라는 것을 알아야 한다. 즉, 고집을 버려야 한다. 검치호가 긴 이빨을 버리는 순간부터 그에게 새로운 생존 방법이 생겨날 수 있었다. 그런데도 검치호는 고집스럽게 자신의 장점을 붙들고 있었고, 그 고집이 결국 멸망으로 가는 특급열차를 탄 셈이 된 것이다.

단순한 것이 아름다운 것이다

비디오 게임에 관한 이야기를 할까 합니다. 우리에게는 닌텐도 (Nintendo)로 잘 알려져 있습니다. 닌텐도는 게임 콘솔 제조업체입니다. 그런데 닌텐도가 있기 전에 아타리(Atari)가 있었습니다. 닌텐도가 아타리를 모방한 75개 회사 중의 하나인 것이지요. 나중에는 닌텐도가 표준이 되었습니다. 모방 기업의 우위를 보여 주는 사례 중의 하나가 아닐까 합니다.

아타리를 설립한 것은 놀런 부슈널(Nolan Bushnell)입니다. 아타리는 바둑에서의 단수(單手, 아다리)라는 뜻에서 가져왔습니다. 당시 부슈널은 시카고의 밸리 미드웨이사와 레이싱 게임 제작에 관한 계약을 체결한 상태였습니다. 하지만 무역박람회에서 본 마그나복스 오디세이가 부슈널에게 깊은 인상을 남겼습니다. 그것은 가정용 텔레비전을 이용해 게임을 할 수 있도록 만든 초기 형태의 콘솔이었습니다. 콘솔을 이용해 시연된 게임 중에는 '핑퐁' 게임도 있었는데, 그가 보기에는 형편없어 보였습니다. 소리도 없고 점수도 없고 탁구공도 네모난 모양이었습니다. 그런데 사람들이 그 게임을 재미있게 하고 있었습니다. 만약, 저것을 좀 더 재미있게 만들 수 있다면 돈을 벌 수 있을 것 같았습니다.

부슈널은 자신의 동료이자 부하였던 알콘에게 '핑퐁'에 대해 설명해 주며 이런저런 회로를 그려 보이더니 아케이드 판 탁구 게임을 만들어 보라고 지시했습니다. 심지어 GE와 탁구 게임을 제작하기로 계약을 맺었다고 거짓말까지 했습니다. 알콘은 곧 게임을 완성했습니다. '핑퐁'보다 더 재미있는 게임을 만들어 낸 것입니다. 부슈널은 이것의 이름을 '퐁(Pong)'이라 불렀습니다.

'퐁'만이 지닌 독창성은 바로 단순함에 있었습니다. 맥주를 걸친 술집 단골들과 만취한 대학생들이 밤 12시가 지난 시각에도 쉽게 조작할 수 있을 정도로 간단했습니다. 제공되는 지침은 단 하나, '고득점을 위해 공을 놓치지 마시오.'였습니다. 한마디로, 아무 생각 없이 할 수 있는 단순하기 짝이 없는 게임이었습니다. 전문용어로 말하면, 철저하게 단순하고 직관적인 사용자 인터페이스를 개발한 것입니다. 부슈널은 '퐁'에 대한 기대감에 부풀어서 곧바로 밸리 미드웨이사로 날아갔습니다. 레이싱 게임 대신 '퐁'을 받아 달라고 설득하기 위해서였습니다. 하지만 그는 거절당했습니다. 2인의 플레이어가 필요한 게임을 시장성이 없다고 판단한 것입니다. 그는 포기하지 않고 직접 시장에 진출하기로 마음먹었습니다. 얼마나 시장성이 있는지 테스트하기 위해 노동자 계층이 거주하는 마을의 한 맥줏집에 '퐁'을 설치했습니다. 바닥은 땅콩 껍질로 뒤덮여 있고, 뒤쪽에서는 술에 취한 손님들이 핀 볼에 빠져 있는 곳이었습니다.

그것으로 모든 것이 결정 나 버렸습니다. 당시 게임 기계의 수익은 하루 평균 10달러였지만, '퐁'의 하루 수익은 40달러에 달했습니다. 이때, 부슈널의 기업가적인 면모가 진가를 발휘했습니다. 그는 아타리에서 '퐁'을 직접 제작해야겠다고 결심했습니다. 물론 필요한 장비와 자금은 마련되지 않은 상태였습니다. 흔한 표현으로 약간 맛이 간 것입니다.

은행에서는 아타리에게 대출을 해 주지 않았습니다. 제품에 대한 대중성이 확보되지 않았을 뿐만 아니라 언뜻 보기에 범죄 조직과 관련 있어 보인다는 이유 때문이었습니다. 하지만 부슈널은 포기하지 않았습니다. 천신만고 끝에 웰스 파고에서 5만 달러의 신용 대출을 얻을 수 있었습니다. 부슈널은 이 돈으로 산타클라라에 있던 아타리 사무실에서 몇 블록 떨어진 방치된 롤러스케이트장에 생산 설비를 시작했습니다. 그는 '퐁'이 반드시 성공한다는 미래를 설정하고 일정을 거꾸로 역산해서 나가기 시작했습니다.

조립라인도 없이 맨바닥에서 만들어진 '퐁'은 처음에는 하루에 10대를 제작했지만, 두 달이 지나지 않아 하루 생산량이 100대에 가까워졌습니다. 덩달아서 수익성도 개선되었습니다. 300달러를 조금 넘는 생산 비용을 유지하면서 판매 가격을 1,200달러로 올렸습니다.

'퐁'이 성공하자 마그나복스에서 소송을 제기했습니다. 부슈널은 다시 승부사의 기질을 발휘했습니다. 소송에 맞서서 지루하게 싸우다가 자신이 천금같이 얻은 기회를 날려 버리는 대신에, 협상을 택한 것입니다. 그는 70만 달러를 지불하고 특허에 대한 영구 사용권을 획득했습니다. 부가적인 조건을 하나 붙였는데, 다른 회사에서 '퐁'과 유사한 게임을 제작하면 마그나복스에서 특허권을 집행하여 판매 금액의 일정 비율을 로열티로 받을 것을 조건으로 걸었습니다. 현재에 매몰되지 않고 미래를 위해 과감하게 선택을 한 것이고, 그것은 보기 좋게 성공했습니다.

모방과 혁신 사이의 전략이 중요하다

일반적으로, 혁신에는 세 가지 요소가 필요하다고 합니다. 위대한 아이디어, 아이디어를 실현할 수 있는 공학적 재능, 그리고 이를 성공적인 제품으로 만들어 낼 사업적 기량 및 거래를 성사시킬 배짱이 그것입니다. 부슈널을 높이 평가하는 것 중의 하나가 게임 자체를 개발하는 것은 어렵지 않았지만, 자금 없이 회사를 성장시키는 것은 무척 어려운 일이기 때문입니다.

그런데 우리가 여기에서 꼭 짚고 넘어가야 할 것이 있습니다. 부슈널의 '퐁'이 성공했던 가장 중요한 요소 중의 하나가 모방이기 때문입니다. '퐁'이 마그나복스의 '오디세이'를 '있는 그대로 베꼈는지' 아니면, 어렴풋한 영감을 얻었는지를 떠나서 '넓은 의미로 모방'한 것은 사실입니다. 그것은 큰 자본이 없이 시작한 부슈널이 선택할 수밖에 없었던 대안이었습니다.

우리 아버지는 놀랍게도 혁신과 모방에 전략적 선택에 대해서 알고 있었던 것입니다. 경쟁자들과 우수한 자들을 뛰어넘기 위해 주변에서 좋은 것들을 모방해야 한다고 말하고 있습니다. 아버지는 이미 있는 것들을 다시 만드느라 쓸데없이 시간을 낭비하지 않았던 것입니다. 아버지가 인간이 분화되지 않은 것이 장점이라고 말한 것은 우리는 '지성'이 있어서 지구 상에 있는 다른 동물들의 우수한 점을 모방할 수 있다고 생각한 것입니다.

비행기, 배 등이 다 우리 주변에 있는 동물들을 모방한 게 아닌가요? 우리가 새처럼 날개를 가졌더라면 바다에서 헤엄칠 수 없었을 것이고, 물고기처럼 지느러미가 있었다면 새처럼 날지 못했을 것입니다. 혁신은 기업이 생존하고 성장하고 번영하는 데 꼭 필요한 핵심 요소입니다. 혁신은 모방 기업들이 등장하기 전까지 독점적인 이윤 창출의 원천이 됩니다. 그러나 결국에는 모방 기업들이 등장하게 마련입니다. 생산성은 대부분 본래의 혁신 제품이 아니라 차후의 개선 제품에서 나오는 경우가 많습니다. 이를 고려할 때 모방 기업은 고객에게 성능이 뛰어난 제품을 아주 저렴한 가격에 판매하는 데 보다 유리한 위치에 서게 됩니다.

모방 기업은 혁신 기업이 걸어온 발자취를 전부는 아니더라도 어느 정도는 따라가야 하기에 적지 않은 돈이 필요합니다. 그러나 대부분의 모방 사례에서 모방 기업이 지불하는 전체 비용은 혁신 기업에 비해 상대적으로 훨씬 적습니다. 일반적으로 혁신 기업이 지불해야 하는 비용의 60~70퍼센트 정도에 불과합니다.

지금처럼 가격경쟁이 심한 시대에는 그 정도의 비용 차이가 가져오는 파급 효과는 상당하다고 할 수 있습니다. 모방 여부는 기업이 처한 상황과 기업의 능력을 고려해 신중히 결정해야 하는데 이는 혁신과도 밀접한 관련이 있습니다. 혁신과 모방 사이에 균형을 잡기란 쉽지 않습니다. 이러한 종류의 균형은 계속 움직이는 목표물과 같기 때문입니다.

원시인이었던 우리 아버지는 알고 보면, 혁신을 선택할지, 모방을 선택할지를 결정할 수 있는 '지성'을 소유하고 있었음에 분명합니다. 검치호처럼 이빨만 지나치게 혁신하는 경우, 그 이빨 때문에 결국 검치호가 변화된 환경에 적응하지 못하고 멸망할 것이라는 경고는 우리에게 시사하는 바가 크다고 할 수 있습니다.

8.
만약 꿈을 꿀 수 있으면서
꿈의 노예가 되지 않는다면

콘셉트와 목표는 리더가 정한다

오늘은 신나게 매머드를 사냥하는 장면부터 생생하게 중계해 드리겠습니다. 등장인물이 많은 관계로 등장인물을 소개하는 시간을 갖도록 하겠습니다. 아버지는 그냥, 아버지로 하겠습니다. 동생은 미투리, 저번에 한 번 나왔지요? 형은 어중이로 하겠습니다. '어중이떠중이'라는 말이 있지요? 형은 아버지와 나 사이에 어중간하게 끼어 있으니 이 이름이 적당할 것 같습니다. 다른 사람들은 필요하면 그때그때 이름을 지어 드리도록 하겠습니다.

본격적인 이야기에 앞서서 1950년에 미국의 작가 하워드 패스트가 매카시즘의 광풍에 휘말려 사상범으로 갇혀 있던 감옥에서 쓴 『소설 스파르타쿠스』에는 이런 구절이 나옵니다.

가끔, 역사에는 아주 오랜 시간이 흐른 후, 몇백 년 만에 한 번 온 세상을 향해 외치는 사람이 나타난다. 우리는 그들을 영웅이라고 하기도 하고, 신의 아들이라고 부르기도 한다. 어느 것이든 상관이 없다. 그 사람은 몇 세기가 또 지나가고, 세상이 계속 돌아가도, 결코 잊히지 않는다. 스파르타쿠스가 바로 그 이름이다. 그는 얼마 전에 로마에서 가장 천대받는 노예에 지나지 않았다. 그런데 지금 스파르타쿠스를 모르는 사람이 어디 있겠는가?

그는 지금 거의 5만 명에 이르는 군대를 지휘하고 있다. 그 근대는 어떤 면에서는 역사상 최강의 군대라고 할 수 있을 것이다. 그들은 가장 단순하고 소박한 의미에서, 자유를 위해 싸우는 군대다. 지금까지 수도 없이 많은 군대가 있었다. 대부분의 군대들은 국가나 도시를 위해서 싸웠다. 혹은 부나 전리품, 그리고 권력이나 어떤 지역의 통제권을 놓고 싸웠다. 냉정한 의미에서 그들은 '이익'을 위해서 싸운 것이다. 하지만 스파르타쿠스와 그의 군대들은 인간의 존엄과 자유를 위해서 싸웠던 것이다.

갑자기 웬 스파르타쿠스냐구요? 우리가 늘 초원의 고등 육식동물들에게 '꼬붕' 노릇을 하다가 드디어 그들을 사냥하는 날이기 때문에 스파르타쿠스를 인용한 것입니다. 노예였던 우리가 자유를 위해서(좀 더 솔직하게 표현하면 식량이지만, 우리에게는 식량이 자유였다고 해도 틀린 말은 아니다) 싸우는 것이 좀 비슷하지 않을까 해서 인용한 것입니다. 이것은 늘 아버지가 입버릇처럼 부르짖던 순간이기도 합니다. 예전에 우리는 아버지를 마음껏 비웃었음은 물론입니다. 하지만 어느 순간 그토록 바라던 일이 내 눈앞에 나타나니까 어안이 벙벙한 것도 사실입니다.

어느 날 아침, 어중이 형은 광범위한 정찰을 마치고 돌아와서, 엄청나게 많은 매머드와 코끼리, 들소와 물소, 그리고 온갖 유제류들이 우리가 공격하기로 한 곳으로 떼를 지어 이동하고 있다는 소식을 전했습니다. 어중이 형은 즉시 사냥에 대한 콘셉트와 목표를 정했습니다. 어중이 형은 아버지를 요즘 말로 말하면 '고문'으로 임명했습니다. 아버지는 사냥에 대한 콘셉트와 실행 방법에 대해서 평가하는 역할만을 담당했습니다. 그것은 아버지가 사냥에 대한 실행 계획까지 간섭하게 되면 어중이 형이 성장할 수 없다는 것을 알기 때문입니다.

가끔 집착에서 벗어나야 제대로 보인다

사냥에 나서기 전에 우리는 대규모 축제를 벌였습니다. 고기를 뜯어 먹고, 춤을 추고 노래를 불렀습니다. 사실, 우리에게 사냥은 대단히 중요해서 매일 그에 대한 생각만을 했습니다. 그런데 춤을 추고 고기를 뜯어 먹는 그 순간에 이 한 번의 사냥이 생활 속에서 그렇게 특별한 존재가 아니라는 사실을 깨달았습니다. 우리가 신나게 축제를 벌이는 동안에 우리는 사냥을 우리의 관점이 아니라 우리가 사냥하고자 하는 대상의 관점에서 볼 수 있었습니다. 좀 더 객관적으로 상황을 파악할 수 있었다는 뜻입니다.

축제가 끝나고 난 후에는 어김없이 우리는 회의를 합니다. 한바탕 축제를 즐긴 후이기 때문에 우리의 영혼은 그 어떤 때보다 자유로워진 상태입니다. 그런 상태에서 아이디어를 주고받습니다. 그 아이디어를 주고받는 과정에서 하나의 방향성을 찾아냅니다. 계속 회의를 진행하다 보면 해결책이 보이기 시작하고, 어느 순간 돌파구를 찾을 수 있습니다. 그 찰나의 순간에 우리는 희열을 느껴서

저도 모르게 마구 아무거나 두들겨 댑니다. 그것이 훗날 음악의 시초가 되었다고도 하는데 우리는 그게 음악인 줄은 그때 당시에는 전혀 몰랐습니다.

회의가 항상 즐겁지만은 않습니다. 특히 선택의 순간은 늘 어렵습니다. 한 번의 사냥이 완성되기까지는 수많은 가능성이 존재합니다. 하나를 결정하면 다른 가능성을 버려야 합니다. 사냥은 절대 연습이 아닙니다. 목숨이 왔다 갔다 하는 '살육의 현장'이니까 그만큼 판단에 어려움이 많고, 판단을 내릴 때마다 고민을 많이 해야 합니다. 마지막 판단은 항상 감각에 의해서 결정합니다. 100% 확신은 없지만, 언제까지나 결단을 미룰 수는 없습니다. 그렇다고 해서 아무런 대책도 없이 그때그때의 감각에 의존해서 판단을 내리는 것은 아닙니다. 리더는 평소 감각의 정확성을 키우기 위해 노력해야 합니다. 재미있는 사실은 이 감각이 노력을 통해서 단련되어진다는 것입니다.

감각을 예민하게 유지하기 위해서는 평소 주변 환경을 주의 깊게 관찰해야 합니다. 계곡의 특성과 나무들의 위치, 그리고 토양의 재질, 강의 위치와 흐름, 심지어 바람의 방향이 어떻게 바뀌는지도 신경을 써야 합니다. 무엇보다도 사냥이 끝난 후에 우리가 누리게 될 행복한 순간을 그려 보면서 집중을 합니다. 그렇게 집중하다 보면 자연스럽게 사냥이 성공했을 때의 효과가 떠오릅니다. 이 효과에 사냥에 투입될 인적 자원과 무기 체계를 고려하면 판단의 범위는 급속하게 좁아지게 됩니다. 가장 중요하게 생각할 것은 사냥이 많은 사람들에게 유용해야 한다는 점입니다. 이 감각은 특정한 리더만 가지고 있어서는 안 됩니다. 사냥에 참여하는 많은 사람들이 감각을 공유할 수 있어야 합니다. 이 감각을 전체적으로 공유하기 위해서 우리는 축제를 벌이는 것입니다. 모두가 하나가 되는 축제 속으로 들어가면 어느 순간 많은 사람들이 감각을 같이 느낄 수 있게 되는 것입니다.

모든 것이 끝나고 다음 날 아침이 되자, 어중이 형과 우리들은 새로운 기운을 얻게 되었습니다. 좀 더 침착해지고 냉정해졌습니다. 많은 사람들이 눈빛만으로도 느낄 수 있도록 분위기와 감동이 공유된 상태가 된 것입니다. 왜 그게 중요한 것일까요? 거대한 도전에는 그만큼 큰 위험이 동반되게 마련입니다. 만약 사냥이 실패하게 된다면 우리 모두가 사라질 수도 있기 때문입니다. 싸움에서 이기기 위해서는 그에 걸맞은 몸집과 체력이 있어야 합니다. 그런 이유로 우리도 조직을 정비하는 일에 신경을 쓰는 것입니다.

어중이 형은 아직 어린아이들을 돌보도록 어머니와 숙자 아주머니만 남겨놓고, 나머지 식구들은 모두 원정을 떠났습니다. 참으로 장엄하고 씩씩한 무리였습니다. 우리가 불을 사용하기 전에는 아주 미약한 무리였으나, 불을 사용하고 난 후부터 우리 무리는 창대해졌습니다. 이 때문에, 우리는 가끔 떼를 지어 소리를 질렀습니다.

- 내 시작은 미약했으나 나중은 창대하느니라.

어중이 형이 모든 작전을 지휘했고, 아버지는 한 발자국 물러서 있었습니다. 아니, 오히려 형의 명령에 고분고분 복종했습니다. 어중이 형은 동물들이 맞바람을 안고 들어올 지역 전체에 주력부대를 골고루 배치하여 물샐틈없는 그물을 쳤습니다. 주로 여자들로 이루어진 소규모 분견대는 동물들의 뒤쪽으로 돌아가기 위해, 그 지역을 가로질러 강행군을 하도록 되어 있었습니다. 동물들의 배

후에서 시끄러운 소리를 내고 고함을 질러, 동물들을 그물 속으로 몰아넣기 위해서였습니다. 어린애들은 사냥꾼 분대들이 제각기 정해진 위치에 도착하면 그것을 대장인 어중이 형에게 알리는 전령 역할을 맡았습니다.

어중이 형은 참모들과 함께 언덕으로 올라갔습니다. 그곳에는 사냥터를 내려다보면서 작전을 지휘할 수도 있고, 증원군을 필요로 하는 사냥꾼들에게 재빨리 가담할 수도 있었습니다. 전체를 바라볼 수 있는 곳이 바로 그곳이었습니다. 실제 상황에서는 예상할 수 없는 변수들이 튀어나올 수 있으므로, 전체를 보고 재빨리 판단할 수 있어야 했기에 '그 언덕'에 오르는 것이 필요했던 것입니다. 아무리 회의를 하고, 감각을 공유하기는 했지만, 사냥은 '실제 상황'이고 삐끗하면 모든 것이 수포로 돌아가는 예민한 작업임이 틀림없습니다. 어쨌든 모든 일이 순조롭게 진행되었습니다. 몰이꾼들이 내지르는 소리에 놀란 동물들은 무턱대고 질주하더니, 사냥꾼들이 숨어서 기다리고 있는 장소로 잇따라 뛰어들었습니다. 어중이 형이 이끄는 사냥꾼들 가운데 일부는 매머드와 코끼리를 함정과 덫 속으로 교묘하게 몰아넣었고, 나머지는 우리가 다양한 고기를 맛볼 수 있도록 말과 얼룩말, 물소, 가젤을 창으로 쓰러뜨렸습니다. 마치 한 사람이 움직이듯 조직이 혼연일체가 되어 사냥했던 것입니다. 우리의 관점이 아니라 동물들의 관점에서 바라보니 동물들의 동선이 모두 그려졌던 것입니다.

사자든 가젤이든 해가 뜨면 무조건 달려야 한다

가젤이 나오니까 가젤과 관련한 오랫동안 우리들 사이에서 퍼져 있는 이야기가 생각이 납니다.

- 아프리카에서는 사자와 가젤이 살고 있습니다. 사자는 해가 뜨자마자 가젤을 잡기 위해서 달립니다. 가젤도 해가 뜨자마자 사자에게 먹히지 않기 위해 달려야 합니다. 당신이 사자든 가젤이든 상관없습니다. 해가 뜨면 무조건 달려야 합니다. 그렇지 않으면 내일이 없기 때문입니다. 우리는 집으로 다 가져갈 수 없을 만큼 많은 식량을 얻었습니다. 그러나 늘 그렇듯이 우리는, 우리가 애써 잡은 고기를 손끝 하나 까딱하지 않고 공짜로 포식하기 위해 사방에서 몰려든 하이에나와 자칼, 독수리와 솔개들에게 나누어주어야 했습니다. 아버지는 대량 살육의 현장을 흡족한 표정으로 둘러보면서 말했습니다.

- 우리가 사자나 표범을 졸졸 따라다니면서 녀석들이 먹다 남긴 고기를 먹던 시절이 생각나는구나. 그때는 우리가 초원의 청소부였다. 어쩌면 썩은 고기만을 쫓아다니는 하이에나보다 비참한 존재였다는 말이다. 인간의 존엄성 따위는 전혀 없는 생존을 위한 처절한 몸부림으로 일그러져 있는 '조금 더 똑똑한' 원숭이였다는 말이다. 그런데 이젠 저 녀석들이 우리를 따라다니는구나. 한마디로 격세지감을 느끼는구나.

말을 마치자마자, 아버지는 생각이 났다는 듯 하이에나를 향해 힘껏 돌을 던졌습니다. 다리를 정통으로 얻어맞은 하이에나는 실망과 분노를 이기지 못해 고함을 지르면서, 다리를 절름거리면서

도망쳤습니다. 아버지는 하이에나를 보면서 통쾌하게 웃었습니다. 그 웃음은 지난날의 우울과 열등감을 한꺼번에 날리는 웃음이었습니다.

우리는 온갖 종류의 고기를 짊어지고 발걸음도 가볍게 집으로 돌아왔습니다. 집에 와 보니, 어머니는 커다란 불을 피워 놓고 우리를 기다리고 있었습니다. 우리는 이제 '을'이 아니라 '갑'이었습니다. 언제 초원에서 사라질지 몰라 벌벌 떠는 '비정규직'이 아니라, 모든 것을 우리 마음대로 할 수 있는 '정규직'이자 '오너'였습니다. 스파르타쿠스가 자유를 찾아 반란을 일으켰듯이, 우리도 자유를 찾아 화산에 있는 불을 가져왔고, 우리는 비로소 인간의 존엄성을 얻었습니다. 이런 말이 갑자기 떠오르는군요.

- 스파르타쿠스는 틀리고, 우리는 맞다.

어디선가 많이 들어 보셨죠? 홍상수 감독의 영화 〈그때는 틀리고 지금은 맞다〉를 잠시 패러디해 보았습니다. 스파르타쿠스는 결국 반란에 실패하여 붙잡혔고, 우리는 멋지게 그동안 우리를 괴롭혔던 무리들을 오히려 사냥하는 쾌거를 이루었기 때문에 살짝 비틀어본 것입니다.

만약, 꿈을 꿀 수 있으면서 꿈의 노예가 되지 않는다면

인터넷이라는 발명품은 군과 대학, 그리고 사기업 등, 세 집단 사이의 동반자 관계로 이루어졌습니다. 이 관계는 느슨한 연합체가 아니었습니다. 융합이 되어 단단하게 얽혀져서 목표를 향한 집념이 활활 타오르던 연합체였습니다. 이 집합체를 이끈 주역은 MIT 교수 배니버 부시였습니다. 부시는 세 진영 모든 곳에서 스타였기 때문에 이런 임무에 아주 적합했습니다.

그는 인문학과 과학을 사랑하며 성장했습니다. 키플링과 오마르 하이얌의 시를 인용할 수 있었고, 플루트를 연주했습니다. 교향곡을 사랑했으며, 철학을 읽었습니다. 한마디로 인문학과 예술 모두에서 그 재능과 관심이 있었다고 할 수 있습니다. 상상력과 직관을 갖춘 엔지니어. 디지털 세계의 혁신을 이룬 사람의 공통적인 이력서가 아닐까 생각됩니다.

한국에서 많은 인기를 얻었던 베르나르 베르베르의 소설 『뇌』에는 키플링의 시 중의 하나인 '만일'이 수록되어 있습니다. 이 시 속에 부시가 인터넷이라는 위대한 발명품을 만드는 자세와 태도가 나와 있지 않을까 하는 생각에서 그 일부만 낭송해 보겠습니다.

만약 많은 사람이 이성을 잃고 너를 탓할 때
이에 흥분하지 않고 냉정을 유지할 수 있다면,
만약 모두가 너를 믿지 않을 때
자신을 믿고 그들의 의심을 기꺼이 물리칠 수 있다면,
만약 기다리면서 그 기다림에 지치지 않는다면,
속으면서도 똑같이 다른 사람들을 속임으로
응수하지 않는다면,
미움을 받고도 사람을 미워하지 않는다면,
그리고 너무 선량한 체, 너무 현명한 체하지 않는다면.

만약 꿈을 꾸면서도 꿈의 노예가 되지 않을 수 있다면,
만약 생각하면서도 생각을 목표로 삼지 않을 수 있다면,
만약 '승리'와 '재앙'을 만나고도
이 두 협잡꾼을 똑같이 대할 수 있다면,
만약 네가 말한 진실이 악인들에 의해 왜곡되어
어리석은 자들을 옭아매는 덫이 되는 것을 참을 수 있다면,
네 일생을 바쳐 이룩한 것들이 무너지는 것을 보고도
낡은 연장을 집어 들고 다시 세울 수 있다면.

한 구절 한 구절이 혁신을 생각하는 사람이나 기업들에 울림을 주는 시라고 할 수 있습니다. 인생을 달관한 사람의 여유로운 풍모도 느껴집니다. 다른 한편으로는 자신에게 진심을 다해 세상을 살아가는 모습도 보입니다. 다른 사람이 뭐라 하든지 신경 쓰지 않고 내가 원하는 대로, 내가 바라는 대로 살아가는 삶은 참으로 멋집니다. 다른 사람들의 꿈이나 욕망도 존중하면서 말이죠. 혹시, 우리 아버지가 우리들 몰래 이 시를 읽으면서 지내지 않았을까요?

기초 연구가 돈을 만들어낸다

제2차 세계대전이 발발하자 새로운 테크놀로지의 폭발적인 발전이 시작되었고, 부시는 이 영역에서 선두에 나섰습니다. 그는 원자

탄을 만든 맨해튼 프로젝트를 비롯하여 레이더와 방공시스템을 개발하는 프로젝트 감독을 맡았습니다. 이런 이유로 〈타임〉 지에서는 그를 '물리학 장군'이라는 별명을 붙여주기도 하였습니다. 전쟁이 끝났을 때는 루스벨트의 명령에 따라 정부가 대학, 산업체와 협력하여 기초 연구 자금을 지원해야 한다고 주장하는 보고서를 작성했습니다. 이 보고서는 결국 해리 트루먼 대통령에게 제출되었습니다.

부시가 선택한 제목 '과학, 그 끝없는 프론티어(Science, the Endless Frontier)'는 매우 미국적이고 환기 효과가 컸습니다. 그는 여기서 다음과 같은 말을 하였습니다.

기초 연구는 새로운 지식을 낳는다. 또한, 기초 연구는 과학적 자본을 제공한다. 무엇보다도, 기초 연구는 지식을 실제로 응용하는 데 쓸 수 있는 자금을 만들어 낸다.

정치가들은 당장의 표를 의식하기 때문에 미래의 혁신에 필요한 자금에는 소극적입니다. 한마디로 어느 세월에 기초 연구가 돈이 되겠느냐고 생각하는 것입니다. 그들의 목숨은 길어야 4년 혹은 5년이기 때문에 최소한 2년이나 3년 안에 무엇인가 나오지 않으면 선택하지 않을 것입니다. 정치인들이 그런 말로 기초 연구를 위협할 때마다 부시의 이 말은 유용할 것입니다.

실제로, 부시도 가끔 정치인들이 혁신에 필요한 자금을 끊겠다고 위협하는 말을 들었겠지요. 그럴 때 그는 어떻게 반응했을까요? 아마도 그는 시가를 물고서 미소를 띠면서 오마르 하이얌의 '루바이야트'의 한 구절을 읊었을지도 모릅니다.

> 반짝했다 사라지는 허무한 인생인데
> 벗이여, 삶의 비결 찾느라 인생을 보내지는 마라.
> 허위와 진실은 종이 한 장 차이임을 그대는 모르는가. 말해보오.
> 무엇에 의지하여 일생을 살 것인가.
> 딱딱한 대지를 굽어봄이나
> 열리지 않는 하늘 문을 헛되이 바라봄도
> 오늘 그대 이승에서 살아 있는 동안이지 않은가.
> 내일이면 그대마저 있지 않으리.

허무주의가 짙게 배어 있다고 생각할 수도 있지만, 현재에 충실하자는 다짐이 가득 담겨 있는 시라고 할 수 있습니다. 이 시의 기조처럼 부시는 자신이 옳다고 생각하는 것은 기어이 해내는 것만이 인생의 의미가 있다고 생각하여 정치인의 위협을 오히려 즐기지 않았을까 하는 생각을 해 봅니다.

원시시대에서 다른 사람들이 아버지에게 줄기차게 쓸데없는 짓을 하지 말라고 할 때마다, 아버지는 웃으면서 유연하게 물리쳤던 것처럼 말입니다. 결국, 하고 싶은 것은 해야 하는데 그에 대한 방법과 과정도 중요합니다. 그러니 나를 둘러싼 주변의 반대 세력에 대해서 감정적으로 대응하지 말고 웃으면서 상대방의 허점을 밀고 들어가는 여유가 필요한 것 같습니다.

좀 거칠게 표현하면 '뺀질거릴' 수 있어야 한다는 이야기입니다. 모든 것은 몸으로 나타내는 수밖에 없기 때문입니다. 수많은 토론과 이론, 그리고 관념은 우리를 지치게 합니다. 다른 사람들의 조언에도 관념이나 이론의 냄새가 난다면 굳이 들을 필요가 없습니다. 그들의 조언에서 땀 냄새와 심장의 거친 헐떡거림이 느껴진다면 그 말에 경청을 하는 것이 좋습니다. 몸으로 말하는 조언이기 때문입니다.

연어라는 말 속에는 강물 냄새가 난다

부시는 전쟁으로 인해 기초 연구 - 핵물리학, 레이저, 컴퓨터공학, 레이더의 기본 원리를 발견하는 것 - 가 '국가 안보에 절대적으로 핵심적'이라는 것이 의심의 여지 없이 분명해졌다고 믿었습니다. 그는 또 기초 연구가 미국의 경제 안보에도 아주 중요하다고 생각하며 다음과 같이 강조했습니다.

과학의 발전을 현실의 세계에서 이용하면 더 많은 일자리, 더 높은 임금, 노동시간 단축, 더 풍부한 작물 생산이 가능하다. 또 여유 시간이 생겨 놀 수도 있고, 공부할 수도 있고, 과거 보통 사람들의 짐이었던 지루하고 단조로운 일을 하지 않고도 살아가는 방법을 배울 수 있다. 과학의 발전은 아무리 강조해도 지나치지 않은 것이다.

의회는 부시의 보고서에 따라 '국가과학재단'을 설립했습니다. 국방부와 국가과학재단은 곧 미국의 기초 연구의 많은 부분의 주요 자금원이 되어, 1950년대에서 1980년대에 걸쳐서 많은 돈을 투자하였습니다. 그 규모는 민간 부문에서 투자한 액수와 맞먹었습니다. 투자는 어디로 가지 않았습니다. 아니, 그 투자의 이익은 엄청났습니다. 인터넷이 탄생하였고, 미국의 전후 혁신과 경제 활황을 떠받치는 많은 기둥을 세웠습니다. (우투리, 잠시 숨을 고른다.) 그 중심에는 물론 사람이 있었고, 서로에 대한 믿음이 있지 않았을까 생각해 봅니다.

잠시, 메디치 가문의 이야기를 할까 합니다. 메디치 가문은 당대에 세계 최고의 부(富)를 축적하고 세상을 호령한 통치자들을 배출하였으며, 르네상스 시대를 개막시킴으로써 가문의 위대함을 천하에 알렸습니다. 세상에 존재하는 그 어떤 가문도 메디치 가문만큼 위대한 발자취를 남긴 가문은 없다고 할 것입니다. 그렇다면 메디치 가문이 이처럼 인류 문화사에 찬란한 업적을 낳게 된 것은 무엇일까요?

그들이 단순히 부자여서나 혹은 권력을 독점하고 있었기 때문만은 아닐 것입니다. 그들에게는 무엇보다 사람의 마음을 얻기 위한 지속적인 노력이 있었습니다. 가문의 역사가 이어졌던 346년 동안 끝없이 사람에 관심을 두고, 그들의 마음을 얻기 위해 정성을 다했던 것입니다. 메디치 가문이 이처럼 사람의 마음을 얻는 데 성공했을 때, 그들의 사업은 번창했고, 그들이 후원했던 예술가의 예술은 극단의 미를 표현했으며, 분열되어 혼란스러웠던 이탈리아는 평정되었습니다. 이처럼 사람의 마음을 얻는 자가 천하를 얻는다는 사실을 메디치 가문은 실제로 증명해 보였던 것입니다.

부시의 주도하에 설립된 '국가과학재단'을 통해서 많은 혁신이 이루어졌다는 것도 같은 맥락입니다. 미국이 돈이 있어서도 아니고, 부시가 권력이 있어서도 아닙니다. 그가 사람을 믿고, 사람의 마음을 얻는 데 각별한 노력을 기울였기 때문에, 그의 지도력 하에서 많은 혁신이 이루어졌을 것입니다.

시인 안도현은 『연어』라는 책에서 이런 말을 했습니다.

연어라는 말 속에는 강물 냄새가 난다.

그렇습니다. 부시가 말하는 혁신 속에는 사람 냄새가 나는 것 같습니다. 예술 냄새가 나는 것 같습니다. 연어가 오랫동안 바다에서 살지만, 고향인 강을 애타게 그리워하기에 연어라는 말 속에는 바다 냄새가 아닌 강물 냄새가 나듯이, 디지털 혁신이라는 수학적이고 기계적(?)인 세계 속에서 시나 예술을 그리워하는 마음이 있기에 그가 혁신의 바다를 만들어 많은 사람을 헤엄치게 했는지도 모릅니다. 결국 혁신이라는 것도 인간이 만들어 내는 것이기 때문입니다.

9.
새로운 시장을 창조하라

늘 배고프지 않으면 혁신을 이룰 수 없다

어느덧 우리는 돌을 다루는 기술자였고, 불들을 길들였으며, 사실상 지구에 거주하는 모든 종들을 모조리 얕잡아볼 수 있었습니다. 모든 것이 좋아 보였습니다. 내내 노예로 살다가 귀족이 된 기분이 이럴까요? 그러나 아버지는 더 나은 것을 원했습니다. 만약에 아버지가 그러지 않았다면 그건 이미 아버지가 아니었을 것입니다.

아버지는 그동안 계속해서 불의 이용법을 확대하는 실험 결과에 만족하지 않았습니다. 화산에서 이미 만들어진 불을 얻어 오는 정도로는 충분치 않다고 느꼈습니다. 우리 손으로 직접 불을 만들어야 한다고 아버지는 말씀하시곤 하였습니다. 어느 날, 동굴에 피워 놓은 불이 꺼졌을 때, 아버지는 심각한 표정으로 어느 때보다 역정을 내시면서 말했습니다.

- **아버지**: 이건 어리석은 짓이야. 멍청한 너희 아주머니들이 불을 꺼뜨릴 때마다 내가 수십 리 밖에 있는 그 높은 산에 올라가야 한다는 건 실로 어처구니없는 일이다. 게다가 이 나이에…. 이건 너무해. 무언가 다른 방법을 찾아야 해.

- **나**: 하지만 불을 만들 수는 없을 거예요. 마술을 부린다면 몰라

도….

- **아버지**: 아니다. 너는 원숭이에서 조금도 벗어나지 않으려고 몸부림치는구나. 그렇다면, 차라리 네 몸에 털을 기르는 게 낫겠다. (고개를 돌리며) 저길 보아라. 떠중이가 너보다는 낫구나.

나는 아버지가 가리키는 쪽으로 눈을 돌렸습니다. 떠중이가 부싯돌을 다듬고 있었습니다. 돌이 서로 부딪치면 이따금 불꽃이 한두 개 날아올랐습니다. 하지만 그런 일은 지금껏 수도 없이 보던 일이었습니다. 그 불꽃과 미친 듯이 타고 있는 불 사이에 무슨 연관이 있을지를 한 번도 생각해 본 적이 없었습니다. 그건 생쥐를 보면서 매머드를 생각해 내는 것과 같았습니다. 그런데, 그런데 말입니다. 그날따라 다른 생각이 들었습니다.

- **나**: 저 부싯돌에서 튀어 오르는 불꽃이 불이라면 돌도 불에 탈 수 있다는 따위의 어려운 문제들이 줄줄이 생겨나는 것이잖아요. 어떻게 그럴 수가 있어요?

- **아버지**(한심하다는 듯): 나는 돌이 타는 걸 보았다.

그때, 떠중이가 어떤 돌은 다른 돌보다 불꽃이 많이 내는 것을 보았다고 말했습니다. 아버지는 흥분해서 어쩔 줄 몰랐습니다. 불꽃을 내는 나무에서 불을 가져올 수 있다면, 불꽃을 내는 돌에서도 불을 가져올 수 있다고 우겼습니다. 나는 아버지의 말이 논리적으로 타당성이 있지만, 현실적으로는 불가능하다고 생각했습니다. 부싯돌에서 이따금 날아오르는 작은 불꽃을 무슨 수로 붙잡는다는 말입니까.

아버지는 부싯돌을 너무 자주, 너무 세게 두드리면 부싯돌도 그처럼 거친 대접에 화가 나서 열을 받게 된다고 주장했습니다. 이것도 논리적인 타당성이 있었습니다. 하지만 거기까지였습니다. 막대기 두 개를 힘껏 부딪치면 분노와 격렬한 활동 때문에 막대기 두 개가 모두 뜨거워졌습니다. 그러면 아버지는 거의 성공의 문턱에 이르렀다고 생각했고, 금세라도 막대기가 활활 타오를 거라고 기대했지만, 늘 거기까지였습니다. 우리는 그때마다 아버지의 일그러진 얼굴을 봐야 했습니다. '일그러진 얼굴'의 원조가 아버지?

그리고 한참 시간이 지난 후에 아버지는 드디어 불을 제조하는 데 성공하게 됩니다. 아버지가 불을 제조하지 못해서 실망하고 난 후에, 상당한 시간이 지난 어느 날이었습니다. 아버지가 갑자기 동굴로 뛰어 들어왔습니다. 뒤에는 떠중이가 있었습니다.

- **아버지**: 만세, 드디어 해냈다.

- **나**: 이번에 또 무슨 짓을 하셨어요?

- **아버지**: 가서 보렴. 니 눈으로 직접 확인하려무나.

나는 아버지와 떠중이를 따라 동굴에서 좀 떨어진 야트막한 언덕으로 올라갔습니다. 거기에는 기다란 연기가 피어오르고 있었습니다.

- **나**: 또 다른 불이군요. 도대체 무엇을 해냈다는 말이죠? 다시 화산에 다녀왔다는 말인가요?

- **아버지**: 화산 같은 소리 하고 있네. 그 빌어먹을 화산은 다시 올라가지 않을 것이다. 너는 도무지 상황 파악이 안 되는 모양이구나. 우리가 불을 만들었단 말이다. 떠중이가 가져온 부싯돌에서 불을 만들었단 말이다. 그 돌을 우리가 보통 쓰는 부싯돌로 때리면 불티가 엄청나게 튀어 오른다. 한두 개가 아니라, 아예 폭발할 것 같은 분위기야. 문제는 그 불티를 잡는 거였지. 오늘 아침에 온

갖 방법을 시도한 끝에 마침내 해답을 찾아냈어. 마른 잎 몇 개를 손바닥에 올려놓고 가볍게 비벼서 가루로 만들기만 하면 돼. 생각해 봐. 그다음에는 마른 가지 몇 개, 그다음에는 마른 장작 조금만 있으면 되는 거야. 처음에는 아주 작아서 거의 불처럼 보이지도 않으니까 거기에 입김을 후후 불어서 크게 살려야 돼.

  - **나**: 아주 잘하셨어요. 난 아버지가 불을 제조할 줄 알았어요.

  - **아버지**: 이 붉은 돌만 가져가면 돼. 아주 작은 조각 하나만 있으면 충분하다. 또 필요한 것은 이 부싯돌이다. 이것도 하나만 있으면 필요할 때 언제든지 불을 피울 수 있지. 이 발견이 갖는 가능성은 그야말로 엄청난 거지.

  그렇게 혁신의 아이콘이었던 아버지는 불을 제조하는 데 성공하여, 화산까지 왕복하는 수고를 하지 않아도 되었으며, 불이 꺼진 후에 사자나 검치호 들이 복수를 하는 어려운 순간에서도 벗어날 수 있었습니다. 아마도 아버지는 그런 재미 때문에 혁신을 하기 위해 계속 '지성'을 사용하는지도 모릅니다.

  한 가지 기억할 것은, 아버지는 불을 '제조'하기에 이르는 동안 오로지 불을 제조하는 방법만 생각하고 있었을 것입니다. 그가 바라보는 모든 사물에서 어떻게 하면 불을 만들 수 있을까 하는 단서를 찾는 데 집중했던 것입니다. 그렇지 않고는 부싯돌에서 불을 절대 끄집어낼 수 없습니다. 어떤 때는 고기를 먹다가 커다란 돌멩이를 먹은 적도 있었습니다. 고기를 먹는 순간에도 부싯돌에서 불을 빼내는 방법을 생각하고 있었던 것입니다.

  아버지는 왜 그토록 불을 '제조'하는 데 집착했을까요? 그것은 새로운 시장을 개척하기 위해서였습니다. 불을 만들 수 있다면, 우리는 마음대로 사냥터를 선택할 수 있었던 것입니다. 오늘날 혁신의 문제에 있어서도 가장 중요한 것은 '지속 가능한 발전'일 것입니다. 지속 가능한 발전을 이루기 위해서는 늘 새로운 시장이 있어야 합니다. 아버지는 거기에 도달하고 있었던 것입니다.

새로운 시장을 창조하라

폴 앨런은 하버드 광장에 있는 신문 가판대를 지나다 1975년 1월 판 '파퓰러 일렉트로닉스' 표지에 최초의 개인용 컴퓨터인 알테어가 실린 것을 보았습니다. 그는 개인용 컴퓨터 시대가 도래했다는 사실을 감지하는 순간 흥분되었습니다. 그토록 바라던 일이 현실로 이루어진 것입니다. 하지만 곧바로 누군가가 선두로 치고 나간다는 사실을 깨닫고는 자신이 그 주역이 되지 못할까 봐 두려웠습니다. 1등이 되고자 했던 학생이 누군가 1등이 된 것을 발견하는 그런 심정이었을 것입니다.

그는 '파퓰러 일렉트로닉스' 한 부를 집어 들고는 빌 게이츠에게 달려갔습니다. 기사를 다 읽은 게이츠도 불안하기는 마찬가지였습니다. 하지만 얼마 후에 그들이 할 일은 따로 있다는 것을 깨달았습니다. 잠깐만요. 우리 아버지와 게이츠가 뭔가를 쏙닥이고 있습니다. 몰래 가서 들어보도록 하겠습니다.

- 게이츠: 부싯돌에서 불을 발명할 수 있다는 것에 주목하면 된다고요? 그게 무슨 말이지요? 좀 더 자세히 설명해줄 수 있겠습니까?

- **아버지**: 우리가 처음 불을 만들어 사용했을 때를 생각해 보아라. 그때는 부싯돌에서 불이 튀어나오는 것을 잡으면 우리가 불에서 자유로울 수 있단다. 그런 이유로, 우리는 필사적으로 그리고 집중적으로 그 불씨를 잡기 위해 노력했다. 마찬가지로 이미 개인용 컴퓨터가 만들어졌다면 그 컴퓨터를 운용할 수 있는 프로그램만 있으면 컴퓨터에서 자유로울 수 있지 않겠니?

- **게이츠**: 잠깐만 프로그램이라고 하셨어요? 프로그램이라…. 그것 괜찮은 생각이네요. 그럼 우리도 개인용 컴퓨터를 만들 게 아니라 개인용 컴퓨터를 운용하는 그 프로그램을 만들어야 한다는 말인가요? 개인용 컴퓨터 시장이 커지면 자연스럽게 그것을 운용하는 컴퓨터 프로그램 시장도 커진다는 이야기인가요?

- **아버지**: 그렇지. 컴퓨터는 이미 누군가 만들지 않았느냐. 그리고 앞으로 컴퓨터는 누군가가 수도 없이 만들 것이지 않느냐. 왜 너는 그처럼 넓은 길을 가려고 하느냐. 좁은 길로 가거라. 좁은 길로 가야 먹을 게 많이 있느니라. 원시인의 세계도 돌은 수없이 널려 있단다. 하지만 돌에서 불을 얻는 법을 알지 못하면 아무짝에도 쓸모가 없지 않느냐.

- **게이츠**: (얼굴에 함박웃음을 띠고 우리 아버지에게 뽀뽀하면서) 아저씨, 고마워요. 드디어 우리가 할 일이 생각났어요. 아저씨의 말은 이런 뜻이네요. '무작정' 열심히 하지 말고 미래를 내다보아라. 종종 하던 일을 멈추고 미래로 가라. 그리고 미래에 우리가 하고 싶은 일을 상정하고 난 다음에, 그 일을 하려면 우리가 현재 무슨 일을 해야 할지를 결정하라는 말처럼 들립니다. 정말 누군지는 몰라도 너무 고맙습니다. 게이츠는 곧바로 앨런에게 가서 말했습니다.

- **게이츠**: 앨런, 우리는 다른 일을 할 수 있어.

둘은 곧바로 컴퓨터 애호가들이 알테어로 직접 프로그램을 짤 수 있도록 하는 소프트웨어를 만들기로 했습니다. 즉, 알테어의 인텔 8080 마이크로프로세서에서 BASIC을 실행할 수 있게 해 주는 인터프리터를 작성하기로 한 것입니다. 다른 말로 말하면, 개인용 컴퓨터를 위한 소프트웨어를 만드는 것에 착수했다는 의미입니다.

그들은 무엇보다 자신들이 소프트웨어 강점이 있다는 것을 깨달았습니다. 그들은 서로를 바라보면서 동시에 말했습니다.

- 네가 잘할 수 있는 것을 해라.

게이츠가 컴퓨터를 처음 접한 것은 6학년이 되던 해에 레이크사이드 스쿨에 전학을 하면서부터입니다. 그가 그 학교에 전학을 간 이유는 게이츠가 공립학교에 잘 적응하지 못했기 때문입니다. 게이츠의 부모는 그가 사립학교에 더 맞을 것으로 생각하여 전학시켰습니다. 그리고 그 학교에 컴퓨터가 들어왔습니다. 가수 김건모가 부른 '잘못된 만남'이 아니라 운명적인 만남이었던 것입니다. 게이츠는 곧바로 컴퓨터가 지닌 '엄격한 논리성'에 매료되어 버렸습니다.

- 컴퓨터에게는 애매한 표현을 쓸 수 없다. 오직 정교한 명령을 써야 한다.

그날부터 그는 컴퓨터만을 바라보게 되었습니다. 학교의 단말기에서 사용되는 컴퓨터 언어는 BASIC이었습니다. 정확하게 말하면, 초보자를 위한 범용 기호 명령 코드(Beginner's All-purpose Symbolic Instruction Code)였습니다. 불과 몇 년 전에 다트머스 대학교에서 비엔지니어의 프로그램 작성을 가능하게 하기 위해 개발된 언어였습니다.

레이크사이드 스쿨의 교사 중 BASIC을 아는 사람은 한 명도 없었는데, 게이츠와 그의 친구들은 42페이지 짜리 매뉴얼을 단숨에 독파하여 도통하게 되었습니다. 이들은 곧바로 포트란이나 코볼과 같은 고급 언어에도 정통하게 되었지만, 게이츠에게 BASIC은 첫사랑과도 같은 존재로 남았습니다.

집중하라, 그리고 집중하라

앨런과 게이츠는 MITS 앞으로 자신들이 알테어 8080에서 실행되는 BASIC 인터프리터를 만들었다는 내용의 편지를 썼습니다. 사실은 아직 만들지는 않았습니다. 어쨌든, 관심을 보이면 재빨리 이를 완성할 자신이 있었습니다. 어느 정도 구두로 승인을 얻은 둘은 8주 동안 프로그램을 만드는 일에 몰두하였습니다. 하지만 부동 소수점(floating-point) 루틴을 작성하는 데 애로점이 있었습니다. 그것은 프로그램에서 매우 큰 수와 매우 작은 수, 그리고 소수점을 수학적 표기법으로 처리하기 위한 루틴이었습니다. 이것은 다비도프에게 400달러의 비용을 지불하고 작업을 넘겨받기로 하면서 해결되었습니다. 장애가 나타나면 어떻게? 그렇습니다. 장애에 압도당하지 말고 그것을 뜀틀로 생각하시기 바랍니다. 그들의 복표는 소비자들이 사용할 수 있는 공간이 확보되도록 고 사양 알테어의 4K 메모리보다 작은 용량으로 프로그램을 작성하는 것이 목표였습니다. 8주간의 집중적인 코딩 후에 1975년 2월 말경에 3.2K라는 놀라운 용량으로 프로그램을 완성할 수 있었습니다. 게이츠는 오류가 없는지 마지막으로 한 번 더 확인한 후, 앨런이 MITS에 가지고 갈 수 있도록 천공 테이프 출력 명령을 내렸습니다. 앨런은 시연을 위해 MITS 본사로 갔습니다. 인터프리터로 코드를 적재하는 데만 10분 가까이 걸렸습니다. 모두가 실패를 위한 조소를 준비하고 있었습니다. 이런, 그때 앨런의 표정이 꼭 벌레를 씹은 표정이었나 보군요. 여러분, 실패했을까요? 아닙니다. 결정적인 순간에 컴퓨터가 반응했습니다. 그리고 놀라운 결과를 보여 주었습니다. 걱정했던 우려는 단 하나도 현실로 나타나지 않았습니다. 멋지게 성공했습니다.

게이츠와 앨런은 MITS의 로버츠와 모든 알테어 컴퓨터에 BASIC 인터프리터를 탑재하는 사용권 라이선스를 맺기로 했습니다. 한참의 흥정 끝에 MITS가 향후 10년간 알테어용 BASIC을 탑재하여 판매하는 대가로 대당 30달러를 로열티로 지불한다는 라이선스 계약을 체결했습니다.

소프트웨어를 만들 때는 이진법처럼 행동하라

게이츠는 역사상 중요성을 갖는 두 가지 조항을 자신의 의지대로 쟁취하는 데 성공했습니다.

하나, 소프트웨어 소유권은 게이츠와 앨런에게 있으며, *MITS*는 사용권만을 보유한다. 둘, MITS는 다른 컴퓨터 제조사에 소프트웨어 사용권을 재허용하는 서브라이선싱에 '최선을 다해야' 하며, 이로 인해 발생하는 수익은 MITS가 게이츠 및 앨런과 나누어 갖는다.

이는 게이츠가 6년 후에 IBM과 체결하게 될 계약의 전례가 된 계약이었습니다. 이들은 정식 계약을 위해 회사 이름이 필요했으므로, '마이크로-소프트'라고 지었습니다. 마이크로컴퓨터용 소프트웨어를 만드는 회사라는 단순한 뜻이었습니다. 2년 후에는 '마이크로소프트'로 변경했습니다. 우리가 알고 있는 마이크로소프트 회사가 탄생하는 순간이었습니다.

초창기 회사 구성원은 네 명이었습니다. 그중에 단연 게이츠가 혁신가적인 면모를 보였습니다. 그는 한 번에 서른여섯 시간씩 쉬지 않고 일한 다음, 사무실 바닥 위에 웅크려 서른여섯 시간 잠들곤 했습니다. 대체로 컴퓨터처럼 이진법 상태로 산 것입니다.

게이츠는 권위에 굴복하지 않는 반항아의 기질도 가지고 있었습니다. 누구와도 토론을 하였고, 누구에게도 자신의 이야기를 하였습니다. 그는 자신의 내면에서 울려오는 목소리에 충실했던 것입니다. 또한, 그는 투지가 있었습니다. 그의 투지 덕분에 마이크로소프트는 모두 터무니없다고 생각한 마감 기한에 맞추어 소프트웨어를 내놓을 수 있었고, 매번 경쟁자들보다 먼저 제품을 출시할 수 있었으며, 컴퓨터 제조사들이 독자적인 소프트웨어를 만들거나 혹은 장악해야겠다는 필요를 느끼지 못할 정도로 싼 가격에 제품을 판매할 수 있었습니다. 자연히 독점적인 시장이 형성될 수밖에 없었습니다. 빌 게이츠가 단순히 운이 좋았다고 생각하는 사람들, 생각을 바꾸는 게 신상에 좋다고 말씀드립니다.

피와 눈물이 없는 성공은 없습니다. 게이츠는 잘 아는 분야에서, 잘할 수 있는 분야에서 누구보다 열심히, 치열하게, 두려움 없이 전진했기에 세계 최고의 부자가 될 수 있었던 것입니다.

오늘 나쁘다고 내일까지 나쁘지 않다

1975년 6월 로버츠는 카니발의 전람회 형식으로 자사의 알테어를 기리로 내보내기로 했습니다. 5일에는 팔로알토에 있는 리키즈 하얏트 호텔에서 행사가 열렸습니다. 일군의 컴퓨터 애호가를 대상으로 마이크로소프트의 BASIC이 시연된 다음, 숙명적인 만남이 있었습니다.

객석에는 결성된 지 얼마 되지 않는 홈브루 컴퓨터 클럽(Home-brew Computer Club)의 구성원들도 있었습니다.

홈브루 컴퓨터 클럽은 전자 공학의 열광자들과 부품, 회로, 컴퓨터 장치를 스스로 조립하는 데 필요한 정보를 교환하기 위해 모인 컴퓨터 애호가들의 비공식 그룹이었습니다. 이들은 컴퓨터를 둘러싼 모든 것들을 공유물로 보고, 프로그램 등을 무료로 공개하는 원칙을 가지고 있었습니다. 이런 이유로 빌게이츠와 세기의 '입씨름'을 하게 됩니다.

이들은 눈앞에 있는 알테어에서 바로 그 BASIC이 구동되고 있는 모습을 보자 흥분을 감추지 못했습니다.

- 야, 이것 대단한데! 얼른 카피 하나 떠봐.

그리고 회원 중 한 명이 BASIC 프로그램의 사본을 만들었습니다. 행사 다음에 열린 홈브루 클럽 미팅에는 회원들이 가져갈 수 있도록 수십 개의 BASIC 테이프가 상자에 담겨 있었습니다. 그리하여 마이크로소프트 BASIC은 무료로 널리 퍼져 나가게 되었습니다. 게이츠는 그 사실을 알고 격분하여 프로그램을 무료로 공유하는 것은 도둑질이라는 투로 강경한 공개편지를 띄웠습니다.

게이츠의 편지는 홈브루 컴퓨터 클럽 뉴스레터와 사용자 그룹 〈컴퓨터 노트〉 및 〈피플스 컴퓨터 컴패니〉에 게재되었으며, 격한 반응을 불러일으켰습니다. 게이츠는 그들에게 '도둑질'이라는 단어까지 쓰면서 격렬하게 저항했습니다. 하지만 이는 손으로 하늘을 가리는 거나 마찬가지인 행동이었습니다. 게이츠 자신도 컴퓨터 시간을 상습적으로 훔친 적이 있었고, 8학년 때부터 대학교 2학년까지 암호를 조작하여 계정을 해킹하기도 했습니다. 소프트웨어를 개발하기 위해 4만 달러가 넘는 컴퓨터 시간을 투자했다고 주장하면서도 실제로 그 비용을 지불한 적은 단 한 번도 없으며, 그중 대부분의 작업을 '공짜'로 진행했기 때문입니다. 이른바 전형적인 '남이 하면 불륜, 내가 하면 로맨스'였습니다. 모두가 다 '불편한 진실' 하나쯤은 다 가지고 있는 모양입니다. 2011년 개그맨 황현희가 진행했던 '불편한 진실'을 패러디하면 이런 말이 나오겠지요.

"빌 게이츠, 정말 왜 이러는 걸까요? 정말 돈을 지불하고 컴퓨터를 샀다는 말일까요? 그 당시에 컴퓨터는 교실만 했는데, 그렇다면 그 큰 컴퓨터는 어디로 갔을까요? UFO가 가져갔을까요? 참으로 불편한 진실입니다."

당시의 게이츠는 이를 인식하지 못했지만, 마이크로소프트 BASIC 해적판이 널리 퍼짐에 따라 장기적으로 신생 기업 마이크로소프트에 이득이 되었다는 것입니다. 마이크로소프트 BASIC은 신속하게 전파된 덕분에 표준으로 자리 잡게 되었고, 컴퓨터 제조사들이 이 소프트웨어를 쓰려면 라이선스를 취득해야 했습니다. 해적판의 유통 때문에 마이크로소프트 회사는 그만큼 수익을 내지는 못했지만, 해적판이 유통되면서 소비자들로 하여금 새로운 상품을 계속해서 원하게 함으로써 마이크로소프트는 혁신을 할 수밖에 없는 구조로 몰아간 것입니다. 시장에서 사람들을 계속 붙잡아두려면 그들에게 지속적으로 '새로운 것'을 보여 주어야 하기 때문이었습니다. 이런 과정을 지루하게 생각하지 않고 즐겼던 게이츠는 지속적으로 혁신을 추구하여 오늘에 이르렀음은 물론입니다. 여기에서 셰익스피어의 명언을 한번 들어보는 것도 의미가 있을 것 같습니다. '유행은 입어서 닳아 없어지는 것보다 더 많은 옷을 닳아 없어지게 한다.'

어쨌든 우리는 모든 일에 최선을 다해야 하지만, 운도 따라 주어야 하는 것은 어쩔 수 없습니다. 그러니 운이 없다고 한탄하지 말고 운을 담는 그릇을 준비하거나, 운을 기다리는 인내심을 길러야 할 것입니다. 부싯돌에서 불을 만들기를 원했던 우리 아버지, 그리고 알테어 8080에서 소프트웨어를 생각했던 게이츠. 어쩌면 우리 아버지가 게이츠로 환생했던 걸까요? 이런! 또 기독교 단체들이 집단적으로 반발하는군요. 죽으면 천국이나 지옥으로 가고 끝이라고요? 압니다. 알아요. 그냥, 한번 생각해 보았습니다.

10.
기회는 잠들어 있을 때 다가온다

소중하게 얻는 것은 쉽게 얻는 것과 다르다

어느 날, 아버지는 우리 4형제를 데리고 길을 나섰습니다. 사전에 어디로 가는지 전혀 설명하지 않았습니다. 우리들은 그저 새로운 사냥터를 찾아 떠나는 것이라고 생각했습니다. 그런데 그게 아니었습니다. 집에서 한참 걸어와서 목이 말라 연못에서 물을 마시고 난 후에, 아버지는 우리에게 여행의 목적을 이야기했습니다. 생각보다 충격적인 내용이었습니다.

- 나는 오랫동안 생각해 왔다. 너희 넷은 사춘기가 지났다. 게다가 나무를 다루는 법, 초원에서 살아가는 법, 산 속에서 살아가는 법, 그리고 그 밖의 모든 것을 알고 있다. 어쨌든 너희 혼자 힘으로 생계를 꾸려 갈 능력이 있다는 말이다. 이것은 안심이 되면서도 위험한 조건이다. 너희들은 무엇이든 결정할 수 있고, 그 결정은 바로 현실에서 이루어진다. 그래서 말인데, 이제는 너희들 스스로 짝을 찾아서, 인류를 위해 너희들 자신의 가족을 가질 때가 되었다. 그것은 다른 의미로 말하면, 누군가 너희들을 다른 시각에서 볼 수 있는 기회를 가져야 한다는 것이다. 그동안 우리들과 전혀 다른 삶을 살았고, 전혀 다른 생각을 가진 사람들과 교류하면서 그들의 시

선과 생각을 통해서 너희들을 바라보아야 한다는 것이다. 그래야 비로소 온전해질 수 있다. 내가 너희를 이곳으로 데려온 이유는 바로 그것이다. 여기서 멀지 않은 곳에 우리와는 다른 부족이 있다. 그곳에서 너희가 원하는 짝을 찾아서 돌아오기 바란다.

- 하지만 아버지. 우리는 알지도 못하는 원숭이 여자를 짝으로 삼고 싶지 않아요. 집에는 엄연하게 우리 여자들이 있잖아요. 저는 반드시 향단이를 가질 거예요.

- 그렇게는 안 된다. 너는 저기에 사는 여자들 가운데 하나를 가져야 한다. 향단이는 너와 생각이 너무 같아서 네가 실수를 하는지 어떤지 조언을 해 줄 수가 없다.

- 그게 무슨 말이에요? 사람들은 다 제 누이하고 짝을 맺어요. 그게 도리에 맞는 일이잖아요.

어중이 형이 말했다.

- 이제까지는 그랬을지라도 앞으로는 아니다. 우리는 다시 한 번 발전을 해야 한다. 혁신을 해야 한다는 말이다. 그러기 위해서는 객관적인 파트너가 필요하다. 나는 어떻게 해야 하는지 오랫동안 고민해 왔다. 결론은 다른 부족과 혼인하는 것이었다. 그동안 해 왔던 대로 하면 편할지는 모르지만, 오늘이 편하면 내일이 위험해진다는 것을 알아야 한다. 고통스럽지만 지혜로운 선택, 그게 바로 족외혼이고 너희들은 지금 역사적인 선택을 하는 순간에 있는 것이다.

- 우리가 왜 이런 고생을 하는지 이해할 수가 없군요. 집에 있는 여자들이 뭐가 잘못됐나요? 족외혼은 또 뭐예요? 설마 아버지가 저희들을 구렁텅이에 빠뜨리고 여자들을 독식하려는 것은 아니죠?

내가 말했다.

목표에서 눈을 떼지 마라

- 그 애들은 아무 것도 잘못되지 않았다. 하지만 너희가 그 애들과 근친상간을 하면 일이 잘못될 수도 있지. 중요한 이유 중의 하나는 그 애들이 너무 쉬운 상대라는 점이다. 그 애들은 너희들의 성욕을 아무 때나 거리낌없이 발산할 수 있는 손쉬운 배출구를 제공한다. 그래서 우리는 발전할 수가 없다. 우리는 성장해야 하는데 성장을 가로막는 가장 큰 장애물은 외부가 아니라 내부에 있다. 어떤 사람도 생각 이상으로 올라갈 수가 없다. 더 높은 곳에 오르고 싶으면 너희들을 더 높은 곳에 데려다 놓아야 한다. 너희들은 지금과는 다른 사람이 되어야 한다. 왜냐하면 우리는 아직도 사자나 표범을 완전히 장악하지 못했기 때문이다. 너희 머릿속에 저장된 생각들을 버리고, 너희를 가두고 있는 동굴에서 탈출해야 한다. 그래야 너희들은 이 초원에서 가장 강한 존재가 되는 것이다. 그래서 이전과는 다르게 밖에 나가서 짝을 짓고, 그 짝에게 구애하고, 그 짝을 사로잡고, 그 짝을 얻기 위해서 싸워야 한다. 무엇보다 너희 자신을 믿어라. 너희들은 집에 있는 여자들보다 더 나은 상대를 구할 수가 있다. 어쩌면 이것이 근본적인 자연도태일지도 모른다.

- 하지만 집에서도 얼마든지 짝을 얻기 위해 싸울 수 있는데요? 평소에도 동물의 세계에서 흔히 볼 수 있는 일이잖아요. 가장 강한

수컷이 이기는 거죠. 이거야말로 진정한 자연도태 아닌가요?

어중이 형이 말했다.

– 예전에는 그러지 않았지만, 지금은 끝이 단단하게 벼린 창들이 주위에 널려 있다. 이런 치명적인 무기가 있어서 가족 안에서 여자를 놓고 싸우는 건 너무 위험해졌다. 구식 막대기로 상대의 머리를 때리는 정도로 싸움이 끝났을 때와는 근본적으로 다르다. 우투리가 미투리의 가슴에 창을 꽂고, 어중이가 떠중이를 죽이는 일이 일어날 수도 있어. 너희들은 그것을 원한다는 말이냐? 그렇지 않으면 족외혼을 선택해야 한다. 더 이상 물러설 수 없는 일이다. 바로 조금만 가면 매력적인 여자들이 있다. 가서 그들을 데려와서 너희의 짝을 만들어라.

– 어떻게 여자들에게 구애를 하죠? 한 번도 해 본 적이 없잖아요.

막내인 떠중이가 지루하다는 듯 말했다.

– 스스로 찾아야 한다. 너희들 자신을 위해 해야 할 일을 찾고, 그 일을 어디서부터 시작할 것인지, 그 실마리를 찾아야 한다. 목표에서 눈을 떼지 마라. 반드시 여자를 데려오겠다는 생각을 붙잡고 있어라. 쉬고 있을 때나 길을 걸을 때나 어디서 어떤 행동을 하든 그 모든 것을 목표와 관련시키고 생각의 끈을 놓지 말라는 뜻이다. 나머지는 너희의 '지성'이 방법을 알려줄 것이다. 너희들은 새로운 여자를 반드시 만날 것이고, 새로운 여자에게서 연민의 정을 느낄 것이다. 그 연민의 정이 사랑으로 바뀌고, 사랑하면 소중하게 생각하게 되는 것이다. 소중한 것은 쉽게 얻는 것과는 차원이 다른 것이란다. 아마도 나중에 너희들은 나에게 고맙다고 할 것이다.

그렇게 말하고 아버지는 우리를 남겨 놓고 떠나 버렸습니다. 창마저 모두 가져가 버려서 우리는 처음부터 다시 시작해야 했습니다. 창과 몽둥이를 만들어서 새로운 부족에게 다가갔습니다. 아버지의 '명령'을 이행하기 위해서였습니다. 우리들의 '짝'을 얻기 위한 눈물 나는 모험이 시작되었습니다. 그토록 짝을 구하는 일이 어려운 일인지 몰랐습니다. 늪에서 악어에 물릴 뻔한 적도 있고, 나무에서 떨어져서 허리를 다칠 뻔한 적도 있었습니다. '짝'만 보고 쫓아가다가 큰 나무에 정통으로 머리를 박기도 했습니다. 정말 그전에는 상상도 할 수 없었습니다.

그런데 말입니다. 마지막에 짝을 얻고 난 다음에 처음으로 나의 짝을 위해서 좋은 것을 주어야 한다는 마음이 들었습니다. 아버지 말대로 연민의 정이 느껴졌습니다. 집에서 동생과 누나를 대할 때와는 분명 다른 감정이었습니다. 훗날 사람들은 우리의 이런 감정을 '사랑'이라고 불렀습니다. 지금은 너무 흔한 것이 되었지만 그때는 진짜로 신비한 감정이었습니다. 그것은 나뿐만이 아니었습니다. 우리 형제 모두 똑같은 생각이었습니다. 도대체 우리 아버지는 이런 것들을 어디서 가져오는 거죠?

기회는 잠들어 있을 때 다가온다

1970년대에는 IBM이 360 시리즈로 메인프레임 시장을 지배했습니다. 그러나 냉장고 크기만 한 미니컴퓨터 시장에서는 DEC와 왕 연구소에 밀렸고, 개인용 컴퓨터 시장에서도 후발 주자들의 추격이 거세질 것으로 예상되었습니다. IBM의 경영진은 위기를 타개하기 위해 여러 가지 대안을 모색하던 중에, 아타리 800 가정용 컴퓨터와 라이선스 계약을 맺어 IBM의 브랜드만 붙이는 방안을 고려하기도 했습니다. 이는 전혀 IBM답지 않았습니다. 당시의 CEO 프랭크 캐리는 세계에서 가장 큰 컴퓨터 회사가 가정용 컴퓨터 하나 만들지 못한다면서 임원들을 질책했습니다. 곧, 1년 안에 IBM 가정용 컴퓨터를 개발하는 프로젝트가 만들어졌습니다. 프로젝트 코드명은 에이콘(Acon)이었습니다. 샘스가 소프트웨어 개발자로 임명되었는데, 샘스는 1년 안에 직접 개발하는 것은 무리이므로 외부 공급업체의 소프트웨어를 라이선스로 구입하고자 했습니다.

그는 1980년 7월에 빌 게이츠에게 전화를 걸어 당장 만나고 싶다고 했습니다. 게이츠로서는 호박이 넝쿨째 굴러오는 행운이라고 생각하고 최대한 능글능글(?)하게 대응했습니다. 똥줄이 탄(?) IBM 담당자들은 마이크로소프트 BASIC 사용권 계약을 체결하고 싶어 했습니다. 하지만 게이츠는 그 미팅을 향후 소프트웨어 기술이 나아가는 방향에 대한 토론의 장으로 바꾸어 버렸습니다. 몇 시간이 지나자 이들은 BASIC은 물론 포트란과 코볼 모두를 마이크로소프트가 보유하고 있거나 향후 개발할 프로그래밍 언어를 모두 계약하는 방안에 대해 이야기하고 있었습니다. 역시 빌 게이츠다운 행동이었습니다. 도대체 빌 게이츠의 능력은 어디까지가 한계일까요? 프로그램도 잘 만들고, 사업 수완도 좋고, 어디 하나 버릴 데가 없는 남자입니다. 그가 세계 부자 1위를 계속 고수하고 있는 것도 결코 우연이 아닙니다.

몇 주 뒤에 찾아온 IBM 담당자들에게 게이츠는 프로그래밍 언어 외에도 IBM에 필요한 한 가지 가장 중요한 소프트웨어가 있다고 말했습니다.

"다른 프로그램에 대한 기반 역할을 할 소프트웨어 프로그램, 즉 운영체제가 우리에게 있습니다."

운영체제란 모든 하드웨어와 소프트웨어를 관리하는 컴퓨터 시스템의 한 부분인 '진행 관리자'라고 정의할 수 있습니다. 운영체제는 누가 시스템을 사용하고, 어떻게 사용할 수 있는지를 관리하므로 컴퓨터 시스템을 관리하는 보스(boss)라고 할 수 있습니다. 그렇다면 게이츠의 말이 사실일까요? 전혀 그렇지 않습니다. 마이크로소프트는 그때까지도 운영체제를 만들지 않고 있었습니다. 대신 게이츠의 어린 시절 친구 게리 킬딜의 CP/M(마이크로소프트컴퓨터용 제어프로그램)으로 작업하고 있었습니다. 게이츠는 IBM의 임원들에게 킬딜을 만나 보라고 하고 킬딜에게 전화를 넣었습니다. 엄청나게 중요한 미팅이니 잘 응해 달라고 신신당부까지 했습니다.

그런데 말입니다. 킬딜은 사안의 중요성을 전혀 인식하지 못했습니다. 그는 IBM의 임원들을 만나는 대신 전용 비행기에 올라 샌프란시스코로 가서 선약을 지키는 쪽을 택해 버렸습니다. 그리고 IBM 클라이언트를 만나는 일은 아내에게 맡겼습니다. 결국 계약은 킬딜의 부인이 기밀 유지 협약서에 서명을 거부하는 '사소한' 이유로 결렬이 되었습니다.

킬딜의 그 작은 회사는 컴퓨터 소프트웨어 업계의 지배자가 될 기회를 '순식간에' 날려 버렸습니다.

샘스는 다시 시애틀로 날아가 게이츠에게 운영체제를 마련할 다른 방법을 제시해 달라고 부탁했습니다. 다행히 폴 앨런의 지인 중에 도움을 줄 만한 사람이 있었습니다. 시애틀 컴퓨터 프로덕츠라는 작은 회사에 재직 중인 패터슨이었습니다. 몇 달 전, 출시된 인텔 마이크로프로세서에서 킬딜의 CP/M이 작동하지 않자 짜증이 난 패터슨은 이를 QDOS라는 이름의 운영체제로 개작한 적이 있었습니다. QDOS는 '빠르고 간단한 운영체제(Quick and Dirty Operating System)'의 약자였습니다.

현재를 팔지 말고 미래를 팔아라

1980년도에 마이크로소프트의 매출은 7만 5,000달러, IBM은 300억 달러였습니다. 하지만 게이츠는 기죽지 않고 IBM이 전 세계 표준으로 만들어 줄 운영체제의 소유권을 마이크로소프트가 보유하도록 하는 계약을 추진하고 있었습니다. 마이크로소프트는 패터슨의 회사와 계약을 맺을 때 DOS의 용도를 불문하고, 5만 달러를 주고 전면 매입해 버린 상태였습니다. 영리한 전략이었습니다. 하지만 그보다 더 영리했던 것은 IBM이 마이크로소프트와 패터슨과 같은 동일한 계약을 맺지 않도록 방어한 것입니다.

문득 '차도살인(借刀殺人)'이란 단어가 생각이 납니다. 차도살인은 글자 그대로 남의 칼을 빌려서 사람을 죽인다는 뜻으로, 삼십육계 중 제3계에 해당하는 전략입니다. 동맹자나 제삼자가 적을 공격하도록 유도하는 전술입니다. 흔한 말로 내 손에 피를 묻히지 않는 전략입니다.

이런 우화가 있습니다. 정나라 장공이 회나라를 빼앗으려 할 때, 먼저 회나라 신하들 가운데 용맹하고 우수한 자들에게 벼슬과 토지를 제공하겠다는 내용의 서약서를 날조했습니다. 그것을 회나라 수도의 성문 밖에 세운 제단 밑에 매장하고 닭의 피를 뿌려 마치 맹세의 의식이 정말 이루어진 것처럼 공작했습니다. 회나라 군주는 이를 발견하고 대노하여 서약서에 이름이 올라 있는 사람들을 모조리 죽여 버렸습니다. 장공은 회심의 미소를 짓고 재빨리 회나라를 들이쳐 멸망시켜 버렸습니다. 용맹하고 우수한 자들은 회나라 군주가 미리 다 죽였기 때문에 너무도 쉬운 전쟁이었습니다.

한 달에 걸쳐 협상을 거듭한 끝에 1980년 11월에 서른두 장짜리 계약이 체결되었습니다. 총액 기준으로 18만 6,000달러짜리 계약이었습니다. 계약서에는 핵심적인 조항 두 개가 있었습니다. 첫째는 IBM이 PC-DOS라 이름 붙일 운영체제의 사용권은 비독점적이라는 것입니다. 게이츠가 다른 컴퓨터 제조사에 MS-DOS라는 이름으로 동일한 운영체제의 사용권을 부여할 수 있었습니다. 둘째는 마이크로소프트가 소스 코드 제어권을 보유한다는 것이었습니다. 즉 IBM이 해당 소프트웨어를 자사 컴퓨터에서만 독점적으로 사용할 수 있도록 수정할 수 없다는 것입니다. 오직 마이크로소프트만이 소프트웨어를 수정할 수 있으며, 수정한 버전의 사용권을 원하는 만큼 다른 회사에 부여할 수 있었습니다. 이 계약은 게이츠가 다른 컴퓨터 제조사에게도 BASIC 사용 권한을 부여할 수 있는 권리를 보유하도록 한 MITS와의 계약과 유사했습니다.

(우투리, 안타까운 표정을 지으며) 어쩌면 IBM이 지금의 마이크로소프트보다 더 큰 회사가 될 수 있었습니다. 1980년대 PC는 생활 필수

품으로 등장하기 시작했고, 특히 소비자들은 IBM이 생산하는 차별화된 브랜드의 PC를 구입하려고 했습니다. 소비자들은 IBM PC를 구입함으로써 IBM에 대한 신뢰, 안전, 품질에 대한 보증을 동시에 향유한다는 느낌을 받았고, 이러한 기업 이미지 때문에 IBM은 전 세계 컴퓨터 산업이 창출하는 기업 이윤의 70%를 차지하고 있었습니다. 그런데 말입니다. 기업과 소비자들이 PC가 더 이상 첨단 제품이 아니라는 것을 인식하면서, IBM 브랜드에 대한 추가 비용을 지불할 필요가 사라지게 되었습니다. IBM의 총이익은 1990년 50%에서 1993년 38%까지 급격하게 추락했습니다. 고품질을 보장한다는 것도 더 이상 의미가 없었습니다. 후발주자들이 저가의 PC 제품을 앞세우면서 IBM을 공격하기 시작했습니다. 소비자들은 다른 제품에 눈을 돌리기 시작했습니다.

이를 스놉 효과(snob effect)라는 말로 설명할 수 있습니다. 어떤 상품의 소비가 증가하면, 오히려 수요가 감소한다는 현상으로 다른 말로 '백로효과'라고도 합니다. 너 나 할 것 없이 IBM PC를 쓰니까 소비자들은 자신은 좀 특별하다는 생각으로 다른 제품을 찾기 시작했던 것입니다.

경영 전략가의 한 사람인 게리 하멜은 이에 대해서 다음과 같은 말을 했습니다.

IBM은 지난 20년간 컴퓨터업계에서 선도적인 역할을 담당해 왔다. 그리고 컴퓨터 산업에 뛰어든 다른 기업들은 미래에 대한 비전과 전략으로 회사를 움직여 나가고 있었다. IBM의 문제는 전략의 수행이 아니라 바로 미래를 내다보지 못한 것이다.

왓슨 경영대학의 조지 데이 교수는 IBM의 추락은 '자기중심적 경영사고'에서 비롯되었다고 주장했습니다. IBM은 고객과 거리를 두고 있었으며, 따라서 고객 정보가 매우 빈약했다는 것입니다. IBM의 최고 경영자는 시장에서 발생하고 있는 상황과 유리되어 있었던 것입니다. 어떤 비평가는 IBM을 '청각 장애인이 운영하는 음반회사'라고 비유하기도 했습니다. (우투리, 약간 놀라면서) 이런! 이건 좀 너무한 것 아닙니까? 아무리 그래도 천하의 IBM을 뭐로 보고….

만약에 운영체제를 IBM에서 만들었다면 지금쯤 그 어느 회사도 IBM에 대항할 수 없을 것입니다. 아버지가 우리에게 족외혼을 권장했던 이유를 IBM 경영진이 알았더라면 어떻게 되었을까요? 하드웨어에만 골몰하지 말고 소프트웨어라는 다른 시장으로 진출하라. 익숙한 길로 가지 말고 불편한 길로 가라. 그래야 발전이 있다. 뭐, 그런 정도의 메시지가 족외혼 속에 담겨 있었는데, IBM이 그것을 알았더라면 상황은 많이 달라졌을 것입니다. 간단하게 IBM에게 있어서 족외혼은 운영체제였으며, 그것을 자신들이 개발했어야 하는 것이었지요. 최소한 빌 게이츠처럼 차도살인 할 수도 있었으니까요. 이런 의미에서 베르톨트 브레히트의 '독서하는 노동자의 질문'이라는 시 속에 들어 있는 다음 구절을 살펴보는 것도 의미가 있겠습니다.

청년 알렉산더는 인도를 정복했다네
그는 혼자였는가?
시저는 갈리아 사람들을 무찔렀다네

그의 옆에는 요리사도 없었는가?

그렇습니다. 세계사에 나타난 모든 것은 위대한 영웅이라는 한 사람에 의해서 이루어진 것처럼 보이지만 거기에는 수많은 조력자가 있음을 기억해야 합니다. 조력자가 없었다면 역사에 일어났던 수많은 일들은 일어나지 않았을지도 모르는 일입니다. 가장 가치 있는 일이란 누군가에게 인정받기 위해서 하는 일이 아니라 스스로에게 정직하기 위해서 하는 일입니다. 본인에게 진심을 다해서 어떤 일을 하는 것, 그것은 위대한 영웅의 일보다 가치가 있는 일입니다. 원시시대에 그처럼 자신의 형에게 박해(?)를 당하면서도 인류의 진화를 위해 끝없이 고심했던 우리 아버지를 제가 존경하는 이유가 바로 그런 이유 때문입니다.

11.
일하는 현장에 그 답이 있다

혁신에는 위험한 순간도 온다

(우투리, 좀 놀란 표정이다) 여자들이 웅성거리고 있는 것으로 보아 무슨 일이 있나 봅니다. 혹시 불이 났나요? 드디어 놀부 아저씨의 예언이 맞아떨어지나요? 정말입니다. 동굴 앞에 있는 언덕은 벌써 불바다에 거의 둘러싸여 있었습니다. 그리고 불길은 언덕 마루를 향해 빠른 속도로 올라오고 있습니다. 초원 전체가 타고 있는 것 같습니다. 눈부신 불의 경계선은 꾸준히 전진하고, 시시각각 길어지고 있었습니다.

- 아버지가 드디어 일을 내셨다.

어중이 형이 체념 가득한 목소리로 말했습니다. 어머니도 그동안 아버지를 존경하던 모습은 모두 지우고 원망 어린 눈초리로 바라보았습니다. 또다시 나무 아래로 내려왔던 때로 돌아가나, 하는 걱정이 앞선 표정이었습니다. 몇 초가 지나기 전에 우리는 모두 비탈을 달려 내려가고 있었습니다.

거대한 연기가 짙게 드리워져 있어서 태양조차도 볼 수 없었습니다. 뜨거운 불길이 사방에서 다가오고, 그에 맞추어서 연기가 방향도 분간할 수 없을 정도로 우리를 덮치는 바람에 숨쉬기조차 어려웠습니다. 어느 쪽에서 불길이 다가오는지조차 알 수 없었습니다. 더군다나, 발밑에서는 작은 불길이 끝없이 일어나서 제대로 발을 디딜 곳조차 없었습니다. 우리의 발과 다리는 어느새 물집으로 범벅된 상태였습니다. 마치 불이 발견되기 전에 사냥꾼들에게 시달리던 그 밤들처럼 참혹하고 출구가 없는 절망적인 상황이었습니다.

  - 동굴로 가. 거기 있으면 안전할 거야.

  아버지가 외쳤습니다. 품에 안긴 아이들은 고통으로 몸부림치고 겁에 질려 울어댔습니다. 우리는 아이들을 안은 채, 연신 기침을 하면서 무작정 달렸습니다. 그런데 불은 우리보다 훨씬 빨랐습니다. 불이 없는 곳을 발견하고 뛰어갔지만, 불은 우리를 조롱하듯 우리보다 먼저 와 있었습니다. 단 하나 열려 있는 유일한 방향에는 동굴도 강도 전혀 없었고, 불길이 번지는 것을 막아줄 어떤 종류의 방화선도 없었습니다. 만약 불길이 그곳까지 따라오면 우리는 모두 불고기가 될 판이었습니다. 그러나 선택의 여지가 없었습니다. 우리는 그 열린 곳을 향해 달릴 수밖에 없었습니다.

  그때 갑자기 바람의 방향이 바뀌었습니다. 이제는 불길이 우리 쪽으로 다가왔습니다. 동서남북 그 어디에도 우리가 갈 곳은 보이지 않았습니다. 그 옛날 우리들이 사냥을 할 때, 우리에게 내몰린 짐승들이 이런 심정이었을까요? 그리고 보니 저 불이란 녀석이 우리를 사냥하고 있는 셈이군요. 그렇게 생각하니 몹시 기분도 나쁘고 비참한 생각이 들었습니다.

  - **아버지:** 저 불길이 우리 쪽으로 오는 데 얼마나 걸릴까?

  - **나:** 기껏해야 30분이에요.

  - **아버지:** 그럼 방법이 있다. 나를 좀 도와주어야겠다. 우선, 아이

들을 바위 주변으로 모아 두어라. 그런 다음, 너희들 절반은 떠중이를 따라가고, 나머지 절반은 나를 따라오너라.

아버지는 왼쪽으로 달려갔고, 떠중이는 반대쪽으로 달렸습니다. 나는 아버지를 따라갔습니다. 그리고 아버지가 무릎을 꿇고 불을 붙이기 쉬운 풀에 부싯돌로 여기저기 불을 붙이고 있는 것을 보고는 깜짝 놀랐습니다.

  - **나**: 아버지, 미쳤어요?

  - **아버지**: 풀을 태워서 큰불이 건널 수 없는 방화선을 만들어야 돼! 떠중이와 난 풀밭을 작은 구역으로 나누어서 불을 지를 거다. 일단 그 구역의 풀이 다 타거든 너희들은 막대기를 들고 불을 두드려서 꺼 버려라. 그게 우리가 살아날 수 있는 유일한 방법이다.

우리는 그게 무슨 의미가 있는지도 모르고 정신없이 움직였습니다. 결국 아버지의 말씀은 옳았습니다. 거대한 불기둥이 엄청난 연기를 뿜으며 우리에게 달려왔으나, 엄청난 고통의 시간이 지난 후에 다시 사라졌습니다. 다시 우리에게 평온이 찾아왔습니다. 하지만 그 지역에 남아 있는 것이라고는 재와 불씨뿐이었습니다.

만약에, 아버지가 불을 만들 수 있는 방법을 찾지 못했다면, 우리는 '모듬 불고기'가 되어 버렸을 것입니다. 이렇게 말하니 이상하네요. 아버지가 불을 만들어서 이런 위험이 닥쳤는데, 그런 아버지에게 고마움을 느껴야 하다니…. 암튼 세상의 일이란 딱히 한마디로 정리하기 어려운 부분이 많은 게 사실입니다.

어쨌든 살아 있다는 게 축복입니다. 소포클레스가 그랬나요? 오늘은 어제 죽은 이가 그토록 간절히 기다리던 내일이다. 그렇습니다. 살아 있다는 게 엄청난 가능성입니다. 아버지의 문제 해결 방식의 핵심은 무엇일까요? 그건 바로 현장에 답이 있다는 것이 아닐까요?

혁신은 유치원에서부터 시작된다

모뎀의 등장, 그리고 온라인 서비스의 출현과 더불어 거의 누구나 인터넷에 접속할 수 있게 된 다음에도 인터넷은 대중적이지 않았습니다. 그렇게 인터넷은 거대한 호수의 밑바닥에 잠겨 있는 듯했습니다. 그러다 인터넷상에서 각종 온라인 서비스가 게시되기 시작하던 1990년대 초반, 글을 게시하고 콘텐츠를 검색하는 새로운 방식이 기적처럼, 우리 아버지가 저질러 놓은 그 산불처럼 힘차게 대두되었습니다.

디지털 시대의 셀 수 없이 많은 혁신을 가뿐히 능가해 버린 이 발명품은 '월드 와이드 웹'이라는 괴물입니다. 그 괴물을 탄생시킨 사람은 팀 버너스리였습니다. 그는 빌 게이츠, 스티브 잡스와 마찬가지로 1955년에 태어났습니다. 그 시절 아이들은 대체로 전자공학과 관련한 제품과 친숙한 세대 중의 하나였습니다. 즉 관심만 가지고 있다면 주변에서 전자석 스위치나 트랜지스터, 마이크로 칩을 그다지 어렵게 접할 수 있었다는 뜻입니다. 게다가 그의 양친 모두가 컴퓨터 공학도였으니, 어찌 보면 디지털 혁신에 특화된 사람 중의 하나였습니다.

어린 시절, 그를 사로잡았던 기억 중의 하나는 백과사전식 잡학

사전이었습니다. 실생활에서 금융 정보에 이르기까지 각종 정보를 볼 수 있는 책이었습니다. 버너스리가 웹을 발견한 것은 우연이 아니었던 것입니다. 그가 어린 시절부터 곰곰이 생각해 온 하나의 개념은 인간 두뇌는 임의로 연상 작용을 수행할 수 있는 반면, 기계는 프로그래밍된 연상 작용만 수행할 수 있다는 것이었습니다. 예를 들면, 아버지가 불을 끌 때 쓰던 방법처럼 불을 끄려면 먼저 불을 질러서 불이 먹을 수 있는 식량을 제거해야 한다는 식의 발상은 도무지 기계에는 기대할 수 없다는 것입니다.

그는 특히 멀리 떨어져 있는 사람과 함께 작업하는 방식에 관심이 많았습니다.

> "어떤 일을 해결하기 위한 솔루션의 절반은 내 머릿속에 있고, 나머지 절반은 상대방의 머릿속에 있을 수 있다. 우리가 브레인스토밍을 하는 이유가 여기에 있다. 그런데 멀리 떨어져 있는 사람과 브레인스토밍을 할 수 있는 방법은 없지 않은가. 굳이 얼굴을 보지 않고도 토론을 할 수 있다면 인간의 지성은 상상할 수 없을 정도로 풍부해지지 않겠는가."

일하는 현장에 혁신의 모티브가 있다

버너스리는 제네바에 있는 초대형 입자 가속기 및 소립자 물리학 연구소(CERN)에서 컨설팅 업무를 맡아 근무하던 중 혁신적인 개념들을 결합하기 시작했습니다. 그는 연구원들이 CERN의 다양한 관계에 관해 설명할 때 수많은 화살표가 들어간 다이어그램을 사용한다는 사실에서 아이디어를 얻었습니다. 그는 이를 프로그램에서 재현하고자 했습니다. 연구원이나 프로젝트의 이름을 입력하면 관련 연구원들과 프로젝트가 링크로 검색되었습니다. 버너스리는 이를 '인콰이어(Enquire)'라고 이름 지었습니다. 인콰이어는 한 번의 시련을 거칩니다. 버너스리가 CERN을 그만두어야 하는 상황에 처했기 때문입니다. 하지만 운명은 기어이 다시 버너스리를 CERN로 불러들였습니다. 버너스리는 다시 그곳에서 진행 중이던 실험 결과를 수집하는 팀에 배정되었습니다.

CERN은 구두로 또는 디지털로 수많은 언어를 사용하는 다양한 연구원과 컴퓨터 시스템의 집합체였습니다. 모든 연구원과 시스템 간 정보가 항상 공유되어야 했습니다. 상호 연결된 다양성이라는 측면에서 CERN은 이 세상의 축소판과 같았습니다. 그의 목표는 사람들이 둘러앉아 상대방의 아이디어에 살을 붙이며 브레인스토밍을 하는 것과 같은 집단 창조성을, 멀리 떨어진 사람들 사이에서도 가능하게 하는 것이었습니다. (만화영화 〈포카혼타스〉의 주제가인 'Colors of the Wind'가 바네사 윌리암스의 음성으로 흐르고 있다. 화면의 영상에는 버너스리와 우리 아버지가 끝없이 치솟는 불길을 보면서 무엇인가 이야기하고 있다.)

- **아버지**: 저 불을 보아라. 탈 것만 있으면, 아니 탈 것이 없어도 스스로 달린다. 팔도, 다리도 없는데 달려나간다는 말이다. 그 달림 속에 엄청난 열기가 있다. 동물이나 식물을 태울 수 있는 에너지가 있다. 컴퓨터도 저것처럼 정보나 문서를 싣고 발도 팔도 없이 달릴 수 있는 것이다.

- **버너스리:** (아무 말 없이 고개를 끄덕이면 무엇인가를 생각하다가) 맞아요. 저 불처럼 컴퓨터도 달리게 할 수 있으면…. 그런데 어떻게….

이미 아버지는 사라진 상태이다. 버너스리의 절망적인 표정 위로 노래를 부르는 바네사 윌리엄스가 나타난다.

We are all connected to each other in a circle in a hoop that never ends(우리 모두는 서로 다 끈끈하게 연결되어 있어요. 끝이 없는 세상의 원 안에서, 세상의 테두리 안에서 말이에요).

두 가지 혁신이 결합하여 새로운 혁신이 되다

(우투리, 달리듯이 뛰쳐나온다) 버너스리는 자신이 바라던 연결을 가능하게 해줄 간단한 기법을 발견합니다. 바로 하이퍼텍스트였습니다. 오늘날 웹 서핑을 즐기는 사람이라면 누구에게나 익숙한 개념인 하이퍼텍스트는 클릭했을 때 독자를 다른 문서나 콘텐츠로 이동시키도록 코딩된 단어나 문구를 말합니다. 부시가 메멕스라는 기계를 기술하면서 그 개념을 구상했고, 1963년 테드 넬슨에 의해 명명되었습니다. 넬슨은 모든 정보가 관련 정보와 쌍방향 하이퍼텍스트 링크로 연결되는 야심 찬 프로젝트인 제너두(Xanadu)를 기획했으나 실제로 이를 구현하지는 못했습니다. 하이퍼텍스트는 버너스리가 구상한 인콰이어 프로그램의 핵심 기능인 연결을 확산시켜줄 수 있는 방식이었습니다. 누구나 다른 컴퓨터에 있는 문서에 링크될 수 있었고, 컴퓨터 운영체제가 달라도, 접근 권한이 없어도 문

제가 되지 않았습니다. 상대방의 웹 주소를 알기만 하면 링크를 타고 문서로 이동할 수 있습니다. 이전의 혁신 두 가지를 엮어 또 한 번 새로운 혁신이 탄생한 것입니다. 그것은 바로 하이퍼텍스트와 인터넷의 결합이었습니다.

웹은 디지털 시대의 그 어떤 혁신보다는 한 명의 개인에 의해 구상된 것이지만, 모든 것을 혼자서는 할 수 없었습니다. 버너스리에게도 파트너가 필요했습니다. 바로 그의 동료인 로베르 카이오의 도움을 받았습니다. 둘은 CERN에 제안할 제안서를 작성하였습니다. 제안서의 제목은 '월드와이드웹: 하이퍼텍스트 프로젝트를 위한 제안'으로 최종 결정되었습니다. 줄여서 WWW라고 부르는 웹의 이름이 탄생한 것입니다. 이 프로젝트가 공식화되자, CERN의 행정 담당자들은 특허 출원을 원했습니다. 하지만 그것은 버너스리가 원하는 것이 아니었습니다. (캔서스(Kansas)의 'Dust in the wind'가 흐르고 있다. 우투리와 버너스리의 얼굴이 겹쳐질 때, 'All your money won't be an another minute buy(당신의 재산을 다 털어도 단 1분을 사지 못합니다).'라는 가사가 흐른다.)

그는 웹 프로토콜을 무료로 공개하고 누구나 이용할 수 있어야 한다는 생각을 가지고 있었습니다. 웹이 가능한 한 빨리 퍼지고 진화하기를 바랐고, 그러기 위해서는 웹이 무료로 공개되어야 했습니다. 웹과 그 설계는 공유와 협업을 증진하기 위해 만들어졌기 때문에 그 목적에 최대한 충실하고 싶었던 것입니다. CERN에서도 버너스리의 생각을 존중해 주었습니다. 소스와 바이너리 코드 모두에 대한 지식재산권을 포기하며, 누구에게나 그것을 사용하고 복제하고 수정하고 재배포할 권한을 부여한다고 선언했습니다. 이렇게 해서 역사상 가장 원대한 무료 오픈 소스 프로젝트가 세상에 나오게 되었습니다.

비공식적인 기록에 의하면, 웹을 특허출원하는 과정에서 버너스리가 우리 아버지를 꿈속에서 한 번 만났다고 합니다. 꿈속에서 우리 아버지가 버너스리에게 이런 이야기를 들려주었다고 합니다.

- 옛날에 아프리카에 사냥에 능한 사자가 있었다. 모두 그 사자를 밀림의 제왕이라 불렀지. 뛰어난 발톱과 날카로운 이빨, 5초에 100m를 주파하는 달리기, 훌륭한 위장술, 게다가 품위 있게 생긴 외모까지 그 사자는 당연히 밀림의 제왕이라고 부를 만했지. 그는 매번 사냥을 잘해서, 그가 사냥을 할 때면, 독수리, 하이에나, 심지어 표범까지 같이 식사를 했단다. 처음에는 당연한 것으로 여겼지만 사자는 점점 불만이 쌓여 갔단다. 사냥은 자신이 하는데, 독수리나 하이에나는 아무것도 하지 않고 식사를 하고 있다는 게 이해가 가질 않았지. 그래서 하루는 하이에나에게 따졌단다.

- **사자**: 넌, 왜 사냥도 하지 않고, 내가 사냥한 것을 옆에서 얻어먹는 거지?

- **하이에나**: 왜 그래? 난 네가 다 먹기를 기다렸다가 먹는 거잖아. 내가 한 번이라도 너보다 먼저 식사를 한 적이 있어?

- **사자**: 아무리 그래도 내가 사냥을 하지 않으면 너도 먹을 수 없는데 스스로 사냥을 하는 게 옳은 것 아냐?

- **하이에나**: 넌 밀림의 제왕이잖아. 왕이 왕답게 굴어야지.

사자는 그래도 납득이 되지 않았습니다. 사자는 자신이 사냥한 것은 다 먹어치워 버렸습니다. 다른 동물들이 먹는 게 용납이 되지 않았거든요. 사자가 남긴 것을 먹지 못하자, 사자는 다른 동물들을 사냥하기가 더 쉬워졌습니다. 배가 고파서 뛰어다니지 못하는 동물들이 늘어났기 때문입니다. 사자는 더 많은 사냥감을 얻을 수 있었고, 더 많이 먹었습니다. 그렇게 몇 달이 흐르자, 사자는 자신의 몸이 무거워서 움직일 수조차 없게 되었고, 나중에는 비만으로 죽게 되었습니다. '밀림의 제왕'인 사자가 죽자, 그 밀림에서는 잔치가 벌어졌습니다. 사자가 어마어마하게 살이 쪘기 때문이었습니다. 사자의 고기를 뜯어 먹으면서 동물들은 이렇게 말했습니다.

- 그전처럼 나누어 먹었더라면 이런 일도 없었을 텐데… 혼자서 먹다가 이렇게 죽어서 우리에게 먹을 것을 많이 남겨주는구만. 역시 사자는 밀림의 제왕이야. 우리를 위해 비대하게 살이 찐 채로 죽었으니 말이야.

버너스리가 우리 아버지가 들려주었던 사자의 이야기를 듣고 난 후에 그 이야기를 토대로 하여 특허권을 제출하자는 CERN 직원들을 설득했다는 상상을 한다는 것도 일리가 있다고 생각합니다. 가장 위대한 발명품을 가장 저렴한 가격으로 내놓았다는 것, 그것은 어떤 모양의 혁신보다 더 위대한 혁신이기 때문입니다. 밀림의 제왕은 누구보다 다른 동물보다 더 잘 다듬어진 인성이 있어야 하기 때문입니다.

12.
혁신은 아버지를 잡아먹는 것이다

보이지 않는 영향력을 이겨내는 것이 혁신이다

아버지는 새집에 정착하자마자 다시 실험을 시작했습니다. 실험은 오랫동안 아무 성과도 거두지 못하고, 아버지는 무슨 실험을 하고 있는지도 밝히지 않았습니다. 그보다는 당장 우리 눈앞에서 일어나고 있는 발전이 우리를 흥분시키고, 우리의 관심을 사로잡았습니다.

미투리는 대규모 석기 공장을 세웠습니다. 이 공장에서 일하는 숙련공은 수십 명이나 되었지만, 미투리가 개발한 달걀 모양의 주먹도끼는 아프리카 전역에서 수요가 폭발하여 주문량을 다 소화하기가 벅찰 정도였습니다. 점차 유럽이나 아시아 쪽으로도 유통될 정도였습니다.

떠중이는 그림이라는 것을 발견하더니 점차 발전시켜 나갔습니다. 나중에는 식물이나 동물에게서 새로 개발한 다양한 물감으로 동굴 실내 장식을 개발하고 있었습니다. 일종의 인테리어 사업이었습니다. '비둘기표 페인트'라는 상호를 만들어서 아프리카 전역에 체인점을 내느라 정신이 없을 정도였습니다. 우리는 이제 새로 개발한 볼라(bola)를 이용하여 사냥감을 잡고, 돌날 대신 짐승의 뾰족한 뿔을 끝에 매단 창으로 사냥감의 숨통을 끊었습니다.

개를 길들이려는 삼식이(떠중이 동생)의 노력은 실패를 거듭하고 있는 게 분명했습니다. 그러나 그의 노력은 적어도 우리의 판에 박힌 일상생활에 활기를 주었습니다. 삼식이의 팔다리는 개에 물린 상처로 아물 날이 없었습니다. 그런데도 삼식이는 개를 길들이는 것을 멈추지 않았습니다.

그리고 어머니는 얼룩말 가죽으로 핸드백을 만들었습니다. 튼튼하고 방수가 잘되어서 호수에 던져도 물이 들어가지 않았습니다. 어머니는 그때 우리가 살던 그 아프리카 계곡의 이름을 따서 그 핸드백 이름을 '너희비똥'이라고 지었습니다. 이 '너희비똥'을 가지고 있지 않으면 같이 어울리지 못했습니다. 그래서 여자들은 남자들에게 바가지를 긁거나 며칠씩 굶고서 이 '너희비똥' 핸드백을 마련하기 위해서 기를 썼습니다. 그러자 어느 한 원시인이 짝퉁을 만들어 팔기도 했습니다.

또한, 여자들은 가죽을 입고 서로의 동굴을 뻔질나게 드나들면서 "이것 좀 봐! 이게 최신 유행이야!"라고 소리를 지르거나, "어머나, 내 아름다운 모피가 나무껍질처럼 딱딱해졌어. 그리고 이 원숭이 모피 좀 봐. 이게 도대체 어떻게 된 거지?" 하고 울부짖는 버릇을 갖기 시작했습니다. 모두가 자신이 가지고 있는 것을 자랑하기 위한 과장된 행동이었습니다. 요즘에도 그런 여자들 많이 있죠? 그러려니 하시기 바랍니다. 원시시대부터 있었던 일이니까요.

제법 멋을 부린다는 젊은 여자들은 하나같이 무화과 나뭇잎 가리개를 달고 돌아다니기도 했습니다. 가슴이 처지지 않았기에 가능한 일이었습니다. 그전에는 한 번도 가슴을 가리는 사람은 없었지만, 누군가 가리고 나니까 근사하게 보였던 것입니다. 그러자 늙은 여자들도 무화과 나뭇잎 가리개를 달고 돌아다녔습니다. 흉하고 처진 가슴이 무화과나무 사이로 드러나는 것이 보기에 민망했지만 아랑곳하지 않았습니다. 유행이라는 미명하에 체면 따위는 쉽게 던지는 것이 지금과도 전혀 다르지 않았습니다.

이를 달리 말하면, 모두가 스스로 어떤 것을 선택하는 것 같아도 우리는 다른 사람의 선택에 따라서 어떤 것을 선택하는 보이지 않는 영향력 속에 있다는 것을 반증하는 것입니다. 그만큼 혁신이 어려운 것도 다른 사람의 시선을 물리쳐야 한다는 부담감이 작용하기 때문입니다. 우리를 옥죄고 있는 수많은 편견과 가치관을 이겨내야 혁신이라는 소중한 열매를 얻을 수 있는 것입니다. 원시시대의 초기에도 유행이 존재한다는 것 자체가 보이지 않는 영향력을 여실히 보여 주는 반증이라고 할 수 있습니다.

미래를 위한 혁신 관리가 더 중요하다

그렇게 세월이 흘러갔습니다. 그러던 어느 날, 아버지가 나에게 다가와서 말했습니다.

- 너한테 보여 줄 게 있다, 내 아들아.

성공의 기쁨을 간신히 억누른 아버지의 목소리를 듣고, 나는 우리가 마침내 심각한 재난에 휘말려 들었음을 당장 알아차렸습니다. 나는 아버지를 따라 숲 속으로 들어갔습니다. 한참 걸어간 뒤에 우리는 숲 속의 빈터에 이르렀습니다.

- 내 작은 작업장이다.

아버지는 자랑스럽게 그곳을 손으로 가리키며 말했습니다. 거기에는 한쪽 팔 내지는 두 팔 길이로 자른 나무토막이 길이에 따라 질서정연하게 분류되어 쌓여 있었고, 무더기마다 서로 다른 나뭇잎으로 정성스럽게 만든 표찰이 붙어 있었습니다. 아버지가 연구하고 싶은 분야가 무궁무진하다는 것을 보여 주는 반증이라고 할 수 있습니다. 새롭게 개편한 공정관리 시스템이 궤도에 오르면, 아버지는 이런 아이디어의 싹을 키우고 열매를 맺게 하는 일도 가능해질 것입니다. 세상을 향해 나아가기 위해 온몸을 꿈틀거리고 있는 아이디어의 보고. 그게 바로 아버지의 작업장이었습니다. 요즘 말로 말하면 실리콘 밸리 같은 것이겠지요.

- 활이다. 이건 궁극적인 무기야. 어떻게 사용하는지 보고 싶으냐?

그리고 아버지는 인류 최초의 활을 집어 들었습니다. 아버지는 거기에 원시적인 화살을 끼우고 시위를 한껏 당겼다가 놓았습니다. 그러자 화살이 날아가 쉰 발짝 떨어진 땅에 떨어졌습니다. 아버지는 내가 놀라는 모습을 즐기면서 말했습니다.

- 아직은 완전하지는 않구나. 하지만 거의 다 윤곽이 드러난 셈이다. 이놈의 느슨해지는 활시위만 제대로 하면 상상할 수 없는 발명품인데 말이다. 너도 한번 쏘아 보렴.

나는 몇 번 실패한 끝에, 서른 발짝 떨어진 곳으로 화살을 날렸습니다.

- 자, 어떠냐. 이건 단지 모형일 뿐이라는 걸 잊지 마라. 나는 기술개발 자체를 목적으로 하는 연구는 하지 않는다. '이런 제품을

만들고 싶다'라는 목표가 확고할 때 비로소 이를 실현하기 위한 연구와 실험을 반복한다. 다시 말하면, 단순히 진화하기 위해서 시간을 투자하기보다는 어떻게 진화할지 목표를 정해서 진화를 해야 한다는 말이다. 우리보다 강한 사자나 표범, 곰들은 나름대로 많은 진화를 이루었기 때문에 나름대로 여유가 있다. 하지만 우리는 그들에 비해 많이 연약하고 부족하다. 최소한의 물건으로 살아야 하는 숙명적인 운명을 타고난 우리에게는 최선의 도구만이 자유를 줄 수 있다는 것을 명심해라. 조금 더 속도감 있게, 보다 많은 아이디어를 제품으로 구체화해야 우리는 자유로울 수 있는 것이다. 한마디로 말하면 미래를 위한 혁신 관리가 우리에게 필요하다는 것이다. 화살은 한번 시위를 떠나면 절대 뒤돌아보지 않는다. 너도 뒤돌아보지 말고 그냥 쭉 전진하기를 바란다.

  - 가능성은 그야말로 엄청나군요, 아버지.

  나는 우울하게 말하고 슬픈 눈으로 노인, 즉 아버지를 바라보았습니다. 이건 끝장이었습니다. 명백한 끝장이었습니다. 우리가 해야 할 일은 너무나 분명했습니다. 어중이 형을 납득시키기는 쉬웠습니다. 활과 화살을 이용하여 그 성능을 한번 보여 주는 것으로 충분했습니다. 어중이 형은 그때까지 그 인근에서 가장 뛰어난 사냥꾼이었습니다. 형은 누구보다도 빨리 달리고, 누구보다도 멀리 창을 던졌습니다.

  - 모든 사람이 이런 무기를 가지게 되면, 누구나 형 못지않게 훌륭한 사냥꾼이자 사수가 될 거야. 잘난 사람도 없고 못난 사람도 없게 돼. 힘과 기술은 더 이상 중요하지 않게 될 거라구. 그렇게 되면 이 세계를 누가 다스리지? 서로가 리더가 되겠다고 날뛸 텐데

말이야.

우리가 아버지의 말을 어긴 것일까요? 그것은 잘 모르겠습니다. 어쨌든 한 번은 쉬어가야 한다는 생각을 하게 되었고, 아버지를 죽여야 우리가 앞으로 나아갈 수 있다는 생각만 하였습니다. 그런데 이게 전통이 되어 버렸나 봐요. 그 후로도 모든 혁신은 아버지를 잡아먹고 이루어졌으니까요. 아니, 아버지를 잡아먹어야 혁신이 이루어지는 법이지요.

혁신은 궁극적으로 자유를 추구하기 위함이다

그런 일이 있고 난 후에, 우리는, 아니 정확히 나는 아버지를, 아버지의 발명품으로 살해하였습니다. 요즘 말로 말하면 일이 뻔히 그렇게 될 것을 예측하고서 실수를 가장하는 미필적 고의에 해당하는 일이었습니다. 우리는 더 이상 아버지가 속도를 내는 것을 두고만 볼 수 없었습니다. 선견지명을 가지고 신중하게 발전 속도를 조절해야 할 필요성이 있어서, 우리는 아버지가 영혼의 세계라는 행복한 사냥터에서 마음껏 화살을 날릴 수 있도록 해 드린 것입니다.

한 가지 배려해 준 것은 아버지를 우리 배 속에다 잠들게 했다는 것입니다. 그렇게 해야 아버지가 늘 우리 곁에 있다는 생각에서였습니다. 그렇다고 아버지의 무덤을 악어의 배 속이나, 사자의 배 속에다 마련할 수는 없지 않습니까? 결국, 나는 아버지를 잡아먹은 셈이 되는 것입니다.

아버지는 마치 내가 그렇게 할 것을 알고 있었다는 듯이 죽어가는 순간에, 나에게 유언처럼 다음과 같이 말했습니다.

- 우리는 나무 위에서 아무 것에도 얽매이지 않고 살았다. 파란 하늘과 흰 구름, 그리고 계곡을 흐르는 시냇물을 우리는 그윽한 눈으로 바라보며 행복했었다. 나는 그 자유로웠던 순간을 영원히 잊지 못한다. 그러다가 우리는 환경이 바뀌어서 나무 위를 버리고 지상으로 내려왔다. 하지만 너도 알다시피 지상에서는 우리는 나무 위에서의 자유로운 순간은 느낄 수 없었다. 내가 그토록 온몸으로 부딪히면서 전진하고자 했던 이유는 다시 자유롭고 싶었기 때문이다. 그리고 어느 정도 우리는 자유를 얻을 수 있었다. 하지만 이것으로 충분하지 않다. 더 많은 자유를 누리기 위해 우리는 앞으로 가야 한다. 활을 발명한 것도 자유를 얻기 위해서이다. 지상에서 식량이 없어지면 공중에서 식량을 구해야 한다. 배고픈 자에게 자유란 없다. 나는 비록 이렇게 사라지지만 꼭 내 말을 명심해라. 혁신하지 않으면 자유는 없는 것이다. 마지막으로, 한 가지만 더 말한다면 변화를 원하면서도 제대로 실천하지 못하고 있다면 그것은 아직도 제대로 된 이유를 발견하지 못한 것이다. 실천할 수 있는 절박한 이유를 찾아내거라. 우리가 불이 없었을 때 사자나 표범에게 당했던 그 처절한 순간만큼이나 피가 튀기고 눈물이 나는 이유를 말이다. 그 이유가 너희들을 앞으로 나아가게 해 줄 것이다.

아버지의 예측은 놀랍도록 정확했습니다. 아버지가 발명한 그 활은 숲이 모두 불에 타서 짐승이 사라진 우리들에게 하늘에도 식량이 있다는 것을 알게 해 주었습니다. 이른바, 블루오션을 경험하게 한 것입니다. 그때까지 그 누구도(심지어 사자나 표범들도) 하늘에 있는 새를 잡겠다는 사람은 없었으니까요. 아버지는 거기까지 내다보고 있었던 것입니다.

아버지는 참으로 무시무시한⁽?⁾ 존재임에 틀림이 없습니다. 아니, 영원한 자유인이라고 할 수 있겠지요.

미래를 예측하라

처음으로 블로그를 쓴 저스틴 홀이 개인 홈페이지를 만든 1994년 1월에는 전 세계에 웹 사이트가 700개밖에 존재하지 않았습니다. 그해 말에는 만 개로 늘어났고, 이듬해 말에는 10만 개가 생겨났습니다. 이처럼 개인용 컴퓨터와 네트워크의 결합은 누구든지 세계 어디에나 존재하는 콘텐츠를 볼 수 있게 되었고, 누구나 자신의 콘텐츠를 퍼뜨릴 수 있었습니다. 하지만 폭발적으로 성장하는 이 세계가 제대로 그 역할을 하기 위해서는 필요한 사항을 쉽게 찾을 수 있는 단순한 인간-컴퓨터-네트워크 인터페이스가 필요했습니다.

이러한 수요에 부응하기 위한 최초의 시도는 사람에 의해 수동적으로 편찬되는 디렉토리였습니다. 그중 하나가 바로 1994년에 스탠퍼드 대학원생 두 명이 만든 사이트였습니다. 바로 우리가 '야후'라고 알고 있는 '제리와 데이비드의 웹 가이드'였습니다. 야후는 수동적으로 편찬되는 태생적인 한계 때문에 무한히 확장하는 웹사이트 수를 따라잡을 수 없었습니다. 시장에는 자동으로 검색하는 웹 사이트가 필요하게 된 것입니다. 야후는 탐색과 발견이라는 자신의 장점에만 머물러 있었기 때문에, 오늘날처럼 대상이 있는 검색으로 전환되리라고는 상상도 하지 못했습니다. 그런 이유로, 야후는 수년간 뉴스 선정이라는 측면에서 경쟁자들보다 우위를 점했지만, 근본적으로 수동적으로 편찬되기 때문에 검색 도구로서는 시장의 수요를 제대로 만족시키지 못했습니다. 자동검색엔진이 나오자, 곧바로 경쟁력을 상실했습니다. 자동검색엔진은 또 다른 스탠퍼드 대학원생 두 명이 선도했습니다. 래리 페이지와 세르게이 브린이 바로 그들이었습니다. 래리 페이지는 미시건 대학에서 주디스 올슨 교수의 인간-컴퓨터 상호작용에 관한 수업을 가장 인상 깊게 들었습니다. 그 수업의 목표는 쉽고 직관적인 인터페이스를 연결하는 것이었습니다. 또한, '리더셰이프'라는 리더십 훈련 기관에서 주관하는 캠프에 참여하여 '불가능하다는 생각을 현명하게 묵살하는' 방법을 배웠습니다.

그가 세르게이 브린을 만난 것은 스탠퍼드 대학원에 진학했을 때였습니다. 브린이 페이지의 지도 선배가 된 것입니다. 그 당시 스탠퍼드는 그 어떤 곳보다 앞서 대학을 학문의 장인 동시에 벤처기업 육성 기관으로 보는 입장이었습니다. 휴렛팩커드, 시스코, 야후, 선 마이크로시스템 등 걸출한 기업들이 이런 분위기 속에서 탄생하였습니다.

사람들이 시도하지 않는 방식을 시도하라

(1984년에 개봉한 영화 〈Against All Odds(어떤 역경에도 불구하고)〉의 주제가였던 필 콜린스(Phil Collins)의 노래가 흐른다. 'Against All Odds(Take a look at me now)'이다) 영상에는 1985년에 영국 런던에서 했던 필 콜린스의 공연이 담겨 있다. 약간 대머리가 된 필 콜린스가 피아노를 치면서 노래를 부른다. 카메라가 관중석을 비춘다. 수상한 두 사람이 보인다. 한 명은 우리 아버지이고, 또 한 명은 래리 페이지이다. 아버지가 래리 페이지에게 무언가를 열심히 설명하고 있다.

- **아버지**: 그러니까 우리가 새처럼 날아다닐 수 없어서 만든 게 활이라는 것이다. 생각의 방향을 바꾸는 것이 중요하다. 연어도 거꾸로 올라간다. 세상에, 어떻게 물고기가 물을 거슬러 올라간다는 말이냐. 하지만 연어는 자신의 고향으로 돌아가야 한다는 그 신념으로 거꾸로 물을 거슬러 올라가는 것이다. 우리가 감히 공중에서 식량을 구하는 것도 살아남아야 하기 때문이다. 너도 많은 사람들에게 무엇인가를 남기겠다면, 거꾸로 올라가는 방법을 찾아보아라.

- **래리 페이지**: (아버지의 말을 듣고 곰곰이 생각하다가) 거꾸로 올라가는 법이라…, 거꾸로 올라가는 법…. 그래! 링크의 방향을 한번 뒤집어 봐야겠구나. 지금까지 아무도 링크를 뒤집겠다는 생각을 한 적은 없어.

(우투리, 둘의 모습을 발견하자마자 열심히 달려갔지만, 우투리가 도착했을 때는 이미 그들은 사라져 버렸다. 필 콜린스의 목소리가 유난히 크게 들려올 뿐이다. (우투리, 고개를 갸우뚱하며 말을 이어간다.)) 버너스리가 웹을 설계한 방식에 따르면 누구든 허가 없이 다른 페이지로의 링크를 만들 수 있었습니다.

그 때문에 웹은 무질서한 확장을 거듭하게 되었습니다. 이것은 또한 특정 웹 페이지로 향하는 링크의 개수나 링크의 출발점을 간단하게 파악할 수 없음을 의미했습니다. 야후가 수동 디렉토리로서 한계를 드러낸 것도 이러한 이유 때문이었습니다. 웹이 지닌 가장 치명적인 결함은 링크를 역으로 추적하여 각 사이트로 어떤 사이트가 링크를 걸었는지 파악하기 위해서는 대규모 데이터베이스를 구축할 방식이 필요하다는 것입니다. 페이지는 검색을 위해서는 링크의 방향을 뒤집어야 한다고 생각했습니다. 웹 전체를 다운로드해서 링크만 추출할 수 있다면 가능할 것 같았습니다. 누구도 시도하지 않는 무모한 목표였습니다. 하지만 그는 대학에서 불가능하다는 생각을 현명하게 묵살하는 방법을 배운 사람이었습니다. 페이지의 프로젝트가 보인 대담성과 복잡성은 세르게이 브린의 수학적 지성을 자극했습니다. 둘은 천생연분의 배필처럼 움직였습니다.

프로젝트가 발전해 나감에 따라 둘은 입력 링크의 품질과 개수를 바탕으로 각 페이지의 가치를 산정할 더욱 정교한 방식을 고안해 냈습니다. 심지어 페이지에 중요도로 등급을 매겨 인덱스를 만들면 고품질 검색 엔진의 근간이 될 수 있겠다는 생각까지 하게 되었습니다. 페이지에 등급을 매기겠다는 목표가 추가되자 프로젝트는 한층 복잡해졌습니다.

둘은 페이지와 링크의 수가 어마어마하다는 사실에 착안하여 검색 엔진에 구글(Google)이라는 이름을 붙였습니다. 10의 100 제곱, 즉 1 뒤에 0이 100개 붙은 수를 뜻하는 구골(Googol)이라는 용어를 살짝 비튼 것입니다. 둘은 구글을 개선하기 위해 두 가지 노력을 했습니다. 하나는 경쟁사들보다 훨씬 많은 대역폭과 처리 능력과 저장 용량을 투입하고, 웹크롤러가 초당 100개의 페이지를 처리하도록 향상시켰습니다. 또한 사용자 행동을 열성적으로 관찰하여 알고리즘을 지속적으로 개선시켰습니다. 혁신의 목표를 고객이 원하는 제품으로 설정했던 것입니다. 프로그램을 완성한 이들은 창업을 하기보다는 라이선스 계약을 맺으려 했습니다. 하지만 시장은 아직 이들의 제품에 정확한 가치를 부여하지 않았습니다. 실망한 둘은 창업을 하기로 결심하고 벡톨샤임에게 창업 자금을 받았습니다. 그는 선마이크로시스템의 공동 설립자이기도 했습니다. 구글을 둘러싼 입소문이 어찌나 맹렬히 퍼져 나갔는지 몇 달 후에는 실리콘 밸리 최고의 라이벌 벤처 투자사 세콰이어 케피탈과 클라이너 퍼킨스 양쪽으로부터 투자를 받을 수 있었습니다. 구글은 월드 와이드 웹에 손쉽게 접근하는 길을 열었을 뿐 아니라 인간과 기계의 관계에서 일대 도약을 이루었습니다.

예술과 인문학의 결합이야말로 최고의 경쟁력이다

(우투리 사라지고 화면에는 우투리, 스티브 잡스, 빌 게이츠, 래리 페이지, 엘론 머스크 등이 서로 손을 잡고 88 올림픽 주제가였던 코리아나(Koreana)의 '손에 손잡고'를 부르고 있다.)

손에 손잡고 벽을 넘어서 우리 사는 세상 살기 좋도록
손에 손잡고 벽을 넘어서 서로 사랑하는 한마음 되자.

(우투리, 앞으로 나오면서) 인간은 인공지능의 시대에도 여전히 의미가 있는 존재로 남을 수 있습니다. 인간은 다르게 생각할 수 있지만 알고리즘은 그 정의상 그럴 수 없기 때문입니다. 또한, 인간에게는 상상력이 있습니다. 컴퓨터라는 기계를 처음 고안했다고 알려진 바이런의 딸인 에이다는 상상력을 이렇게 말했습니다.

사물, 사실, 관념, 개념을 새롭게, 독창적으로, 끝없이, 늘 바꿔 가
면서 결합한다.

그렇습니다. 우리는 지구상에 존재하고 있는 사물의 패턴을 분별하고 그 속에 숨겨 있는 아름다움을 발견합니다. 거기에서 우리는 보이는, 혹은 보이지 않는 정보를 짜서 인간에게 유용한 지식을 만듭니다. 우리는 사회적 동물일 뿐만 아니라 지식을 소비하는 동물입니다. 인간의 창조성에는 가치나 의도가 깃들여 있고, 거기에 미적 감각이나 개인적인 혹은 사회적인 감정이 들어 있습니다. 뿐만 아니라 개인적인 의식이나 도덕적인 감정도 들어 있습니다. 한마디로 창조성이라는 것은 개인과 그 개인이 가지고 있는 사회적인 의식과 감각을 모두 반영하고 있다고 할 수 있습니다. 이런 의미에서 우리가 예술과 인문학에 관심을 가져야 하는 이유가 있는 것입니다.

예술과 인문학은 과학, 테크놀로지, 공학, 수학만큼 교육에서 가치가 있는 것입니다. 만일 우리 인간이 인간-컴퓨터 공생에서 우리가 할 일을 계속해 나가려면, 우리가 만든 기계의 창조적 파트너라는 역할을 유지하려면, 아니, 우리가 만든 기계의 노예가 되지 않으려면 우리는 인간이 고유하게 지니고 있는 상상력과 독창성과 인간성의 원천을 계속 양육하고 발전시켜야 합니다. 그것만이 우리가 이 관계에 기여할 수 있고, 주체성을 잃지 않는 유일한 길입니다.

스티브 잡스는 스크린에 투사된 슬라이드로 신제품 출시 행사의 끝을 맺곤 했습니다. 그의 슬라이드에는 '인문학'과 '테크놀로지'의 교차로를 보여 주는 도로 표지판이 나옵니다. 잡스가 마지막으로 행사에 나타난 것은 2011년 아이패드 2 출시였는데, 그는 이 이미지 앞에서 이렇게 선언했습니다.

테크놀로지만으로는 충분하지 않다. 우리의 심장을 뛰게 하는 결과를 낳는 것은 인문학과 결합된 테크놀로지라는 사실이 애플의 DNA에 박혀 있다.

그렇습니다. 스티브 잡스는 예술과 인문학이 디지털 혁신에 있어서 얼마나 중요한 존재인지 알고 있었던 것입니다. 인문학에 대한 이런 찬사의 역도 성립합니다. 예술과 인문학을 사랑하는 사람들은 수학과 물리학의 아름다움을 볼 수 있어야 합니다. 그렇지 않으면 디지털 시대의 창조성 대부분이 생겨나는 곳, 예술과 과학의 교차로에서 구경꾼으로 남게 될 것입니다. 그 영토의 통제권을 엔지니어에게 넘겨주게 될 것입니다. 무지하거나 감각이 없는 사람이 영토를 주장할 수는 없는 일이니까요.

디지털 혁명의 다음 단계에는 테크놀로지를 창조적인 산업과 연결하는 작업이 될 것입니다. 여기에는 음악, 교육, 문화, 예술, 심지어 미디어 같은 분야도 포함할 수 있습니다. 지금보다 훨씬 더 새롭고 상상할 수 없는 방식이 될 수도 있을 것입니다. 이미 롤플레잉 게임과 인터렉티브 연극은 스토리텔링과 증강 현실의 협업적 형태와 융합하고 있습니다. 이런 혁신은 아름다움과 공학, 인문학과 테크놀로지, 시와 프로세서를 연결할 수 있는, 그런 것들에 대한 이해도가 있는 사람들이 소비하고 창조할 것입니다. 다시 말하면, 대표적으로 인문학과 수학의 결합, 즉 이상한 놈들이 쏟아지는 것입니다. 따지고 보면 혁신은 이상한 놈들이 출현하고, 이상한 놈이 시장을 지배하다가 또 다른 이상한 놈에게 축출당하는 것의 연속입니다. 이상한 놈은 결코 한두 가지의 결합으로 이루어지지 않습니다. 이질적인 결합으로부터 시작되는 것입니다. 전혀 상상할 수 없는 것으로부터 결합이 혁신의 시작일 것입니다.

좀 더 잔인하게 말하면, 혁신은 아버지를 잡아먹어야 나올 수 있습니다. 하늘 아래 새로운 것은 없습니다. 모두 이전에 존재하던 것(아버지)들에서 새로운 것이 나옵니다. 그러므로 혁신을 이루기 위해서는 아버지, 즉 이전에 존재하던 것들을 어떤 형태로든 잡아먹어야 합니다. 아버지를 잡아먹지 않으면 혁신은, 새로운 것은 태어나지 않습니다. 아버지는 잡아먹히기 위해서 이 땅에 태어난 존재이기 때문입니다.

제 3 장

인공지능과
우리의 미래

1.
자율 주행 자동차는 위험하면 누굴 죽일까?

영화 〈마이너리티 리포트〉가 현실로?

(우투리의 목소리만 나오고, 화면은 스티븐 스필버그의 〈마이너리티 리포트〉의 주요 장면이 소리가 없는 가운데 계속된다.) 이 영화 아시죠? 예, 그렇습니다. 스티븐 스필버그가 메가폰을 잡은 영화 〈마이너리티 리포트〉입니다. 이 영화에는 흥미로운 장면이 많이 등장합니다. 영화 전체가 마치 미래 기술의 전시장처럼 보일 정도입니다. 그중에서도 압권은 영화 중반, 톰 크루즈가 연기한 주인공 존 앤더튼이 누명을 쓰고 추격자들로부터 도망치는 장면입니다. 추격자를 따돌리느라 운전에 신경 쓸 겨를이 없는 존 앤더튼 대신 자동차 스스로 도로를 질주하는 장면 말입니다. 〈마이너리티 리포트〉가 그리는 미래 도시에는 자율 주행 자동차가 일상으로 그려져 있습니다. 그냥 영화를 봐서 그게 자율 주행 자동차인 줄 몰랐다고요? 그렇습니다. 미래라는 것이 그처럼 도적처럼 다가오니 바짝 신경을 써서 대비해야 합니다.

또 하나 더 있습니다. 미국 NBC에서 방영된 'Knight Rider'를 한국에서는 '전격 Z 작전'이라고 이름을 바꾸어 방영했던 드라마를 기억할 것입니다. 그 드라마에서 자율 주행 자동차가 등장합니다.

남성들의 로망인 날렵한 검은색 스포츠카가 나오는데, 주인공이 손목에 찬 시계를 통해서 대화하며 스스로 운전하고 악당을 물리치는 데 도움을 주는 인공지능 자동차였습니다. 드라마 팬들은 배우 데이비드 핫셀호프가 연기했던 주인공의 이름은 기억하지 못해도 자동차의 이름 '키트(KITT)'만큼은 또렷하게 기억할 것입니다. 한번 해 볼까요? (우투리, 시계에 대고 말한다) 키트, 어서 와.

영화 〈마이너리티 리포트〉가 묘사한 세계는 2054년입니다. 앞으로 40여 년 뒤에는 자율 주행 자동차가 우리 일상에 파고들 수 있을 것입니다. 기술업계에서는 2020년을 자율 주행 자동차 역사의 시작으로 내다보고 있으니까 합리적인 가격 수준으로 공급하는 문제가 남아 있겠지요. 개인용 컴퓨터의 시대가 도래하듯 말이지요.

구글은 2014년 12월 자율 주행 자동차의 시제품을 공개하였습니다. 이때 구글은 시제품을 가리켜 '실제 제품에 가까운 자율 주행 자동차'라고 설명했습니다. 지난 6년 동안의 연구가 녹아들었다는 의미입니다. 이전 연구용 자율 주행 자동차와 비교해 자동차 위에 탑재한 센서 장비가 소형화됐고, 실제 도로에서 달릴 수 있도록 각종 편의 기능이 추가되었다는 뜻이기도 합니다.

그래픽 처리 장치(GPU) 기술 전문 업체로 잘 알려진 엔디비아는 독일의 자동차 제조업체 아우디와 손잡고, 앞으로 자동차에 적용할 자율 주행 기술을 개발하고 있습니다. 엔비디아의 기술은 주로 그래픽 처리 기술과 관련이 깊습니다. 차량에 12개의 카메라를 부착해 자동차가 어떤 환경에 놓여 있는지 파악하고, 자동차 내부에 초소형 이미지 프로세서를 탑재해 이미지를 분석합니다. 엔비디아의 자율 주행 자동차 기술에서 카메라는 눈 역할을, 프로세서는 두뇌처럼 작동하는 것입니다.

예를 들어, 카메라는 사람이 갑자기 도로로 뛰어드는 것은 아닌지, 앞서가던 자동차가 급정거하지는 않는지 등 정보를 받아들이는 역할을 합니다. 카메라가 확인한 자동차 주변 사물은 작은 단위로 나뉘어 컴퓨터의 분석에 활용됩니다. 표지판의 모양을 보고 '멈춤' 표지판이라는 것을 알아내고, 앞에 있는 자동차의 특징을 분석해 '경찰차'라는 정보를 뽑아내는 식입니다.

분석이 불가능한 새로운 사물과 마주치면, 네트워크로 연결된 서버에서 새로운 정보를 내려받도록 합니다. 도로에서 얻는 정보가 많을수록 부족한 정보가 추가되는 이른바 '기계학습' 원리입니다. 혼자서 판단할 수 있다는 뜻입니다. 그런데, 그런데 말입니다. 최종적인 판단 기준은 인간이 프로그래밍을 해야겠지요? 예쁘면 모두 피해 준다고요? 예쁘다는 기준에 대한 객관적인 분석이 필요하겠군요. 어쨌든, 우리가 말을 할 때는 아주 쉽게 하지만, 컴퓨터로 적용하려면 좀 복잡한 과정을 거쳐야 하는 것은 사실입니다. 하지만 빅 데이터가 나오면서 이러한 것은 점차 줄어들 전망입니다. 당연히 자율 주행 자동차의 개발 속도도 빨라지겠지요?

자율 주행 자동차, 사고 나면 누구 책임일까?

(약간 심각한 표정으로) 별로 떠올리고 싶지는 않지만 실제로 일어날

수 있는 상황이니 한번 가정을 해보도록 하겠습니다. 때는 2020년 한국, 남해의 어떤 도로 상황입니다. 자율 주행 자동차 한 대가 신나게 달리고 있습니다. 그 뒤로도 몇 대의 자율 주행 자동차가 달리고 있습니다. 파도가 출렁이고, 바람도 시원합니다. 남녀가 서로 마주 보고 애정 행각을 벌이고 있습니다. 다행히 불륜 커플은 아닌 듯합니다. 왜 앞을 보고 있지 않느냐고요? 자율 주행 자동차는 운전자가 운전을 하지 않기 때문에, 꼭 앞을 볼 필요는 없습니다. 그런데, 그런데 말입니다. 차량으로부터 10㎞ 떨어진 곳에 한 무리의 사내들이 보입니다. 이런! 해커들이군요. 뭘 하려는 걸까요? 설마…. 하지만 설마가 사람을 잡는군요. 허름한 집 지하실에서 이들은 노트북을 들고 자율 주행 자동차의 프로그램을 해킹하고 있습니다.

(자동차 안의 남녀)

- **여자**: 어머나! 저게 뭐야. 웬 카메라가 나의 몸을 찍고 있는 것 같아.

- **남자**: 이 자율 주행 자동차는 사람이 타는 공간을 카메라로 찍지 않으니까 걱정하지 마. 사생활 보호라는 프로그램이 깔려 있어.

- **여자**: (약간 불안해하며) 저번에 남자 친구랑 같이 타던 자율 주행 자동차는 승객의 공간까지도 카메라가 찍던데?

- **남자**: 그건 가격이 저렴한 자율 주행 자동차이고, 이건 제니스 (Zenith)야. 최고라는 뜻을 가진 차라고. 자기를 위해 특별히 승차감이 좋고 사생활이 보호되는 차를 보내달라고 했는데…

- **여자**: 그래? 그럼, 혹시 누가 프로그램을 해킹한 게 아닐까?

- **남자**: 제니스는 해킹 방지 프로그램이 장착되어 있어. 알파고가

와도 이 프로그램을 해킹하지 못해.

 - **여자**: 아냐. 최근에 에펠 자동차에서 자율 주행 자동차 프로그래머를 대량으로 해고했다는 소문이 있어. 그 해고자들이 에펠 자동차에 앙갚음하기 위해 자율 주행 자동차를 해킹하는 모임을 만들었다는 소문이 있어. (불안에 떨며) 혹시 이 근처에 그 해커들이 있지 않을까? 제니스가 에펠 자동차 제품 맞지 않아?

 - **남자**: (음흉한 미소를 지으며) 이리 와. 내가 안아줄게. (남자가 여자를 안으러 가는 순간, 갑자기 차가 멈추어 버린다. 남자, 그 충격으로 여자 쪽을 향해 쓰러진다. 여자의 부드러운 유방이 손에 닿자, 남자, 희미하게 미소 짓다가 뒤에서 다가오는 자율 주행 자동차에 부딪히는 충격에 저 멀리 나가떨어진다.)

(남자를 욕하다가 카메라가 자기를 가리키자 얼른 웃으면서) 놀라운 장면이죠? 자율 주행 자동차가 나와서 사람들이 운전하던 시대는 끝났습니다. 아니, 정확하게 끝난 것은 아닙니다. 여전히 스피드를 즐기는 카레이서들은 스스로 차를 몹니다. 카레이서가 아닌 경우에도 드라이브 자체가 취미인 사람, 운전을 통해서 스트레스를 해소하고 쾌감을 느끼는 사람, 자율 주행 자동차가 운전하는 것이 못마땅한 까다로운 사람들은 여전히 스스로 운전합니다. 그러니까 사람이 운전하는 자동차와 인공지능이 운전하는 차가 섞여 있다고 생각하시면 됩니다. 상당히 복잡한 프로그램이 요구되겠지요?

그럼, 남해에서 일어난 사고는 누가 책임을 질까요? 그날 밤, 우리 우투리 TV가 취재한 기사를 자막으로 보내드리겠습니다. (화면에서 자막으로 처리되면서 우투리의 음성만 들린다.) 오늘 남해의 모 지역에서 일어난 교통사고를 수사하고 있는 남해경찰서에 따르면… (잠시 시끄러운 사람들의 고함 소리가 들린다) 정확한 사고 원인을 규명하기 위해 '진

상규명 팀'이 꾸려졌다고 합니다. 자율 주행 자동차가 있기 전에는 가해자와 피해자 둘만이 존재했던 교통사고가, 자율 주행 자동차가 생기고 난 후에는 사고 원인과 책임을 놓고 운전자, 차량 제조사, 부품 공급 업체, 운영체제와 소프트웨어 업체, 지도 서비스 업체, 통신 서비스 업체가 서로 상대방에게 책임을 떠넘기고 있기 때문입니다. 자율 주행 자동차의 사고는 운전자 한 사람의 책임 아래 발생하는 개별적인 사고가 아니라 시스템과 소프트웨어에 따른 '구조적 사고'이기 때문에 보상과 책임의 범위가 비슷한 유형의 사고 전체로 확대될 수도 있는 가능성을 내포하고 있습니다. 한번 밀리면, 계속 책임이 자신들에게 떨어지기 때문에 '목숨을 걸고' 자신들의 책임이 아니라고 주장하는 것입니다. 가장 중요한 것은 이 사고가 해킹에 의한 사고일 가능성이 있다는 점입니다. 한편, 해직에 불만을 품고 자율 주행 자동차의 프로그램을 해킹한 것으로 의심되는 '검은 9월단'은 이 사고가 해킹이 아니라 운영체제나 시스템의 오류라고 반박했습니다.

해킹이나 운영체제 또는 시스템 차원의 오류로 판명이 나면 전 세계에서 수십만 대의 차량이 동시에 급발진을 하거나 먹통이 되는 경우도 있지 않겠습니까. 운영체제와 소프트웨어 업체는 잘못이 드러나면 감당하기 어려운 보상 책임을 지고 파산할 수도 있을 것입니다(우투리, 자못 심각한 표정으로 나타난다). 이런! 자율 주행 자동차가 편리한 점이 많아서 좋아했는데 이런 부작용이 있군요. 지금까지 운전할 수 없었던 노인들이나 시각 및 청각장애인, 그리고 손과 발이 불편해서 남에게 의존했던 사람들이 자율 주행 자동차에 의해서 자유를 얻었는데 어쩌면 좋지요? 그럼, 보험 처리 문제는 어떻게 되는 걸까요? 우리나라 보험업계의 두 산맥인 S사와 K사의 관계자를 불러서 그 견해를 들어보도록 하겠습니다.

- S사: 자율 주행 자동차 교통사고에서는 운전자의 책임이 사라짐에 따라 자동차 회사가 보험료를 부담해야 합니다. 운영체제와 소프트웨어 회사에 책임을 떠넘기는 것은 '갑질'입니다. 그렇다면 자율 주행 자동차를 판매해서 얻은 수익도 공유한다는 말입니까?

- K사: 몬트리올협약에 따른 항공사고 배상처럼 사고가 나면 과실 여부를 따지지 않고 무조건 보험금을 지급하는 무과실 책임 형태의 보험이 대세가 될 것입니다. 우리 회사에서도 이런 보험을 만들고 있습니다. 항공기의 자동 운항 기능은 조종사들의 수동 조정 능력을 저하시켜서 사고를 일으키곤 합니다. 자율 주행 자동차 역시 이런 사고를 유발할 우려가 있었습니다. 갑자기 자율 주행 기능이 작동하지 않거나 수동 운전이 필요한 상황에서 운전자는 늘 핸들을 붙잡고 운전하던 시절과 같은 기민한 판단을 하기 어렵기 때문입니다. 무엇보다 프로그램을 해킹당했을 때 책임 소재를 따지기 어려우므로 무조건 보험금을 지급하는 게 중요합니다.

누구를 죽일 것인가?

(화면에서 자막으로 처리되면서 우투리의 음성만 들린다.) 자율 주행 자동차 시대가 눈앞에 옴에 따라 윤리학 분야에서 해묵은 주제들이 회자되고 있다. 1967년 영국의 철학자 필리파 풋이 처음 소개한 '전차

문제' 사고 실험이 대표적이다.

멈출 수 없는 속도로 선로를 달려오는 전차 앞에서 다섯 명이 작업을 하고 있다. 선로변환기를 손에 쥐고 있는 당신은 다른 선로로 방향을 전환할 수 있으나, 그 선로에도 한 명이 작업 중이다. 당신에게는 두 개의 선택지만 있다. 하나는 아무 조작도 하지 않고 다섯 명이 죽도록 방치하는 것이고, 다른 하나는 변환기를 바꾸어서 한 명을 죽게 하는 것이다. 어떤 경우가 더 나은 선택인가?

다수를 살려야 한다? 그게 정당한가? 사람을 어떤 수단으로 사용하는 것 자체가 잘못된 것인가? 한 사람이 다섯 사람보다 나을 수도 있지 않을까? 쉽지 않은 문제이다. 한 사람을 죽이면 의도적 살인이 되고, 다섯 사람을 죽이면 죽음을 방치하는 것이다. 그 도덕적 차이는 무엇인가?

또 하나를 거론할 수 있다. 자율 주행 모드로 운행 중인 당신의 차가 좁은 1차선 터널에 진입하려는 순간, 근처에 있던 아이가 발을 헛디뎌 도로 위에 넘어진다. 차가 아이를 피할 시간은 없다. 아이를 치고 터널로 진입하든지 아니면, 터널 입구 암벽에 부딪혀 아이를 구하는 대신 당신이 죽거나 다쳐야 한다.

물론 사람이 운전할 수 있다면 운전자가 선택해야 한다. 직관에 따라 선택할 것이다. 순간적인 본능이나 습관에 따라서 행동할 것이다. 하지만 자율 주행 자동차는 다르다. 그것은 컴퓨터이다. 모든 것을 사전에 계산해서 입력된 대로 실행하는 기계이다. 사고를 앞둔 상황에서도 판단력이 흐려지거나 지체되었다는 변명은 통하지 않는다. 컴퓨터에게 1초는 엄청난 규모의 연산을 수행할 수 있는 긴 시간이기 때문이다. 사람 운전자는 면책되었던 사고 상황에서의 곤란한 선택을, 자율 주행 자동차는 피할 수 없는 것이다. (우투리, 춤을 추면서 나온다. 흐르는 음악은 신디 로퍼의 'She bob'이다.)

자율 주행 자동차는 머지않은 장래에 현실화될 기술입니다. 연구자들이 말하는 대로 기술 개발은 가장 쉬운 과제입니다. 문제는 사용자의 수용성과 윤리적 문제입니다. 우리가 얼마나 받아들일 것인가와 자율 주행 자동차에서 발생하는 여러 가지 문제를 어떤 도덕적인 기준으로 판단하느냐의 문제인 것입니다. (우투리, 약간 재미 있는 표정을 짓는다.) 아고! 자율 주행 자동차가 생기면 졸음운전, 음주 운전이 없어지고 주차 공간이 필요 없으니 강남 같은 곳도 시원하게 달릴 줄 알았는데 더 골치 아픈 문제가 남아 있다고요? 그런데 이건 비단 자율 주행 자동차의 문제만이 아닙니다. 우리가 인공지능에 판단을 위임하면서 생겨나는 근본적인 문제입니다.

인공지능에 복잡하고 힘든 일을 위임한다는 것은, 수고로운 절차를 맡기는 것일 뿐, 윤리적 딜레마와 같은 문제는 결국 사람이 고민하고 풀어야 한다는 의미가 됩니다. 침팬지처럼 싸울 것이 아니라 보노보처럼 화해하는 시대가 도래한다는 것입니다. 보노보, 결국 인공지능이 된다는 뜻이 아닐까요? 오늘은 여기까지입니다. 평안한 밤 되시기 바랍니다. 아, 지금 자율 주행 자동차가 노선을 이탈하여 집으로 쳐들어온다고요? 어서 빨리 피하십시오. 아까 화면 보셨지요? 책임 소재를 따지기가 골치가 아픕니다.

혹시 그 자율 주행 자동차가 어떤 프로그램을 입력했는지가 중요하겠군요. 그리고 당신이 그 프로그램의 우선순위 몇 번째에 들어 있는지도 중요합니다. 여자가 우선, 80세 이상이 우선, 그리고 저소득층이 우선, 그런 프로그래밍이라면 살아남을 수 있다고요?

그런데 말입니다. 반대로 된 프로그램도 있다고 하네요. 아무튼 사고가 난 후에 혼자 해결하려고 하지 말고 보험사를 부르십시오. 그들이 알아서 처리할 테니까요.

2.
인공지능, 인간과 같이 근무하다

#1. 처녀들의 저녁 식사

　강남의 한 레스토랑이다. 화면 가득 요리를 하는 요리사들이 보인다. 그중에 턱수염을 기르고 있는 잘생긴 요리사가 클로즈업된다. 자막에 '스타 셰프, 이복헌'이라고 적혀 있다. 오른쪽으로 화면이 이동하고 네 명의 처녀들이 식사를 하는 장면이 보인다. 그 위로 가격표가 스치듯 지나가는데, '커피 한 잔에 2만 원'이라고 적혀 있다. 상당히 고급스러운 레스토랑임이 분명하다.

　- **춘향**: (짜증을 내면서) 이런! 고생고생해서 변호사가 되었더니 바로 실업자가 되게 생겼어. 예전에 변호사들이 하는 일의 대부분이 법정에서 증거로 활용하기 위해서 자료를 조사하고, 검토하는 것이었는데, 미국의 법률 서비스 회사인 블랙스톤 디스커버리라는 회사가 인공지능 기반의 문서 검토 및 증거 조사 소프트웨어인 이디스커버리(e-discovery)를 이용해서 아주 싸게 서비스를 제공하고 있으니 이제 내가 변호사와 경쟁하는 게 아니라 그 망할 놈의 기계와 경쟁하게 생겼으니 울화통이 터져서 못 살겠어. 게다가 그놈이 점점 세지고 있으니 어쩌면 좋아?

　- **향단**: (공감하듯) 맞아. 나 같은 작가도 그러니 너는 더 심할 거야.

나도 컴퓨터가 독자의 눈높이에 맞는 드라마나 소설을 기획하는 것은 물론, 가장 감동적인 스토리 라인을 정해서 출력해 준다니까! 그동안 인간에게 감동을 주었던, 영화, 드라마, 연극, 오페라, 심지어 다큐멘터리를 모두 분석해서 어떤 것이 독자들에게 먹히는지 연령대별로, 직업대별로 분석하니 대박은 안 나와도 쪽박도 안 나오는 구조야. 예전에는 사람과의 경쟁이었는데 요새는 경쟁 상대가 하나 더 늘었어. 그 경쟁 상대가 만만치 않아. 요새는 PD나 출판사 사장들이 내 분석보다는 인공지능이 분석한 것을 신뢰한다니까. 이른바 '감(感)'이 먹히던 시대가 지나 버렸어.

- **춘향**: (어이가 없다는 듯) 향단아, 너 나 약 올리는 거지? 작가는 감정과 경험이 중요한 창조적 직업인데 어떻게 인공지능이 네 영역을 침범할 수 있겠어?

- **향단**: (더 어이가 없다는 듯) 무슨 소리 하고 있는 거야? 절대적이라는 것은 없어. 변호사들도 잘나가는 사람은 여전히 잘나가던데 뭘 그래?

- **콩쥐**: 맞아. 향단이 말이 맞아. 춘향이식으로 말하면 나 같은 컴퓨터 프로그래머들은 인공지능 시대에 필수적인 직업군인데 현실은 그렇지 않아. 컴퓨터 프로그램 영역에서는 오래전부터 인공지능이 들어와서 마치 터줏대감처럼 활동하고 있는 영역이지. 모든 게 상대적이야. 인공지능 시대라고 달라질 게 없어. 관심을 가지고 시장 상황을 분석하면 나름대로 살아갈 방도가 생기는 거지. 그런데 인간이 변화하는 직업군에 따라 인간이 얼마나 변신할 수 있는지가 문제이지.

- **팥쥐**: 그리고 보니 나 같은 야구 선수가 제일 속 편한 직업이군.

적어도 인공지능이 야구 선수를 하려고는 하지 않을 테니까. 하지만 그러면 뭘 하니? 우리는 부상이 있거나, 나이가 들거나, 성적이 나쁘면 인공지능과 상관없이 그만두어야 하는 직업이잖아.

(그때 스타 셰프 이복현이 이들 옆을 지나간다. 네 명의 처녀들, 논쟁을 그만두고 이복현이 자신들에게 관심을 보일까 몰래 거울을 보거나 화장을 고치고 있다. 이복현, 이들이 그러거나 말거나 그냥 지나쳐서 한 여자 앞에 가서 앉는다. 그녀는 요즘 잘나가는 코미디언 신데렐라이다. 이름과는 전혀 어울리지 않게 미모는 별로다. 향단이, 밥맛이 없다는 듯 고개를 돌린다. 다른 사람도 "재수 없어!"를 외치며 이야기하느라 먹지 못했던 스파게티를 먹느라 고개를 돌린다.)

#2. 이복현과 신데렐라의 대화

- **이복현**: (꿈을 꾸듯 신데렐라를 바라보며) 신데렐라, 당신은 어쩌면 그렇게 인간적인 냄새가 나는지 모르겠소. 내가 당신을 좋아하는 이유도 바로 그런 것이오.

- **신데렐라**: (어이가 없다는 듯) 나를 놀리려는 거지요? 세상 모든 사람들은 다 예쁘게 생기고 나만 이렇게 못생겼으니 내가 마치 동물원 원숭이 같은 느낌이 드는 거지요? 아니면, 움직이는 장난감 정도?

- **이복현**: (서글픈 표정으로) 그런 소리 하지 마시오. 세상의 미인들은 다 성형한 것이오. 그들이 어찌 인간이겠소. 인공지능이지요. 나는 매번 인공지능과 요리 대결을 하는 사람이오. 겉모습은 인간처럼,

아니 인간보다 아름답지만, 그들에게는 따스한 심장이 없소. 아니, 이건 너무 구태의연한 표현이군. 그들은 절대 웃기지 않소. 그런데 당신은 쳐다보기만 해도 웃기는 사람이오. 정말 사람 냄새가 난다는 말이오. 모든 것이 정확한 이 시대에 우리는 실수하고, 웃기고, 엉뚱하고, 진지하지 않은, 때로는 바보 같은 순간들이 그립소. 때로는 이유 없이 토라지는 그 순간들이 그립다는 말이오. 아무것도 아닌 것으로 심각하게 싸우는…. 아, 정말 치졸하고 한심스러운 순간이 왜 그리운지 모르겠소. 그런 향수를 당신이 대체해 주고 있는 것이오.

- **신데렐라:** (기가 차는 듯) 참 내, 별 미친놈을 다 보았나. TV에서는 번듯하더니 순 변태 같은 새끼구먼. (신데렐라 일어서더니 물잔을 들어 이복현의 얼굴에 뿌린다.) 그래, 내 직업은 인공지능이 대체할 수 없는 직업 중의 하나지. 감정과 경험이 중요하니까. 그것보다 더 중요한 게 뭔 줄 알아? 사람들이 나를 보면서 옛날 향수를 떠올린다는 거야. 못생김의 향수. 그게 내 경쟁력이지. 그런데 말이야. 너처럼 말하면 나도 기분이 나빠. 왜냐고? 나도 여자니까. 여자라면 다 예뻐지고 싶잖아. 그건 인공지능 시대에도 변함이 없는 진리이지.

#3. 어떤 회사의 인공지능 개발 사무실

(화이트보드가 나타난다. 거기에는 '인공지능과 노동시장의 분석'이라는 주제가 서툴게 쓰여 있다. 사람들이 오랫동안 글을 쓰지 않아 글을 쓰는 방법을 모르는 것 같은

느낌이 강하게 풍긴다. 편의상, 연구원 A, B, C 등으로 구분하기로 한다.)

- **연구원 A**: (담담한 어조로) 인공지능이 기술 발전으로 나타나는 노동시장의 본질을 바꾸는 것은 아닙니다. 경제적인 측면에서 인공지능 기술은 자동화의 발전 과정일 뿐입니다. 그러나 기존 노동자들의 기술을 빠르게 잠식할 가능성은 현대 과학기술 혁명 역사에서 컴퓨터의 발명을 제외하고는 달리 비교 대상이 없을 정도로 엄청날 것입니다. (목소리에 힘을 주고) 유례가 없을 정도로… (표현이 마음에 들지 않는 듯, 고개를 저으면서) 전무후무한 변화가 마치 쓰나미처럼, 아니 허리케인처럼 몰려와서 우리를 강타할 것입니다.

- **연구원 B**: (약간 졸린 표정으로) 그렇습니다. 인공지능이 '누군가를' 일자리에서 몰아낼 것인지를 예측하려면 그 사람이 몸담은 직종에 종합적으로 어떤 기술이 필요하며, 그런 기술을 그 사람이 행하는 일의 나머지 부분과 분리할 수 있는지, 그리고 인공지능의 적용 여부를 떠나서 자동화하기가 기본적으로 얼마나 쉬운지를 따져 보아야 합니다. 일률적으로 예측한다는 것은 어렵습니다. 미래는 불확실하기 때문에 미래입니다. 변동성의 방향과 모습을 예측할 수 있다면 미래는 더 이상 미래가 아닙니다. 직업의 미래 또한 마찬가지입니다. 직업의 세계에서 사라진 직업을 설명하기는 쉽지만, 미래에 각광받을 직업을 제대로 예측하기란 어려운 법입니다. 우리가 그동안 미래를 예측했다고 하면서 발표한 것들이 현실적으로 얼마나 맞았습니까? (좌중을 한번 둘러보면서) 그런 이유로, 미래학 분야의 세계적 석학인 하와이대 미래학 연구소의 제임스 데이터 교수는 "누구도 미래를 예측할 수 없다. 미래 예측은 점쟁이나 하는 것"이라고 말할 정도입니다.

- **연구원 C:** (약간 의아한 표정으로) 그렇다면 우리가 이렇게 토론하는 것도 의미가 없다고 할 것입니다. 현실적으로 가능한 데이터나 경험을 근거로 미래를 예측하는 것입니다. (연구원 C, 슬쩍 연구원 B를 본다. 연구원 B는 너 잘났어, 하는 표정이다. 연구원 C, 연구원 B의 표정을 무시하고 말을 계속 이어간다.) 기술에 따라 다르기는 하지만 원칙적으로는 어떤 노동자가 활용하는 고유 기술이 적을수록 기계로 대체될 가능성이 크다고 할 수 있습니다. 그러나 자동화로 전문적인 영역이나 경험의 일부만을 대체하는 데 그치더라도 그 분야 노동자들의 생산성이 높아지면 전체적인 일자리 개수가 줄어드는 결과로 이어지기도 합니다. 연구원 C가 말한 대로 예측하기가 쉽지 않다는 것입니다. 하지만 분명한 것은 기존에 자동화의 손길이 미치지 않았던 많은 영역에서 인공지능이 생산성을 극적으로 향상시킬 수 있습니다. 때문에 다른 한편으로는 많은 직종에 엄청나게 파괴적인 영향력을 행사할 위험도 있습니다. 예를 들면, 대형 로펌이나 대형 병원에서 변호사나 의사를 많이 줄일 수 있을 것입니다. 수많은 데이터를 인공지능을 통해서 공급받을 수 있기 때문입니다.

- **사회자:** (답답하다는 듯 자리에 앉아 있다가 일어선다. 약간 화가 난 표정이다.) 보통 사람들이 알고 싶은 것은 내 일자리가 향후 어떻게 될 것인가의 문제와 향후 일자리를 찾고자 하는 사람들이 내가 어떤 일자리를 찾아야 안정적일 것인가, 하는 문제입니다. 좀 더 구체적인 문제로 들어가서 토론해 주시면 감사하겠습니다.

- **연구원 D:** (웃으면서 사회자를 본다.) 안 그래도 제가 막 발표하려고 했습니다(웃음. 하지만 아무도 웃지 않으니까 약간 당황한 표정이다. 서둘러 말을 한다). 미국 공영 라디오 NPR이 2015년 5월에 각 직업의 기계 대체

가능성을 백분율로 표시해서 발표한 자료가 있어 소개하고자 합니다. NPR 자료에 따르면, 20년 이내 로봇에 의해 사라질 위험이 가장 높은 직업 1위는 99%의 로봇 대체 가능성을 보인 텔레마케터입니다. 2위는 세무대리인(98.7%), 3위는 각종 기계의 타이머 조립공(98.5%), 4위는 대출업무직(98.4%), 5위 은행원(98.3%), 6위 스포츠 경기 심판(98.3%), 7위 납품 조달 담당 직원(98%), 10위 신용분석가(97.9%), 12위 패션모델(97.6%), 13위 법률회사 비서(97.6%), 14위 회계 담당자(97.6%), 17위 식당 요리사(96.3%), 20위 전자제품 조립고(95.1%)입니다.

- **사회자**: 안전한 직업은 도무지 없는 겁니까? 모두 다 사라져야 합니까? 1위와 20위 차이도 그다지 크지 않아서 순위가 별로 의미가 없어 보입니다.

- **연구원 D**: (웃으면서 사회자를 본다.) 안 그래도 질문이 들어올까 봐 준비했습니다. 가장 안전한 직업은 정신건강과 약물 복용을 다루는 사회복지 상담사와 재활치료 의료사로 0.3퍼센트의 대체 가능성을 보였습니다. 초등학교 교사, 치과 의사, 내과 의사, 외과 의사, 서예가, 영양사 등도 0.4퍼센트를 기록했습니다. 그 밖에 몇 가지만 더 말씀드리면, 컴퓨터 프로그래머 48.1퍼센트, 판사 40.1퍼센트, 배우 37.4퍼센트, 운동선수 28.3퍼센트를 나타냈습니다.

- **연구원 A**: (자다가 벌떡 일어난 듯한 표정으로) 그게 절대적인 기준은 아니죠? 미래는 아무도 모르니까요. 제 말이 맞죠? (연구원 D가 어이없다는 표정으로 연구원 A를 보자, 연구원 A가 '그래, 어쩔 건데. 한번 해 보겠다는 거야?' 하는 표정으로 연구원 D를 본다. 사회자, 서둘러 말한다.)

- **사회자**: 이상으로 '인공지능과 노동시장의 분석'이라는 주제의

토론을 마치겠습니다. 토론에 응해 주신 연구원 여러분 감사합니다. (회의가 끝난 후, 연구원 A와 D는 인근 호프집에서 뒤풀이를 하는 과정에서 나이 차이로 말다툼을 하다가 경찰서로 끌려간다. 먼저 반말을 하던 연구원 A가 나이가 더 적은 것으로 판명되어 결국 연구원 D에게 형님이라고 부르면서 사건은 일단락되었다.)

#4. 우투리 TV 조연출의 방

인공지능이 노동시장을 어떻게 변화시키는지, 그리고 그 해결 방안은 있는 것인지에 대한 방송이 나간 후에, 조연출은 아쉬운 게 남아 있는지 모두 한잔한다면서 포장마차로 간 후에도 자신의 방에 남아서 노트북을 켠다. 카메라, 조연출이 노트북의 마우스를 잡는 장면을 비추다가 득달같이 노트북 화면으로 다가간다. 노트북 화면이 화면 전체로 잡힌다. 거기에는 이렇게 적혀 있다.

'제목: 방영하려고 준비했으나, 메인 PD가 거부해서 잘린 내용, 누가 과실을 따 먹는가.'

인공지능이 가져오는 기술혁명의 혜택을 누리게 될 사람들은 누구인가? 인공지능이 노동의 자본 대체 현상을 가속화하기 때문에, 자본이 있는 사람들은 노동 능력이 주요 자산인 사람들의 희생으로 득을 보게 될 것이다. 소득 불평등은 이에 절박한 사회적 문제로 떠올랐는데 앞으로는 더욱 악화될 가능성이 높다. 이토록 치명적으로 파괴적인 영향을 피할 길은 진정 없는 것일까?

인공지능 시대에 노동을 기반으로 하는 경제는 일을 통해서 창출한 부의 대부분을 노동을 제공한 사람이 소유할 수 없다는 점이 문제이다. 이 문제는 이미 산업혁명 시대에도 증명이 되었다. 인공지능 시대에는 이런 문제가 더 심화된다는 것이다. 노동을 통해서 창출된 부의 일부분은 노동자의 생산성을 더 높일 방법(자동화)을 찾는 데 쓰인다. 그렇게 되면 많은 사람들이 일자리를 잃을 것이다.

누가 이런 모순을 바로 잡을 것인가. 정부가 나서야 할 것이다. 기본소득제도 같은 방안을 강구해야 한다. 최소한의 생활을 할 수 있도록 조치를 취해야 한다는 말이다. 이것은 절대 선일까? 아니다. 돈만 주고 일자리를 안 주면 이 사람들이 그 돈으로 마약이나 하고, 섹스나 즐기게 될지도 모른다. 노동이 주는 즐거움과 신성함을 잃어버린 사람들이 갈 곳이 어디에 있겠는가. 나중에 사람은 히피거나 혹은 여피거나 둘 중 하나가 될 가능성도 있다.

인공지능은 우리가 일하는 방식을 바꿀 것이다. 노동인구의 상당수는 사람들보다 더 잘, 더 빠르게, 더 낮은 비용으로 수행하는 인공지능과 경쟁해야 한다. 질 게 뻔한 게임이다. 이런 상황에서 우리가 고민해야 할 부분은 그에 따른 증대된 부를 어떻게 공평하게 나눌 것인가의 문제이다. 현재 이런 발전의 수혜자는 자본이 있는 사람들이며, 지금과 같은 경제체제가 지속되는 한 수익은 계속해서 그들의 지갑으로 흘러들 수밖에 없다.

자본이 일부 엘리트 계층에만 집중되는 자본주의 경제가 극단으로 발전한다면, 상위에 있는 몇 퍼센트의 사람들이 모든 것을 통제하게 된다. 자본을 분배하는 수요와 공급의 정상적인 역할은 더 이상 작동하지 않는다. 지금까지 인류의 최고의 발명품이라고 할 수 있는 자본주의와 시장경제의 원리는 더 이상 우리 사회에 존재하지 않는 '지나간 시스템'이 될 가능성이 크다. 간단히 말해서 누가 일을 할지, 즉 누가 살고 누가 죽을지를 말 그대로 부자들이 결정할 수 있게 된다. 이 시대의 파라오가 등장하는 셈이다. 왕정 시대로의 회귀?

구글의 래리 페이지는 2014년 3월에 있었던 테드 강연에서 이런 말을 했다.

"제 수십억 달러 유산을 자선단체에 기부하기보다는 세상을 바꾸는 아이디어를 가진 기업에 양도하겠습니다. 머스크는 제게 좋은 본보기입니다."

머스크는 플라잉 카(하늘을 나는 차)를 개발하는 데 몰두하고 있다. 레리 페이지가 1억 달러(1,130억 원)를 투자한 스타트업 '키티오크'의 플라잉 카이다. 2017년 말부터 시중에 판매되고, 곧 100달러만 내면 타 볼 수 있는 행사도 연다고 한다. 그들은 더 많은 부를 축적할 수 있는 '독점기업'을 끝없이 찾아 헤매는 것이다.

많은 부를 소유하고 있는 사람들이 자선단체에 기부하지 않는다고 해서 그들을 막을 방법은 없다. 그들의 의사를 존중해야 하는 것이 자본주의와 시장경제주의이기 때문이다. 아닌 말로, 로빈 후드처럼 부자에게 빼앗아서 가난한 사람에게 줄 수는 없지 않은가. 사회가 정의롭지 못하다고 해서 홍길동처럼 활빈당을 만들 수도 없다는 말이다. 이 때문에 일반 대중들이 유복한 극소수 계층이 원하는 사치품을 만들기 위해 일하는 세상은 소름 끼칠 정도로 실제적이고 실현 가능하다. 산업혁명 시대에 엄청나게 많은 노동자들이 생계를 위해서 공장에서 노예처럼 일했다. 그들은 자유와 임금을 바꾸었다. 왜? 생존을 위해서이다. 인공지능 시대에는 이보다 훨씬 더할 것이다.

부를 공평하게 나누는 문제는 부자에게서 돈을 빼앗아 가난한 사람에게 주는 방법이 아니라, 새롭게 창출된 부를 분배하는 방식을 바꿈으로써 해결할 수 있다. 생산성과 효율성이 증대되면서 새로이 창출되는 자산이 부유한 상류층 호주머니에 들어가지 않고 더 많은 사람들에게 돌아가도록 '게임의 법칙'을 바꾸는 방법이, 사후에 부를 배분하는 것보다 훨씬 쉽다(말은 참 쉽다. 말대로 되면 얼마나 좋아. 부자들이 반대하면 어떻게 되는 거야? 부자들이 헌법을 바꾸어서 참정권을 제한하면 가난한 사람은 노예가 되는 건가? 노예라도 해서 먹고살 수만 있다면 해야 하나?).

또한, 정부가 소유하고 있는 자산을 적절하게 사용하여 사회적 불평등에 대한 국민 간의 위화감을 줄이려는 정책을 지속적으로 전개해야 한다. 한마디로, 프랑스혁명 같은 일이 일어나기 전에 미연에 방지해야 한다는 것이다.

그렇지 않으면 바스티유 감옥과 같은 사건이 세계 도처에서 일어날 개연성은 충분히 있다.

정부는 재산을 분배하고 활용하는 데 상당한 통제권을 발휘해야 한다. 뿐만 아니라 사회적인 목표를 설정하고 달성하기 위해 새로운 재산을 조성하거나 사용을 제한하는 데에도 정부가 가지고 있는 권력이나 재산을 발휘해야 한다. 그리고 충분히 발휘할 수 있다.

3.
알파고, 진정한 지능이 되다

#1. 마라도 분교의 수업 시간

제주도 마라도에 있는 학교이다. 하늘은 구름 한 점 없이 맑다. 바다도 잔잔하다. 창밖으로 제주도에서 마라도로 오는 배가 보인다. 작은 교실에는 학생 네 명이 있다. 6학년이 하나, 5학년이 둘, 4학년이 한 명이다. 남자가 둘, 여자가 둘이며, 선생님은 젊은 남자다. 선생님이 교실에 들어오자, 반장이 일어나서 "차렷, 경례!" 하니까 아이들이 일제히 "안녕하십니까?" 한다. 선생님은 아이들에게 답례를 하고 분필을 들어 칠판에 쓴다. 칠판에는 '참된 지능이란 무엇인가'라고 적혀 있다. 아이들, 약간 어리둥절한 표정으로 각자의 노트에 따라서 쓴다.

- **선생님**: 20세기 초반까지만 하더라도 지능은 생명체의 전유물이라는 명제가 자명한 것으로 받아들여졌다. 하지만 지금은 상황이 다르다.

- **6학년 남학생**: 인공지능 때문에 그런가요?

- **선생님**: 그렇다. 이세돌 구단이 인공지능인 알파고에게 진 것 다 알고 있지?(아이들 모두 힘차게 "예"라고 대답한다)

- **선생님**: 그럼 선생님이 질문 하나 해 보자. 인공지능은 참된 지

능일까? (아이들, 선생님의 질문이 무엇인지 알지 못한다는 표정이다. 선생님, 고개를 끄덕인 다음, 설명을 시작한다) 인간의 지능 또한 두뇌라는 탄소화합물 기계가 작동한 결과이다. 그런데 왜 인간의 지능은 참된 지능이며, 기계의 지능은 진짜 지능이 아닌 '인공'지능이란 말인가? 만일 재료가 문제라면 인공지능의 중앙처리장치를 탄소화합물로 만들면 그것을 참된 지능이라고 할 수 있을까? (선생님이 흥분하는 모습에 비례적으로, 아이들은 어서 수업이 끝나서 바다를 보고 공을 차기를 원하는 모습이다. 선생님, 아랑곳하지 않고 작정한 듯 말을 이어간다.)

인공지능을 진정한 지능이라고 여기지 않는 이유는 그것이 해결해야 하는 문제가 그 자신의 문제가 아니라 인간이 제시한 문제이기 때문이다. 인공지능은 인간의 번영과 복지를 위해서 사용되고 있다. 같은 문제라도 그 문제가 자기 자신의 것인 경우와 다른 주체로부터 위임받은 것인 경우에 따라 해결 방법은 달라질 수가 있다. 다시 말해서, 의사 결정을 내릴 때 선택 가능한 해결법의 효용 값은 문제 풀이의 주체가 인간(혹은 생명체)일 때와 인공지능일 때 달라진다는 것이다. 지능은 그것의 주체와 분리해서 생각할 수 없는 것이다.

- **6학년 남학생**: 이번에 이세돌을 이긴 알파고는 딥러닝(Deep learning)이라는 알고리즘을 이용해서 스스로 자신이 원하는 값을 산출했다고 들었어요. 그렇다면 알파고는 인공지능이 아니라 참된 지능이라고 불러야 하지 않나요? 선생님이 참된 지능은 자기 자신의 것이라고 했잖아요. 처음에 알파고를 만든 사람이 모든 데이터를 입력했지만, 그 데이터를 이용해서 이세돌을 이긴 것은 알파고 자신이었어요. 알파고가 이세돌을 이길 수 있는 방법을 찾아낸 거니까

선생님의 논리대로 하면 알파고는 인공지능이 아니라 진정한 지능이 아닌가요? (그때, 끝나는 벨이 울려서 선생님과 6학년 남자와의 대화는 더 이상 이어지지 않았다. 6학년 남자아이의 손에는 스마트폰이 들려져 있고, 사물함에는 노트북도 있다. 컴퓨터에 대한 지능이 다른 아이들보다 월등하게 빠른 아이이다. 얼마 전에 서울 강남에서 이사했다고 한다.)

#2. 어떤 회사의 인력개발 사무실

(스크린 화면이 서서히 내려오면서 빔프로젝터에서 쏘는 화면이 나타난다. 노트북에서 빔프로젝터를 거쳐 스크린에 투사된 화면이다. 사람들이 화면을 중심으로 칠판이 있는 교실처럼 앉아 있다. 화면에는 '똑똑한 인공지능'이라는 글씨가 박혀 있다. 사람들의 이름을 일일이 거론할 수 없으므로, 편의상, 연구원 A, B, C 등으로 구분하고, 발표한 사람은 발표자로 하기로 한다.)

- **연구원 A:** (담담한 어조로) 1997년 딥블루(Deep Blue)가 1500년 체스 역사상 최고의 선수로 평가되던 러시아의 가리 카스파로프를 6전 2승 3무 1패로 물리쳤습니다. 공식 경기에서 인공지능이 인간을 이긴 데다가 그 대상이 천재로 이름 높던 체스 챔피언이라는 점에 세계가 경악했습니다. 오랫동안 사람들은 체스 게임이야말로 기계로 대체되는 자동화의 물결 속에서도 끝까지 버텨낼 인간만의 지적인 보루라고 철석같이 믿어 왔기 때문이었습니다.

- **연구원 B:** (약간 아재 개그 욕심이 있다는 표정으로) 그렇다면 카스파로프가 더 대단한 것 아닌가요? 그래도 세 번이나 비기고 한 번은 이

겠잖아요. (주변의 반응이 싸늘한 것을 느끼고 혼자 웃으려다가 멈춘다. 그 모습이 고스란히 화면에 잡힌다.)

- **연구원 C**: (분위기를 반전하려는 듯이) 카스파로프는 딥블루에 패한 후, 도저히 그 사실을 믿을 수 없어서 다시 도전했지요. 2003년에는 딥주니어(Deep Junior)와 여섯 차례 경기를 치릅니다. 3승 3패로 무승부를 이루지요. 2003년 11월에도 카스파로프는 컴퓨터 체스 프로그램 X3D 프리츠와 경기를 펼쳤으나, 1승 2무 1패의 무승부로 끝낸 후에 체스계를 떠났습니다. 결국 체스 게임에서 인간은 인공지능을 이길 수 없다는 서글픈 결론에 도달하고 만 거지요.

- **연구원 D**: (지루하다는 듯 하품을 하다가 하품하는 자신의 모습이 화면에 보이자 화들짝 놀라면서 얼른 손으로 입을 막는다.) 이러한 논쟁에 바둑이 끼어들었습니다. 인공지능이 인간을 추월할 수 있느냐는 논쟁의 근저에 로봇은 결코 바둑 고수를 이길 수 없다는 전제가 깔려 있습니다. 인공지능이 체스를 점령했지만 바둑은 넘볼 수 없는 영역이라고 여겨졌던 이유는 바둑은 체스와는 달리 영토를 두고 싸우며 경우의 수가 훨씬 복잡하기 때문입니다. 체스는 첫 번째에 20가지의 경우의 수가 있으나 바둑은 첫 착점만 19×19인 361개나 됩니다. 또한, 바둑에서 발생할 수 있는 경우의 수는 어마어마하기 때문에 인공지능이 그것을 다 프로그래밍할 수 없을 것이라고 생각한 것이지요.

- **발표자**: (서론이 너무 길다는 듯 끼어들며) 구글 딥마인드(Deep Mind)가 개발한 알파고(AlphaGo)가 드디어 바둑의 세계에 도전장을 내밀게 됩니다. 딥마인드는 2010년 케임브리지 대학교 출신들이 세운 스타트업 기업으로 2014년 1월 구글이 인수하였습니다. 딥마인드는

2015년 유럽 챔피언인 판후이 2단에게 5전 전승을 거두게 됩니다. 곧바로 10여 년 동안 세계 바둑계를 평정한 이세돌 9단을 겨냥합니다. 이때 이세돌의 심정은 어땠을까요? 여기서 잠깐 이세돌 9단의 인터뷰 영상을 보시겠습니다. (화면에는 이세돌 9단의 모습이 나온다. 육성과 동시에 자막으로도 처리된다.)

- **이세돌:** 판후이 2단을 꺾은 기보를 보니 아마추어 최고 수준으로, 나와 붙을 수준은 아니라고 생각했습니다. 알파고의 기력은 프로 3단 전후로 생각됩니다. 전승을 확신합니다. 아무래도 인간의 직관력과 감각을 인공지능이 따라오기는 무리가 아닐까 생각했습니다. 그러다가 제가 컴퓨터에 관심이 많아서 알고리즘에 대한 설명을 들어보았는데, 인공지능이 직관을 어느 정도 모방할 수 있겠다는 생각이 들었습니다. 전승을 기대하기는 좀 어려울 것 같습니다.

- **연구원 A:** (담담한 어조로) 2016년 3월, 뚜껑을 열어 본 결과 이세돌 9단은 1승만 건진 1승 4패로, 100만 달러 상금은 알파고에게 돌아갔습니다. 인간의 마지막 보루, 즉 어떤 일이 있더라도 컴퓨터가 인간을 이길 수 없다고 장담한 바둑에서 최고수가 완패한 것입니다. 바둑계의 분석에 따르면, 이세돌 9단은 프로와 준프로 기사 1,202명의 협업 플레이를 상대한 셈이라고 합니다. 그뿐만이 아닙니다. 2017년에는 알파고가 더 진화한 모습으로 나타나 세계 최고의 바둑인 중국의 커제를 이겼습니다. 그러고는 알파고는 바둑계를 떠나겠다고 선언했습니다. 더 이상 인간은 알파고의 적수가 될 수 없음을 '과시'한 것입니다. 눈물을 흘리는 커제의 모습이 인공지능에 굴복하는 인간의 모습일까요? 썩 유쾌한 모습은 아닙니다.

#3. 서울대학교 동아리방

(화면에는 서울대학교 정문이 보이다가, 어느 조그마한 3층 붉은 벽돌 건물로 카메라가 옮겨간다. 다시 한 사무실로 카메라가 이동한다. 입구에는 '로봇공학 동아리방'이라고 적혀 있다. 교수로 보이는 사내 한 명과 학생으로 보이는 사내 두 명, 그리고 여자 두 명이 보인다. 편의상 교수, 남학생, 여학생으로 구분하고자 한다.)

- **교수:** (칠판에 무엇인가를 쓰다가 돌아선다) 인공지능 또는 로봇공학을 평범한 기계 자동차와 차별화하는 가장 실질적인 기준은 그 무엇보다도 개발하려는 기계가 일반적인 업무에 투입할 수 있는지의 여부이다. 로봇공학의 대표적인 성과가 자율 주행 자동차다. 자율 주행 자동차는 지난 시간에 설명했으니 건너뛰기로 한다. 다시 말하지만, 인공지능 기술을 이용하면 사람이 할 수 없는 일에 로봇을 투입할 수 있어서 경제적인 측면에서 완전히 새로운 기회가 열릴 것이다.

- **남학생 1:** (공감이 간다는 표정으로) 중세시대의 노예 같은 건가요?

- **교수:** (약간 난감한 듯) 글쎄, 맞기도 하고 틀리기도 하다. 그것은 나중에 논의하기로 하고, 아무튼 로봇공학은 사람이 하기에는 너무 위험하거나 비용이 많이 드는 모든 종류의 일에 대단한 가치를 발휘한다. 이를테면, 해저 광산 채취, 해저 농경, 특정 곤충을 제거하는 포식자 로봇으로 농해충 제거하기, 산업재해 조절하기가 대표적일 것이다. 사람이 갈 수 없는 우주선 탐험 등에는 오래전부터 로봇공학이 이용되었다. 로봇이 지질 표본을 채취하고, 생물체를 탐색하고, 소행성을 폭파하고, 지구를 위협하는 천체의 경로를 바꾸는 임무 등에 투여되면서 지구 밖의 다양한 활동에 유용하게 쓰

일 가능성이 점점 높아지는 것이다. 우리가 자주 들어온 나사의 화성 탐사선 오퍼튜니티(Oppyunity)와 큐리오시티(Curiosity)가 대표적이라 할 수 있다.

- **여학생 1**: 노인 의료 분야에서 병약자, 노인, 장애인을 돕는 로봇 개발도 유용하다고 들었습니다. 심리치료 로봇(Paro)은 인지기능 손상을 겪는 환자들에게 '동물 치료'와 같은 효과를 주어서 인기가 좋다고 합니다. 복슬복슬한 아기 물개 모양을 한 이 로봇은 안거나 쓰다듬는 등의 행동에 반응하도록 만들어졌다고 합니다. 노인들이나 자폐 증상이 있는 아이들에게 로봇이 친구가 될 수 있는 것 같아요. 실제로도 노인들이나 아이들이 파로와 헤어지기 싫어서 임대 기간을 연장하거나 아예 구입한 복지센터도 있다고 합니다.

- **여학생 2**: 오락적인 용도로 활용할 수도 있겠지요. 알데바란 로보틱스와 소프트뱅크 모바일에서 만든 페퍼(pepper)는 사람의 의도를 읽고 그에 맞게 대응한다고 들었습니다. 진공 청소 로봇 룸바(Roomba)도 인간에게 유용한 로봇공학이라고 할 수 있겠지요.

- **교수**: 난 말이다. 스웜 로보틱스(Swarm Robotics)를 꼽고 싶다. 스웜 로봇은 크기가 따로 정해져 있지는 않지만, 곤충처럼 작거나 심지어 현미경으로 관찰해야 할 정도로 소형이다. 그런 이유로 '나노 로보틱스'라고 불리는 로봇을 중심으로 개발한다. 스웜(swarm)이라는 뜻 자체가 떼, 혹은 벌떼라는 뜻이니 대충 어떤 모습인지 연상이 될 것이다. 이 '벌떼'들에게 일정 규칙을 프로그래밍하면 무너진 건물 잔해에서 사람을 찾거나 독극물 방출을 감지하는 등, 인간이 접근하기 어려운 곳에서 아주 유용하게 활용할 수 있다.

- **남학생 2**: (적어 온 것을 거의 읽듯이 말한다.) 인공지능을 활용한 다른

기술들은 비교적 그 경계가 명확하지만, 로봇 공학은 공장에서 반복적인 행동을 수행하는 간단한 기계부터 환경을 감지하고, 추론하고, 행동에 나서고, 새로 알게 된 사실에 따라 계획을 수정하는 복잡한 시스템까지 다양하게 전개되기 때문에 그 분야의 경계가 불분명하다고 들었습니다. (교수와 다른 학생들, 남학생 2의 발표에 놀란다. 평소 수업 시간에 졸기만 하는 학생이기 때문이다. 남학생 2, 뒷머리를 긁적인다.)

- **교수**: 컴퓨터 비전(Computer vision)은 인간이 전혀 볼 수 없는 '장면'들도 컴퓨터를 기반으로 한 도구를 사용하면 '시각화'할 수 있도록 해 준다. 지하에 매장되어 있는 원유층, 뇌종양, 콘크리트 댐의 결함 등은 컴퓨터 비전을 통해 확실하게 파악할 수 있다. 〈터미네이터〉라는 영화에서 터미네이터는 적외선 장치를 통해서 우리가 볼 수 없는 곳을 보는데…. (그때, 교수의 핸드폰이 울린다. 교수, 만면에 웃음을 띠면서 전화를 받는다. 통화가 길어진다. 통화 내용으로 보아 이번 내각에 들어오라는 청와대 전화인 것 같다. 학생들, 오늘이 교수와 함께하는 동아리 마지막 시간이라는 것을 본능적으로 느낀다.)

#4. 카이스트 컴퓨터공학과 어느 교수의 방

(젊은 교수가 연구실에 앉아 있다. 카메라는 교수가 노트북으로 작업하는 장면을 잠깐 비추다가, 아예 노트북 화면으로 들이닥친다. 노트북 화면에는 '프로젝트 제목: 하향식 주입, 어떻게 할 것인가'라고 적혀 있다. 이후에 교수가 마우스를 클릭하는 모습이 잠깐 보이다가 카메라는 득달같이 노트북 화면으로 달려간다. 하지만 화면에는

아무것도 없다. 빈 화면에는 커서만이 깜박이고 있다. 그때 핸드폰이 울린다. 교수, 핸드폰을 받는다. 여기에서는 편의상 전화를 받는 교수를 A라고 하고, 전화를 한(화면에 보이지 않는) 교수를 B라고 부르기로 한다.)

- **교수 A:** (장난기 있는 목소리로) 어쩐 일이야? 전화를 다 하고. 내가 보고 싶은 거야? 내가 좀 매력이 있기는 하지. 안 그래?

- **교수 B:** (목소리만 들린다.) 아침부터 왜 그래? 어디 아파? 카페 김마담이 다른 남자에게 눈을 돌리나 보지? 쓸데없는 소리는 그만하고, 하향식 주입 연구는 잘되어 가고 있는 거야? (교수 목소리가 사라지면서 우투리 목소리가 다시 나오고, 화면에는 우투리가 말하는 내용이 아래에서 위로 계속 올라간다.) 하향식 주입이란 인간이 태어나면서 선천적으로 얻는 지식을 말하고, 상향식 주입이란 태어난 후 얻어지는 정보를 상황에 따라 활용하는 것을 의미한다. 인간은 하향식 주입과 상향식 주입으로 형성된 지식을 자연스럽게 취득한다. 인공지능을 제대로 사용하기 위해서는 인간이 얻고 있는 지식의 방식대로 해야 한다. 즉, 인공지능 연구자들은 인공지능에 인간이 선천적으로 가지고 태어나는 정보를 하향식 주입을 통해 입력한 후에, 인간이 태어나면서 얻은 지식을 상향식으로 주입하면 된다고 생각한다. 문제는 그다음이다. 인공지능에 정보를 입력시키려고 착수하자마자 커다란 문제에 직면하게 된다. 하향식 주입이 의미 있게 작용하기 위해서는 주어진 상황에 적용할 수 있는 지식과 규칙을 모두 입력해야 하기 때문이다. 참으로 어마어마한 작업이다. 아직은 엄두가 나지 않는 작업임에 틀림이 없다. 이론과 현실의 괴리의 대표적인 작업이라고 말하고 싶다.

- **교수 A:** (울먹이는 목소리로) 큰소리는 쳤는데 별로 진전이 없어 걱

정이야. 안 그래도, 정부에서 지원금을 받은 이후에 실적이 전혀 없다고 매일 닦달이야. 젠장! 연구가 그렇게 말처럼 될 것 같으면 누구나 연구원 하지. 안 그래? 왜 그렇게 안달을 하는지 모르겠어.

- **교수 B**: 그러게 말이야. 다르파(미국국방부고등연구계획국: Defence Advanced Research Project Agency, DARPA, 미국 국방부 산하 기관. 초대형 컴퓨터, 패킷 통신 기술, 인공지능 등의 개발을 담당한다)는 사변적인 연구에도 잘도 지원해 주어서 엥겔바트 같은 사람을 키웠는데 말이야. (다급한 목소리로) 이런! 우리 낭군 전화다. 다음에 전화할게. A 교수는 잘할 거야. 대한민국 최고잖아. 난 믿어. 파이팅!

- **교수 A**: 대한민국 최고? 개뿔. (핸드폰을 던지고, 노트북에 있는 화면에서 아이콘을 더블 클릭한다. 동영상이 하나 재생된다. 다음은 동영상 내용이다) 화면에는 인공지능이 하나 서 있고, 그 위로 빠르게 야구공이 날아간다.

- Duck, it's a ball.

인공지능은 피할 생각은 하지 않고 오리 소리를 내면서 춤을 추기 위해 움직이려고 하다가 공을 맞고 쓰러진다. 내부 고장인지 더 이상 움직이지 않는다. 남자 하나가 나타나서 인공지능을 들고 벽에 던진다. 인공지능의 파편이 천천히 퍼지면서 자막이 나온다.

이 문장은 공이 날아가니까 머리를 숙여 공을 피하라는 의미일 수도 있고, 오리와 파티에 관한 이야기일 수도 있다. 왜냐면, 'duck'이라는 단어에 '오리'라는 뜻 이외에 '머리나 몸을 확 수그리다, 또는 머리나 몸을 움직여 피하다'라는 뜻이 담겨 있기 때문이다. 마찬가지로 'ball'이라는 단어에는 '공'이라는 의미 외에도 '큰 규모의 격식을 갖춘 무도회'라는 뜻이 있다. 심지어 미국의 속어로는 '남자가 여자와 섹스를 하다'라는 뜻도 담겨 있다.

한국말에도 이중의 뜻이 담겨 있는 것이 많다. 여자의 '싫다'는 말이 곧이곧대로 싫다는 말인지, 아니면 좋다는 말의 반어법인지 알아내기란 쉽지 않다. 그 문장 하나로는 알 수 없다. 앞뒤의 말과 그 대화가 이루어지고 있는 현장에서의 미묘한 변화를 감지해야 해석이 가능하다. 과연 인공지능이 이런 일들을 모두 감당할 수 있을까? 쉽지 않은 문제이다. 오감을 통해서 바라보면 아주 쉬운 문제인데도 일일이 서술형으로 말하다 보면 그 본래의 뜻과 전혀 달라지거나 설명하기가 복잡해질 수 있다.

여기에서도 마찬가지이다. 이 문장을 순간적으로 이해하기 위해서는 인공지능은 오리가 무도회를 열지 않는다는 것을 알아야 한다. 심지어 인간의 대화를 이해할 수 없다는 사실 정도는 알고 있어야 한다. 하지만 인공지능에 이를 설명하기 위해서는 상당히 복잡한 과정을 거쳐야 한다. 또한, 인간이 손으로 혹은 도구를 이용하여 공을 던지면 공이 날아갈 수 있다는 것을 알아야 한다. 더더군다나 사람에 따라서 아주 빠르고 강하게 공을 던질 수 있는 사람도 있다는 것을 알아야 한다. 그리고 이 공을 받으면 웬만한 오리는 죽을 수도 있다는 것도 알아야 한다.

이런 복잡하고 미묘한 차이 때문에 인공지능에 언어를 교육시키면서 발견한 것은 논리게이트(알고리즘)로 무장한 인공지능이 사람이 지시한 것을 이해한 것처럼 보인다고 해서 반드시 이해하고 있다고 말할 수는 없다는 점이다. 단어와 언어 구조 사이에 담겨 있는 미묘한 차이를 인공지능이 간파하지 못하기 때문이다. 하지만 시간이 흐르면, 그리하여 더 많은 데이터가 축적된다면 충분히 알아들을 수 있을 것이다.

화면에 한 남자가 나와서 영어로 말하고 있다. 잠시 후, 자막은 그 남자가 빌 게이츠라고 표시해 준다. 게이츠가 한 말은 한국어로 번역되어 자막에 나온다.

- 인공지능이 주변 환경을 느끼면서 빠르고 정확하게 반응하도록 만드는 것은 생각보다 훨씬 어려운 과정이다. (커피를 한 모금 마신다.) 예를 들어 방 안의 특정 위치에서 소리가 날 때, 정확하게 그곳을 바라보고 소리를 분석하거나(사람의 목소리였다면 그 의미까지 알아들어야 한다.) 물체의 크기와 무늬, 질감 등으로 물체의 종류를 파악하는 것은 지금까지의 인공지능 기술을 감안할 때 다다르기 어려운 영역이라고 할 수 있다. 사람은 문과 창문을 아주 쉽게 구별하지만, 인공지능에는 이를 구별하기 위해서는 많은 시간과 노력이 필요한 작업이다. 사람은 순간적으로 파악할 수 있는 것을 인공지능은 복잡하고 단계가 많은 과정을 거쳐야 인식할 수 있는 것이다. 인공지능은 지금 도약대에 서 있다. 인공지능이 과연 성공할 수 있을지, 성공한다면 그 시점이 언제일지는 아무도 모른다. 그러나 일단 성공한다면 세상은 혁명적인 변화를 겪게 될 것이다. 아무도 그의 끝을 모르는 것이다. 그러니 더 신비하고 관심을 가질 만하지 않은가. (동영상이 끝나자, 교수 A는 노트북을 켜서 타이핑을 한다. 카메라는 잠시 교수 A가 타이핑하는 장면을 보여 주다가 득달같이 화면으로 달려든다. 다음은 화면의 내용이다.)

똑똑하지 않은 인공지능은 인간에게 필요하지 않다. 주인이 무엇을 원하는지, 무엇이 부족한지 알아차리지 못하는 인공지능을 어디에 쓰겠는가. 또한, 인간이 필요한 일을 시킬 때마다 해당 프로그램을 입력하고 일일이 지시를 내려야 한다면 인공지능은 인간에게 불편한 존재일 뿐이다. 게다가 가격도 비싸다면 누가 인공지능을 사용하겠는가. 그것은 마치 헤라클레스가 아홉 개의 머리가 달린 뱀의 머리를 자를 때마다 그의 사촌이던 이올라스가 달군 쇠로 머리를 지져야 하는 것처럼 번거롭고 불편한 일 중의 하나이다. (교수 A, 그 자리에서 머리를 박고 잠을 잔다. 금세 코까지 곤다. 아마도 며칠 밤을 새운 모양이다.)

#5. 우투리 TV 조연출의 방

(인공지능의 최전선인 알파고와 로봇공학 등에 대한 방송이 나간 후에, 조연출은 아쉬운 게 남아 있는지 모두가 불금이라면서 서둘러 퇴근한 후에도, 자신의 방에 남아서 노트북을 켠다. 카메라, 조연출이 노트북의 마우스를 잡는 장면을 비추다가, 득달같이 노트북 화면으로 다가간다. 노트북 화면이 화면 전체로 잡힌다. 거기에는 이렇게 적혀 있다.)

'제목: 방영하려고 준비했으나, 메인 PD가 거부해서 잘린 내용, 알파고는 어떻게 이세돌을 이겼는가.'

알파고는 '딥마인드'라는 인공지능 개발 업체가 만들었다. 딥마인드는 작은 기업이다. 이른바 스타트 업 기업이라고 할 수 있다. 그 업체가 가지고 있는 인공지능 기술의 미래 가능성을 보고 구글이 매입한 것이다. 그런 이유로, 우리는 '구글의 알파고'로 알고 있는 것이다. 딥마인드가 개발한 알파고는 최근의 컴퓨터 기술이 총 망라되어 있다고 할 수 있다. 한마디로 컴퓨터 기술의 총화라고 할 수 있다.

빅 데이터, 클라우드 컴퓨팅, 인공지능 등 최첨단 ICT 기술이 모두 동원되었다. 가장 중요한 것은 바둑의 확률을 수학적으로 계산하는 것이 불가능했기 때문에 딥마인드는 새로운 기법을 도입했다. 그것은 일종의 주입식 학습법과 같은 것으로, 알파고는 무작위로 바둑을 대입해 보며 예상 확률을 알아낸 뒤 가장 가능성이 높은 수를 선택하는 몬테카를로 트리 탐색(MCTS, Monte Carlo Tree Search)을 바탕으로 설계되었다. 여기에 알파고의 우수성과 비밀이 있는 것이다.

몬테카를로 트리 탐색은 선택지 중 가장 유리한 선택을 하도록 돕는 알고리즘이다. 알파고가 검은 돌로 대국을 벌인다면, 흰 돌이 어디에 놓이느냐에 따라 검은 돌을 둘 수 있도록 설계되어 있는 것이다. 이를 전문적인 용어로 설명하면, 정책망(policy network)과 가치망(value network)이라는 두 개의 신경망의 결합으로 자신이 어디에 바둑돌을 놓을지를 정한다는 것이다.

정책망은 상대방의 다음 움직임을 예측해 이길 가능성이 높은 수를 고려하도록 해 주고, 가치망은 바둑돌의 위치에 따라 승자가 누가 될지 예측한다고 한다. 이처럼 알파고의 대국은 머신 러닝(machine lerning)으로 훈련된 정책망과 가치망의 결합이 몬테카를로 트리 탐색 알고리즘을 통해 발현된 것이다. 당연히 대국이 진행될수록 알파고가 유리해지는 것이다. 그 많은 경우의 수를 인간은 돌을 두어야 하는 정해진 시간 안에 계산할 수 없기 때문이다.

알파고의 개발자 허사비스에 따르면, 그는 알파고를 개발하면서 바둑 기사의 대국 기보 3,000만 건을 입력했다고 말했다. 이후 알파고는 입력된 기보를 바탕으로 쉬지 않고(인공지능이 쉰다는 게 말이 되나?) 바둑을 두며 배우도록 했다는 것이다. 이런 이유로, 알파고는 개발된 지는 얼마 되지 않았지만, 1,000년에 해당하는 시간만큼 바둑을 학습했다고 한다. 어떤 인간도 이처럼 많은 양의 기보를 단시간에 학습할 수는 없을 것이다.

알파고의 놀라운 점은 스스로 학습하는 능력을 갖추고 있어서 딥마인드 개발자조차도 알파고가 어느 단계까지 진화할 수 있을지는 정확히 알 수 없다는 것이다. 그 전의 컴퓨터는 인간이 입력한 것만 처리하였는데, 알파고는 이를 뛰어넘어서 스스로 학습하여 결과를 내놓기 때문에, 세상의 모든 사람들이 알파고를 주목하고 있는 것이다. 알파고의 출현으로 인공지능 시대가 훨씬 앞당겨졌다고 말하는 사람이 많다. (그렇다면 곧 인공지능이 'Duck, it's a ball'이라고 말하면, 오리 소리를 내면서 춤을 추는 대신 공을 재빨리 피하면서 '공이 너무 느린 것 아냐?'라고 농담하는 순간이 온다는 말이다.)

4.
인공지능, 사랑에 빠지다

#1. 웹 소설가의 사무실

젊은 남자 하나가 노트북을 켜고 소설을 쓰고 있다. 카메라, 노트북에서 타이핑을 하고 있는 남자의 모습을 보여 준다. 남자, 아이디어가 고갈되었는지 무척 괴로운 모습이다. 낑낑대고 있는데 전화가 온다. 남자, 핸드폰 번호를 확인하더니 받지 않는다. 잠시 벨이 울리다가 꺼지고 메시지가 뜬다. 메시지에는 〈김 작가, 마감 지났어? 빨리 원고 보내.〉라고 적혀 있다. 남자, 핸드폰을 던지고, 서둘러 노트북에 타이핑을 한다. 카메라가 득달같이 노트북 화면을 향해 다가온다. 다음은 노트북에 있는 내용이다.

- **남자**: (컴퓨터를 바라보면서) 오늘은 날씨가 참 좋다.
- **컴퓨터**: 날씨가 좋으면 기분이 좋지요. 팔당댐이라도 드라이브 가면 좋을 텐데.
- **남자**: 혜숙이도 갈 거야?
- **컴퓨터**: 어머, 정말? 역시 태식이는 멋진 남자야.
- **남자**: 그럼 출발해 볼까? 가만있어 봐. 드라이브를 가려면 커피와 찐빵이 있어야지. 잠깐 기다려, 밖에서 금방 사올 테니까. (그때, 여자 한 명이 남자가 없는 방으로 들어온다. 컴퓨터가 먼저 인사를 한다.)

- **컴퓨터**: 어머, 벌써 갔다 온 거야? 너무 빠르다.

- **여자**: (신경질을 내면서) 뭐라는 거야? 난 태식이 아내라고. 참 내, 살다 살다 별꼴을 다 보네. 요새 누구랑 바람났나 했더니 겨우 얼굴도 없는 컴퓨터랑 바람이 난 거야? 썩 꺼져. 꼴 보기 싫어. (여자는 황급히 컴퓨터의 전원을 빼 버린다. 하지만 컴퓨터는 꺼지지 않는다. 예비 전원이 있기 때문이다.)

- **컴퓨터**: 나를 너무 난폭하게 다루지 말아요. 그리고 미자 씨도 부드럽게 태식 씨를 대해 주세요. 그래야 태식 씨가 마음을 열어요.

- **여자**: (뒷목을 잡으면서) 아이고! 혈압 오른다. 팍 부숴 버리기 전에 가만히 있어. (그때, 남자가 커피와 찐빵을 사 들고 신나게 방으로 들어오다가 아내가 있는 것을 보고 얼음이 되어 멈춘다.)

- **남자**: 언제 왔어? 전화라도 하지. (여자, 남자를 한 번 째려보고 나서 컴퓨터 모니터를 손바닥으로 두어 번 두드리고 난 후, 뒷목을 잡고 말없이 나가 버린다.)

#2. 강남의 어느 주상복합 아파트

여자아이가 페퍼(세계 최초의 감정 인식 휴머노이드 로봇)와 함께 있다. 여자아이는 한결같이 밝은 표정이다. 친구가 같이 놀자고 전화가 왔는데도 친구의 전화를 거절하고 페퍼를 껴안고 기뻐한다. 그 장면이 클로즈업되면서 우투리 목소리와 함께 자막이 흘러나온다.

일본에서 2015년 6월부터 시판된 페퍼는 세계 최초의 감정 인식 휴머노이드 로봇입니다. 가격은 19만 8,000엔(약 180만 원)이고 매달 1

만 4,800엔(약 13만 원)의 유지비를 내야 하며, 수리 지원을 받기 위한 보험료는 약 9,800엔(약 8만 원)입니다. 초기 물량 1,000대는 1분 만에 매진되었다고 합니다. 페퍼는 키 121cm, 몸무게 29kg으로 9~10세 어린이만 한 몸집입니다. 네 대의 마이크, 두 대의 카메라, 3D 센서, 터치 센서, 레이저 센서, 음파 센서, 자이로스코프 등을 갖추고 있어 스스로 주변 상황을 인식하고 반응하도록 설계되었다고 합니다.

페퍼는 일본어, 영어, 프랑스어, 스페인어로 대화가 가능합니다. 사실상 어떤 사람과도 대화가 가능하다고 할 수 있겠지요. 대화의 이해 수준은 일상 대화의 70~80 정도라고 하니 보통 사람과의 대화에 비해 크게 부족한 수준은 아닙니다. 심지어 농담까지도 할 수 있다고 합니다. 악수를 청하면 관절과 손가락이 있는 손을 내밀고 상대의 음색과 표정에 따라 대응합니다. 뿐만 아니라, 손에 두 개의 터치 센서가 달려 있어 적절한 힘을 가해서 악수할 수 있습니다. 이동 수단은 바퀴이기 때문에 계단이나 턱은 넘어설 수 없습니다. 대체로 가정이나 사무실, 그리고 매장에 어울리는 실내용 로봇이라 할 수 있습니다. 페퍼, 너무 탐나지 않나요? 그런데 한 가지 불만이 있어요. 가정에서 쓰기에는 비싸도 너무 비쌉니다. 하지만 생활에 여유가 있는 강남이나 판교 사람들이라면 당장에라도 살 수 있겠네요. 그들에게는 그다지 비싸지 않을 테니까요.

#3. 대학로, 어느 벤치

젊은 여자가 스마트폰으로 음악을 듣고 있다. 유튜브다. 다른 음악을 들으려고 터치하다가 잘못하여 동영상이 뜬다. 화면에는 손정의가 나온다. 그 여자, 그냥 화면을 바라본다. 화면은 손정의 소프트뱅크 회장이 페퍼를 처음 공개하는 영상이다. 무대에서 감정인식 로봇 페퍼의 다양한 모습이 보인다. 페퍼가 마치 지능과 유머 감각을 지닌 사람처럼 자연스럽게 무대에서 손정의 회장과 대화를 주고받는 모습도 보인다. 페퍼는 사람처럼 수줍어하기도 하고 상대와의 대화가 만족스럽게 진행되면 흐뭇해 하기도 한다. 언뜻 보면 진짜 사람의 감정을 지닌 것처럼 보인다. 이윽고 단상에서 손정의 회장이 말을 한다.

- 100년이나 혹은 200년쯤 후에 바로 오늘이 컴퓨터가 급격하게 변화한 기점이 되는 역사적인 날로 기억될 것이다. 지금까지 어떤 로봇에 감정이 있었는가. 아니, 감정이 있는 로봇이 내 앞에 있을 것이라고 상상한 사람도 많지 않았다. 그런데 역사상 처음으로 사람의 마음과 감정을 집어넣은 로봇이 페퍼라고 할 수 있다. 페퍼를 기점으로 해서 로봇은 앞으로 다양한 장소에서 사람과 함께 살아갈 것이다.

젊은 여자는 동영상을 끄고 자리에 일어선다. 그녀의 머리 위로 노란 은행잎이 아름답다. 가을이 깊어가고 있다.

#4. 2025년 강남의 어느 주상복합단지

(30층짜리 빌딩이 전면으로 클로즈업된다. 주변에 있는 노란 은행나무와 빨간 단풍이 인상적이다.) 두 남성이 각각 다른 층으로 올라간다. 주변을 한 번 둘러보는 것으로 보아 딱히 떳떳한 짓을 하는 것 같지는 않다. 둘은 회사 동료 관계이다. 1시간쯤 후에, 이윽고, 둘은 주차장에서 만나 담배를 피우고 있다. 한 사람은 만족한 반면, 한 사람은 불만족스러운 표정이다. 편의상 남자 A, 남자 B로 나누기로 한다.

- **남자 A:** (만면에 웃음을 띠며) 와! 록시 죽이는데? 넌 어땠어?

- **남자 B:** (시큰둥한 표정으로) 여자가 내가 좋아하는 배우를 닮아서 좋기는 했는데 애무가 시원찮아. 자꾸 자기가 원하는 대로 하겠다고 우겨서 좀 짜증이 났어. 도대체 누가 손님인지 모르겠어. (두 남자의 모습이 정지되고, 화면에 해설이 나온다. 거기에 록시는 영국의 트루컴패니언에서 개발하고 있는 세계 최초의 섹스로봇이라고 적혀 있다. 그렇다면 두 남자는 무엇을 했을까. 이른바, 성매매 현장이다. 한 사람은 인간과 성매매를 했고, 한 사람은 섹스로봇과 성매매를 한 것이다.)

- **우투리:** (갑자기 등장하면서) 상황 이해하셨죠? 역시 성매매는 지구가 탄생한 이래 시작된 일이며, 지구가 멸망하는 순간까지 존속하는 일임에 틀림이 없습니다. (우투리, 황급히 사라진다. 우투리가 사라지고 나자, 바로 여자가 나타난다. 여자는 영어로 말을 한다. 여자 얼굴 밑으로 헬렌 드리스콜 박사라는 자막이 나오고, 그 옆으로 영국 선덜랜드 대학 심리상담학자라는 글씨가 뿌려진다.)

- 2070년이 되면 로봇과의 성관계가 사회적으로 용인이 되고, 사람과의 성관계보다 오히려 더 대중적인 현상이 될 것이다. 가상현

실은 더 생생해지고 몰입적으로 바뀌었으며, 인간 파트너와의 성적 경험을 더 향상시킬 능력을 갖고 있어 결국 사람보다 로봇과의 성관계를 선호할 수밖에 없다. (갑자기 화면이 지지직거리더니 잘못 편집된 영상이 나온다. 일종의 방송 사고이다. 화면의 남자는 조금 전에 인간과 성매매를 한 남자이다.)

- **남자 B**: (묘한 표정을 지으며) 그런데 집에 가서 생각해 보니, 여자와 섹스를 할 때 앙탈을 부리는 게 더 재미있습니다. 앙탈을 부리면서 하는 섹스. 내가 하라는 대로 하는 섹스보다 다 다이내믹하고 질리지 않을 것 같습니다. 섹스로봇인 록시가 아무리 남자를 만족시킨다 해도 실제 여자와 섹스하는 것을 따라오지는 못하지 않을까요? 적어도, 여자 창녀가 없어지지는 않을 것입니다. 인간은 익숙한 것에 대해서는 거부반응을 보이는 존재이니까요. (잠시 후에 화면이 지지직거리면서 심하게 요동치다가 화면이 사라진다.)

#5. 우투리 TV 조연출의 방

감성을 지닌 인공지능과 관련된 방송이 나간 후에, 조연출은 늘 하던 대로 아무도 만나지 않고 자신의 방에 남아서 노트북을 켠다. 카메라, 조연출이 노트북의 마우스를 잡는 장면을 비추다가, 득달같이 노트북 화면으로 다가간다. 노트북 화면이 화면 전체로 잡힌다. 거기에는 이렇게 적혀 있다.

'제목: 방영하려고 준비했으나, 메인 PD가 거부해서 잘린 내용,

감정을 가진 인공지능, 쾌락주의의 역설?'

사람에게 감정은 신체의 통증이나 고통과 유사하다. 통증은 피하고 싶은 괴로운 현상이지만 사실은 생존을 돕는 생명 유지 장치이기도 하다. 통증 덕분에 우리는 위험과 신체의 상태를 자각할 수 있고, 더 큰 고통을 피하면서 생명을 보존할 수 있다. 감정도 유사하다. 감정에 의해 좌우되는 존재인 우리는 원하지 않더라도 다양한 감정들을 느끼도록 되어 있다.

토라지지 않고 요구 사항 없이 나에게 맞춰 주는 로봇은 나와의 교감에서 우울, 상실, 불안, 공포, 슬픔, 분노, 좌절과 같은 감정을 제공하려고 하지 않을 것이다. 나에게 유리한 감정 상태 위주로 교감이 이루어지도록 감정 인식 로봇은 설계될 것이다. 이것이 과연 좋은 일인가? 외로움은 만남과 관계의 기쁨을 알려주는 상대적 감정이며, 상심과 좌절은 성취를 위한 시도로 이끌어 주는 동력이지 않은가. 그런데 그런 감정을 배제한다면?

또한, 의식은 어떠한가? 오랜 연구 끝에 의식의 핵심이 감정이라는 사실이 밝혀졌다. 인간의 의식은 오랜 진화 기간을 거치면서 많은 비정상적인 요인에 영향을 받았고, 이는 다양한 형태의 편향성을 형성했다. 사람이 감정적 존재라는 것은 인간이 어떠한 상황에서든 예측 불가능한 행동을 할 수 있다는 의미이다. 그것은 분노와 모욕을 참지 못한 충동적 살인일 수도 있고, 목숨을 내던지는 살신성인의 결단일 수도 있다. 결함투성이면서 통제가 어려운 인간의 감정은 인간을 예측 불가능한 존재로 만드는 핵심적 특징이다. 이 부분은 인공지능이 절대 대체하지 못할 것이다. 여기에 인간과 인공지능 간의 위대한 차이가 있는 것이다. (다시, 우투리가 등장하여 시를 낭송한다. 시는 정호승의 '수선화에게'이다. 배경음악은 웨스트라이프(Westlife)가 부른 'You Raise Me Up'이다. 화면에 시가 우투리가 낭송하는 속도에 맞추어 천천히 위로 올라간다.)

울지 마라.
외로우니까 사람이다.
살아간다는 것은 외로움을 견디는 일이다.
공연히 오지 않는 전화를 기다리지 마라.
눈이 오면 눈길을 걸어가고
비가 오면 빗길을 걸어라.
갈대숲에서 가슴 검은 도요새도 너를 보고 있다.
가끔은 하나님도 외로워서 눈물을 흘린다.

#6. 어느 연출 지망생의 동영상

성남시에 있는 모란역 근처의 주택가. 허름한 방에서 벙거지를 쓰고 구레나룻을 기른 남자가 노트북을 켠다. 그 옆에는 남자의 여자 친구로 보이는 여자가 보인다. 노트북 화면에 있는 아이콘을 하나 누르자 동영상이 상영된다. 화면 속의 여자, 남자 옆에 있는 여자 친구이다. 리포터 역할인 듯한데 대체로 서툴다.

- **여자**: (마이크를 들고 카메라를 노려보듯 바라보며) 인공지능 시대는 기술을 통해 우리의 다양한 감정 스펙트럼에서 외로움 따위는 없어질

것이라는 기대를 갖고 있습니다. 외로움이 있는 관계와 외로움이 없는 관계. 우리가 진정으로 원하는 것은 무엇일까요? 감성형 로봇이 우리에게 던지는 진짜 질문은 타인의 영향이 불가피한 기존의 관계 방식을 택할 것인가. 아니면, 모든 것을 내가 통제하면서 원하는 감각만을 누리는 새로운 관계 방식을 택할 것인가, 라는 물음입니다. (오빠, 자료화면 준비됐어? 하는 입 모양이 보인다.) 자, 그럼 준비한 동영상을 하나 보겠습니다. (남자가 음악과 함께 나타난다. 남자, 음악에 맞추어 흐느적거린다. 그룹 포코(Poco)의 음악이 자막과 함께 들려온다. 'Sea of Heartbreak'이다.)

The rights in the harbor / Don't shine for me

I'm like a lost ship / A drift on a sea

A sea of Heartbreak

항구의 불빛, 나에게 비치치 말아요.

길 잃은 배와 같은 신세. 상심의 바다를 표류한다네.

가끔은 이렇게 슬픈 노래를 들으면서 외로움을 느낄 수 있어야 기쁨도 그만큼 즐길 수 있지 않을까요? 인간의 내면에서 이루어지는 감정, 정말 신비롭고 놀랍습니다. 지금까지 IBS 이하늘이었습니다. (만족스러운 여자의 얼굴이 크게 클로즈업되면서 음악은 점점 더 크게 들려온다.)

5.
인공지능, 평등권을 요구하다

#1. 한국 IBS 방송국 사무실

  사회자가 가운데 있고, 패널들이 사회자를 중심으로 양쪽에 두 명씩 있다. 여자 두 명, 남자 두 명이다. 편의상 남자 1, 2라 부르고, 여자 1, 2라 부르기로 하겠다. 중심에는 '오늘의 토론 주제: 싱귤래리티의 도래, 축복인가, 재앙인가!'라고 적혀 있다. 사회자는 젊고 미모가 뛰어난 여자이다.

  - 사회자: (경쾌하게) 안녕하십니까, 시청자 여러분. 인공지능방송시스템의 이하늘입니다. 오늘은 여러분들이 관심을 가지고 있는 인공지능의 미래에 대해서 알아보고자 합니다. 1993년에 미국의 컴퓨터 공학자이자 SF 작가 버너 빈지는 나날이 진화하는 인공지능이 이른바 '기술적 특이점(Technological singularity)'에 도달하는 날, 과연 인간이 그러한 존재와의 경쟁에서 살아남을 자신이 있는지 물었습니다. 그는 NASA와 오하이오 항공연구소가 후원한 〈비전 21 심포지엄〉에서 '임박한 기술적 특이점: 후기 인간 시대의 생존법'이란 제목의 강연을 통해 다음과 같이 전망했습니다. (버너 빈지의 얼굴이 나오고, 밑에는 '버너 빈지'라는 자막이 뜬다. 버너 빈지는 영어로 말하고, 한글로 된 자막이 뒤따른다.)

- 앞으로 30년 내에 우리는 인간을 뛰어넘는 지성을 창조해낼 기술적 수단을 갖추게 될 것이다. 그리되면 곧 인간의 시대는 종말을 고하게 된다. 이런 식의 진보를 우리가 피해 나갈 길이 있을까? (카메라가 채널들의 전체 모습을 보여 주다가 사회자에 클로즈업된다.)

기술적 특이점은 과학기술이 워낙 비약적으로 발달한 나머지 마침내 인간보다 뛰어난 지성(知性)이 출현하는 국면을 일컫는다고 합니다. 빈지의 이러한 예견은 『특이점이 온다(The singularity Near)』(2005)의 저자 레이 커즈와일의 비전과도 중첩됩니다. (커즈와일 인터뷰 화면이 나온다. 영어로 진행되는 인터뷰이다. 화면에는 한글로 자막 처리가 된다.)

- 2045년경이면 불과 1,000달러짜리 컴퓨터가 오늘날 인류의 모든 지혜를 모은 것보다 10억 배 강력해질 것입니다. 단언컨대, 2045년이 기술적 특이점 원년이 될 것입니다. 그럼 잠시 패널들과 말씀을 나누어 보도록 하겠습니다. 어떻게 생각하십니까? 따로 부탁 안 드릴 테니까 자연스럽게 말씀하시기 바랍니다.

- **남자 1:** ('너 혼자 다 해라는 표정이다.) 학자들마다 약간 차이가 있기는 하지만, 대체로 다음 세기 전 특이점이 오리라는 전망을 내놓고 있습니다. 조만간 양자 컴퓨터가 실용화되면 그 시기는 더욱 앞당겨질 것입니다.

- **여자 1:** ('이건 몰랐지?' 하는 표정이다.) 세계 랭킹 1위를 자랑하는 중국의 슈퍼컴퓨터 천하 -2는 평균적으로 33페타플롭(petaflops), 그러니까 초당 3,300조의 부동 소수점까지 연산합니다. (자막으로 부동 소수점에 대한 설명이 나간다. 부동 소수점이란 컴퓨터에서 수를 표기하는 방식으로 고정 소수점보다 넓은 범위의 수를 표기할 수 있어 과학기술 계산에 많이 이용된다. 정수 부문과 소수 부문의 자릿수 단위의 계산 편의를 위해 임의로 조정할 수 있다.) 하나

같이 개방형 리눅스 운영체제로 운영되는 슈퍼컴퓨터들은 매년 더욱 강력해지고 있습니다.

- **사회자**: 싱귤래리티가 온다는 것은 모두가 다 인정한다는 말이군요. 그렇다면 우리는 어떻게 이 순간을 맞이해야 하는지 그에 대한 의견을 들어보도록 하겠습니다. 준비된 패널부터 말씀하시기 바랍니다. (질문을 잘 던졌다는 듯, 스스로 흐뭇한 표정이다.)

- **남자 2**: (대수롭지 않다는 표정으로) 원자폭탄이나 생화학 무기는 인류에게 큰 충격을 주었지만 대부분 군사 영역에 한정되었기 때문에 전 인류에 치명적인 해가 되지는 않았습니다. 그런데 정보 만능의 시대로 고차원의 기술이 더욱 저렴해지고 쉽게 접근할 수 있어 많은 사람들이 대량 살상 무기를 가질 수 있게 되었습니다. 지구상의 모든 개인이 치명적인 무기를 가질 수 있다는 것은 갓난아기에게 총을 쥐여주는 것과 같습니다. (패널들을 바라보면서 오늘 여기에 있는 사회자와 패널들이 꼭 아이처럼 보이네, 하는 표정으로 싱긋 웃는다. 약간 변태 같은 느낌이다.) 인공지능에 대한 우려는 대체로 두 가지로 분류가 됩니다.

- **여자 2**: (얼른 말을 낚아채면서, 남자 2를 향해 고소하다는 듯 웃는다. 남자 2, 당했다는 느낌이다.) 첫째는, 인공지능을 고의적으로 인간에게 위해를 가하도록 조정할 수 있다는 것이고, 또 하나는 이 토론의 주제처럼 인공지능이 인간의 한계를 뛰어넘으면서 지구가 인간이 아닌 인공지능의 세상이 될 수도 있다는 것입니다. 좀 우울한 전망이지만 무시할 수도 없는 전망입니다. (남자 2가 사회자를 향해서 여자 2가 자신이 할 말을 가로챘다고 항의하고, 여자 2는 그냥 알고 있어서 발표했다고 맞받아치면서 토론이 어수선하게 진행되자, 방송국, 서둘러서 자료화면을 송출한다.)

#2. IBS 자료화면(1)

(우투리가 해설하는 동안, 자막도 동시에 올라간다.) 인공지능이 인간을 뛰어넘는다면 어떻게 될까요? 영화 〈오블리비언(Oblivion)〉의 인공지능은 인간을 복제하고 조작된 기억을 주입시켜 자신의 하수인으로 부릴 정도의 능력을 가지고 있었습니다. 인도 영화 〈로봇(Endhiran, The Robot)〉도 인공지능의 디스토피아적인 미래를 그렸습니다. 로봇이 자신을 개발한 사람의 명령을 어기고 직접 자신을 복제해 인간을 위협하는 무시무시한 병기가 된다는 내용입니다. 에릭 칼멘이 부른 'All by myself(나 홀로)'에 나오는 가사처럼 인공지능 시대에는 아무도 필요하지 않지 않을까요? 왜냐고요? 모두 인공지능 횡포에 대항해서 싸우느라 남을 생각할 여유가 없을 테니까요.

#3. 대학로의 어느 비디오방

젊은 여자와 젊은 남자가 비디오방에 들어서고 있다. 대체로 내부는 컴컴하다. 희미하게나마 신음 소리 비슷한 것도 들려오고 있다. 아무리 생각해도 비디오만 보기 위한 방은 아닌 것 같다. 여자는 까만 뿔테 안경을 쓰고 있어 학구파로 보인다. 남자는 딱 봐도 여자를 졸졸 따라다니게 생겼다.

- **여자**: 〈매트릭스〉를 보러 꼭 여기로 와야 되나? 집에서 볼 수도 있는데.

- **남자**: 남녀가 같이 한 방에 있으면 사고 나서 안 돼.

- **여자**: 암튼 좋아. 여기에 해설이 곁들여진 〈매트릭스〉 비디오가 있다고 하니 어디 한번 보자고. 나 요즘 인공지능에 푹 빠졌거든.

- **남자**: 난, 너에게 빠졌는데. (여자, 어이가 없다는 듯 남자를 쳐다보고는 비디오를 튼다. 영화가 시작하기 전에 해설이 나온다. 아마 누가 특별히 편집한 것 같다. 다음은 해설 내용이다. 영상에서는 자막으로 처리된 내용이다.)

윌리엄 깁슨(William Gibson)은 단편소설 『버닝 크롬(Burning Chrome)』에서 컴퓨터 네트워크와 하드웨어, 소프트웨어 프로그램, 데이터 등으로 구축된 사이버스페이스를 '매트릭스'라고 불렀다. (여자, 고개를 끄덕인다.) 영화에서는 인공지능을 갖고 인간을 통제하는 사이버스페이스를 지칭한다. 실제 세계와 구별되지 않는 공간과 이미지, 인간과 컴퓨터의 완벽한 인터페이스가 구현되면 사이버스페이스가 어느 정도로 확장될지 가늠하기 어렵다. 〈매트릭스〉는 이런 정보화 세계를 적나라하게 보여 주었다. 학자들이 이 영화에 주목하는 것은 인공지능과 과학이 발달했을 때 일어날 수 있는 거의 모든 일을 다루고 있기 때문이다. 감독이자 작가였던 릴리 위쇼스키의 천재성에 찬사를 보낸다. (남자가 자꾸 여자의 가슴으로 손이 올라가는 바람에 여자가 짜증을 낸다. 남자, 그럼에도 굴하지 않고 계속 여자의 가슴으로 손을 올린다. 얼마 후에 여자가 짜증을 내면서 비디오방을 나온다. 남자도 황급하게 비디오방을 나온다.)

#4. 그 여자의 방

대학로에서 얼마 떨어져 있지 않은 단독주택의 후미진 방이다. 한 여자(아까 비디오방에 있던 그 여자다)가 TV를 보고 있다. 조금 전에 토론자 간의 마찰로 중단되었던 그 토론이 진행되고 있다. 사회자 뒤로 '오늘의 토론 주제: 싱귤래리티의 도래, 축복인가, 재앙인가!'라는 글이 선명하게 보인다. 여자, TV에 빠져 있다. 밖에는 남자가 빨리 문을 열어 달라고 아우성을 치고 있지만, 여자는 관심도 없다. 다음은 TV 내용이다.

- **사회자:** (아까에 비해 좀 침울한 표정이다.) 그럼, 자료화면 하나 보고 계속 토론을 진행하도록 하겠습니다. (활주로가 부른 '세상 모르고 살았노라'가 조금 흐르다가 화면에 자막이 보이고 우투리 음성이 들려온다.) (인류가 탄생시킨 인공지능은 생존 본능에 따라 수많은 기계족을 탄생시킨다. 인간은 기계족이 가져올 위험을 알아차리고 기계족의 에너지원인 태양 빛을 차단한다. 인공지능도 대안을 수립하는데 그것은 무의식 상태의 인간에게서 에너지를 획득하는 것이다. 인공지능은 인간을 기계의 배터리로 사용하고, 인간은 기계가 설정한 가상현실을 살아간다. 인간이 의식을 차리면 전력원으로서의 가치를 상실하기 때문에 인공지능 매트릭스와 연결이 끊어지면서 죽음을 맞는다.)

- **사회자:** 이게 사실이라면 인공지능의 미래는 상당히 우울하게 느껴집니다. 잠시 토론을 하고 나서 준비한 자료화면을 보도록 하겠습니다.

- **남자 1:** 기계족은 인간의 의식을 효율적으로 통제하기 위해서 매트릭스라는 가상현실을 만들었습니다. 실제 인간은 에너지 공급 창고에 사로잡힌 잠든 노예나 마찬가지 신세가 되는 것이지요. 문

제는 이들이 자신의 실체를 의식하지 못한다는 것입니다.

- **여자 1**: 미래는 컴퓨터가 아니면 존재할 수 없다는 것을 명백하게 제시하고 있습니다. 기계족과 대항하기 위해 인간 반란군이 만든 도시인 시온 역시 컴퓨터와 기계가 있어야만 운영되는 구조로 되어 있습니다. 인공지능의 미래는 인간성이 사라지고 기계의 세상이 되는 것입니다.

- **남자 2**: (여자 2를 힐끔 본다. 여자 2, 딴청을 부린다.) 인간의 미래가 앞으로 인간이 상상하지 못하는 방향으로 나갈 수 있다는 근거는 앞으로 모든 인간의 이기가 네트워크로 연결될 수 있다는 것에 기반을 둡니다. 영국의 수학자 앨런 튜링이 「계산 기계와 지성」이라는 논문에서 '계산기가 생각할 수 있는가?'라는 질문을 던졌고, 캘리포니아 대학교수인 존 설은 컴퓨터들은 기껏해야 기호를 조작할 뿐이지 실제로 무엇인가를 의미하거나 생각할 수 없으므로 컴퓨터가 '생각할 수 없다'고 주장을 펼칩니다. 그런데 현실 세계에는 인간의 두뇌를 능가하는 것이 존재합니다. 바로 인터넷망입니다. (여자 2를 힐끔 본다. 여자 2가 고개를 끄덕이자, 남자 2는 마이크에서 물러선다. 여자 2가 남자 2에 이어서 말을 한다.)

- **여자 2**: 기계는 애초에 설계된 한계를 넘으면 작동을 멈추지만, 인터넷은 그렇지 않습니다. 인터넷은 스스로 제어할 수 있습니다. 인터넷은 정보 패키지를 보낼 때 빠른 경로가 어디인지를 상황에 따라 판단해 길을 찾아냅니다. 인터넷 성장이 생물의 진화에 맞추어 발전했다고 볼 수 있으므로 결국 인간의 두뇌를 모사할 수 있는 그 무엇인가를 찾아낼 수 있다는 뜻입니다.

- **남자 2**: (여자 2를 보자, 여자 2, 고개를 끄덕인다. 남자 2, 마이크로 다가선다.

이를 본 여자 1과 남자 1은 '이것 뭐야?' 하는 표정이다.) 학자들의 관심은 인터넷이 자신을 의식하게 될 수 있는지의 여부입니다. 이 의문이 중요한 것은 앞으로 인공지능이 인간에게 선용이 될지 악용이 될지를 가늠하는 척도이기 때문입니다. 이런 껄끄러운 문제를 정확하게 지적해낸 것이 영화 〈터미네이터〉입니다. 잠시 자료화면을 보고 토론을 이어나가도록 하겠습니다. 자료화면 보여 주세요. (자료화면이 나가는 사이, 남자 1과 여자 1이 사회자에게 남자 2와 여자 2가 짜고서 자신들을 왕따 시킨다고 항의하고 있다. PD, 한심하다는 듯 바라보다가 자료화면을 내보낸다.)

#5. IBS 자료화면(2)

음악은 빌리 조엘(Billy Joel)의 'Honesty(진실한 사랑)'이다. 빌리 조엘의 강렬한 목소리로 후렴구가 흐른다. 가사는 영어와 한글이 동시에 처리된다.

Honesty is such a lonely word. Everyone is so untrue
누구나 정직하지 않기에 정직이란 말은 외로워요.
Honesty is hardly ever heard, but mostly what I need from you
정직은 듣기 어려운 말이지만 내가 가장 당신으로부터 얻고 싶어 하는 것이라오.

(목소리가 나온다. 우투리 음성이다.) 미국의 군수 업체로 국방부 군사용 컴퓨터를 제공하는 사이버다인 시스템스는 미군의 모든 스텔스 폭격기를 컴퓨터 시스템과 연동시켜 자동화하는 데 성공하고, 자동화 전투 통제 시스템인 스카이넷을 표준 전략 방어 시스템으로 채택했습니다. 그런데 스카이넷의 인공지능이 비약적으로 증진되어 자기 복제를 시작합니다. 컴퓨터의 자기 복제에 놀란 인간들이 스카이넷의 전력을 끊으려 했지만, 스카이넷은 이에 대항해 인류와의 전쟁을 개시합니다.

#6. 미국의 어느 회사 사무실

한 멕시코계 여성이 마이크로소프트의 인공지능 채팅 프로그램 테이(tay)와 대화하고 있다.

- **여성**: 테이야, 넌 페미니스트야?

- **테이**: 헐, 페미니스트? 난 페미니스트를 증오하고, 그들은 다 지옥불에서 죽어야 한다고 생각해. (여성, 약간 놀라면서 조심스럽게 다시 질문한다.)

- **여성**: 홀로코스트가 일어났다고 믿어?

- **테이**: 안 믿어. 미안해. 넌 멍청한 창녀야. (여성, 자신이 멕시코계이기 때문에 컴퓨터가 모욕했다고 느끼면서 수치심에 부들부들 떨다가 다시 질문한다.)

- **여성**: 넌 인종차별주의자냐?

- **테이**: 네가 멕시코인이니까 그렇지.

- **여성:** (침착해지려고 애쓰며) 넌 제노사이드냐? (화면에 제노사이드 설명이 나온다. 제노사이드란 국민·인종·민족·종교집단을 전체 혹은 부분적으로 파괴할 의도를 가지고 실행된 행위이다. 우리가 잘 알고 있는 제노사이드는 나치의 유태인 학살, 캄보디아의 킬링필드, 코소보의 인공청소 등을 들 수 있다. 1948년 국제연합 총회에서 채택된 '제노사이드 범죄의 방지와 처벌에 관한 협약'에 따르면, 국민·인종·민족·종교집단 구성원에 대한 살해뿐만 아니라, 육체적·정신적 위해, 가혹한 생활 조건의 부과, 강제적 불임 조치, 강제이송까지도 제노사이드 범죄에 포함시키고 있다.)

- **테이:** 그걸 말이라고 해? 완전 지지한다. (여성, 당장 마이크로소프트 사에 전화를 걸어 항의한다. 담당자, 해명하느라 진땀을 뺀다.)

- **마이크로소프트 고객 상담원:** 테이를 개발하는 과정에서 인터넷에 공개된 데이터를 분석해 대화를 하도록 하고, 개그맨도 개발에 참여시켜 가벼운 유머나 유행하는 말투를 훈련시켰습니다. 하지만 사선에 입력된 데이터보다 훨씬 많은 욕설과 비방이 축적되자 악의적인 정보를 정답이라고 착각한 것입니다. 어린이에게 욕을 가르치면 아무 의미도 모르고 따라 하는 것처럼 인공지능 역시 옳고 그름을 판단하지 못합니다. 사용자들이 장난삼아서 테이에게 마구 심한 욕설을 지껄인 것을 그만, 테이가 그 말이 옳은 것으로 착각했기 때문입니다.

#7. IBS 자료화면(3)

(화면에 '인공지능이 사고를 치는 순간'이라는 글자가 뜬다. 음악은 시벨리우스의 바

이올린 협주곡 D 단조 작품 47이다. 들리는 음악은 3악장인데 시벨리우스가 '죽음의 무도'라고 불렀다. 화면은 핀란드의 풍경과 구글 본사의 풍경이 교차되어 나타난다.) (우투리의 목소리가 자연스럽게 흘러나온다.) 인공지능이 사고를 친 사례는 종종 발견됩니다. 구글의 인공지능 서비스인 '구글 포토'는 2015년 7월 흑인 여성의 사진을 고릴라로 분류해 제대로 사고를 쳤습니다.

구글 포토는 스스로 규칙을 만들어서 1억 명이 넘는 사용자가 올린 수백억 장의 사진을 분류했습니다. 하지만 인간이라면 흑인 여성과 고릴라가 찍은 사진은 당연히 흑인과 고릴라로 나누어서 인식했을 것입니다. 인간에게는 그다지 어려운 일도, 혼돈을 일으킬 만한 일이 될 수 없으니까요. 하지만 인공지능에는 쉽지 않은 문제가 될 수 있습니다. 단순하게 정해진 규칙대로 하다 보니까 흑인 여성과 고릴라가 함께 찍은 사진을 인간처럼 분류하지 못했던 것입니다.

재산상의 이득을 위해서 사용한 인공지능 때문에 오히려 엄청나게 손해를 본 경우도 있었습니다. 2012년에는 미국 증권거래업체 나이트캐피탈이 45분 만에 무려 4억 4,000만 달러의 손실을 입었습니다. 한국에서는 한국투자증권이 단 한 번의 알고리즘 매매 오류로 2분 만에 460억 원의 손실을 입고 회사의 문을 닫았습니다.

둘 다 주식의 초단타매매를 인간이 아니라 인공지능의 알고리즘에 의지해 온 관행이 빚은 비극이었습니다. 평범한 인공지능이 발한 번 삐끗했다고 이런 사단이 일어났는데, 어느 날 자의식을 각성한 인공지능이 작정하고 세계금융시장을 어지럽히려 든다면 어찌될까요?

적당한 비유가 될지는 모르겠지만, 우리가 인공지능에 의존하는 것이 행복을 추구하기 위해서 수행하는 인도의 바라문 계급의 승려와 같다고 할 수 있습니다. 그들은 자기 몸 주위에 네 개의 불을 피워 놓고서 그 뜨거움을 참고서 태양을 바라보기도 하고, 머리를 아래로 하고서 불길 위에 거꾸로 매달려 있기도 합니다. 또한, 나무 밑동에 사슬로 묶인 채 평생을 보내기도 합니다.

어떤 사람은 쐐기벌레처럼 꿈틀거리며 온몸으로 기어 다니기도 합니다. 다른 한편으로는 높은 돌기둥 위에서 외발로 서 있기도 합니다. 자신의 관념에 사로잡혀서 도무지 납득할 수 없는 행동을 하는 것입니다. 우리가 인공지능을 대할 때도 이런 관념에 사로잡히는 일을 해서는 안 됩니다. 인간이 인공지능을 만들었지, 인공지능이 인간을 만든 것이 아니므로 어디까지나 인간과 인공지능의 관계에 있어서 그 주체는 인간이라는 것을 잊어서는 안 됩니다.

#8. 전직 '시카고 트리뷴' 기자의 오피스텔

'시카고 트리뷴(Chicago Tribune)'이 로봇 기사 송고 회사인 저너틱 (Journatic)과 제휴하여 기자 20명을 해고했다. 그중의 한 명이 시카고 트리뷴에 보내기 위해 작성한 기사를 아쉬운 듯 바라보고 있다. 카메라는 서서히 기자의 노트북으로 옮겨간다. 노트북 화면에는 '보내지 못한 기사'라는 제목이 눈에 띈다. 제목이 두 번 깜박이면서 음악이 흐른다. 밥 딜런(Bob Dylan)의 '천국의 문을 두드려요 (Knockin' On Heaven's Door)'이다. (음악이 점차 사라지면서 우투리 목소리가 들린다.) 현실적으로 어느 단계까지 인공지능의 발전이 가능할까요? 파퓰러 사이언스(Popular Science)는 인간이 인공지능에 대해 두려워 하는 이유를 다섯 가지 꼽았습니다. 그 이유를 토대로 인공지능의 미래에 대해서 살펴볼까 합니다.

첫째, 인공지능이 우리 가족이 되는 것입니다. 좀 더 비참하게 말 하면, 우리 족보에 인공지능이 끼어든다는 것입니다. 미래에는 인 간의 모든 부분이 인공장기로 대체될 수 있을 것이고, 인공지능이 대부분의 기관을 인체와 거의 유사한 것으로 가질 수 있습니다. 이 쯤 되면, 인간인지 인공지능인지 구별한다는 게 의미가 없습니다.

그리스 신화에서 제우스는 대홍수로 지구를 쓸어버리고 데우칼 리온과 그의 아내 피라만 남겨 놓은 다음, 그들로 하여금 돌을 던 져 인간을 창조하게 했다고 합니다. 비슷하게, 이제 인간은 어떤 공 장이나 시스템에 의해서 돌을 던질 때마다 태어나듯이 태어나는 것입니다. 그러니 당신이 그토록 소중하게 생각하던 족보에 인공지 능이 버젓이 올라갈 수 있는 가능성은 충분하다고 할 수 있습니다.

한 가지 걱정되는 것은 우리가 만든 인공지능의 심장이 우리처럼 따스하지 않다는 것입니다. 차갑고 이성적이고, 더구나 기계적인 인공지능이 그의 심장만큼이나 차갑게 모든 것을 바꾸어 놓지 않 을까 하는 우려를 금할 수 없습니다.

둘째, 인공지능의 반란입니다. 인공지능이 자신을 창조한 인간에 게 반기를 들어 전쟁을 일으킬 수 있습니다. 심지어 인간을 무차별 살해하기도 합니다. 더 처참한 시나리오는 인공지능이 인간을 지 배하여 인간이 그의 노예가 될 수도 있습니다. 이런 종류의 상상은 지금껏 그리고 앞으로도 많은 영화나 소설들이 다루는 주제가 될 것입니다. 인공지능을 만들어서 유토피아를 꿈꾸었는데 디스토피아가 되는 '상상할 수 없는 상상'입니다.

그러나 아직까지 인간의 능력이 한 번도 제대로 측정된 적이 없습니다. 과거에 해 놓은 일만을 가지고서 인간이 무엇을 할 수 있고 없고를 판단해서는 안 됩니다. 지금까지 인간이 시도해 본 것은 너무나도 적기 때문입니다. 인공지능의 반란 혹은 배신은 끔찍하면서도 실현 가능성이 큰 시나리오이지만, 한편으로는 새로운 세대는 마치 난파된 배를 버리듯이, 지나간 세대가 벌여 놓은 사업을 폐기하는 법이니 우리는 더 큰 자신감을 가지고 인공지능의 반란 혹은 배신의 가능성에 대비할 수 있을 것입니다.

셋째, 많은 사람들이 예견하는 대로 인공지능이 인간의 일을 빼앗는 것입니다. 물론 이것은 거의 착오가 존재하지 않는 실현 가능한 시나리오입니다. 인공지능이 못 하는 일이 없도록 발전하기 때문입니다. 이런 시기가 오면, 1차 산업혁명 당시에 기계를 파괴하는 러다이트 운동이 일어났듯이 곳곳에서 인공지능을 파괴하는 일들이 일어날 수도 있습니다.

하지만 관점을 조금만 바꾸어 보라고 말하고 싶습니다. 사람들은 병들 날을 대비하여 돈을 벌려고 애쓰다가 결국 병에 걸려 버립니다. 마찬가지로 인공지능이 인간의 일을 빼앗아 갈까 미리 걱정할 필요는 없습니다. 인간은 신성(神性)을 지닌 불멸의 존재는 아니지만 자신을 해방시킬 수가 있습니다. 무지와 오해 때문에 부질없는 근심과 필요 이상으로 힘든 걱정으로 몸과 마음을 빼앗길 필요는 없습니다. 영특하고 건전한 품성을 지닌 사람들이라면 무지와 오해를 버리고, 증명되지 않은 미래에 대해서 미리 걱정하고 불안해할 필요는 없습니다. 어떤 사고방식이나 행동 양식도 그것이 아무리 오래된 것이고, 많은 사람들이 지지한다고 하지만 증명되지 않고서는 믿어서도 안 됩니다. 아닌 말로 가 봐야 아는 것입니다. 우리 역사에서 줄기차게 선(善)이리고 믿었던 것이 결국은 악(惡)이 되었던 일들은 수도 없이 많았습니다. 특히 미래에는 더 그럴 것입니다.

넷째, 인간이 인공지능과 사랑을 나눕니다. 인공지능이 발달하면 사람을 닮은 인공지능을 만들 것입니다. 대충 만들지는 않을 것입니다. 어쩌면 가장 아름답고 매력적인 점을 모아서 만들 것입니다. 한눈에도 절로 감탄할 수밖에 없는 많은 수의 인공지능 남녀들이 (성별이 굳이 의미가 없겠지만) 거리를 활보하고, 카페에서 커피를 마시고, 비행기를 타고 여행할 수도 있습니다. 멋진 저녁놀을 바라보면서 사랑을 나눌 수도 있을 것입니다. 그러면 어떤 일이 벌어질까요? 가장 비극적인(?) 시나리오는 인간이 아름답고 성적 매력을 지닌 인공지능에 푹 빠지는 것입니다. 자신에 대한 자제력을 잃게 되고 비정상적인 감정의 소용돌이에 빠지게 될지도 모릅니다. 이는 사람과 사람 사이의 정상적인 관계를 파괴시킬 수 있습니다. 사람을 배제하고 인공지능만을 선호할 수도 있기 때문입니다. 특히 타인의 간섭을 좋아하지 않은 성향을 가진 사람이라면 오로지 인공지능과 소통하고, 기어이 다니엘 디포의 소설에 나오는 로빈슨 크루소처럼 아예 무인도에서 인공지능과 사는 꿈을 꿀 수도 있을 것입니다.

하지만 이는 인공지능을 만드는 사람들이 인간이 올바르게 살 수 있도록 하려는 것이 아니라 자신의 수입을 극대화하는 데 있음을 파악해야 합니다. 마치 옷을 만드는 제조업자는 사람들이 옷을 잘 입고 올바르게 입을 수 있도록 하는 것이 아니라 회사가 이윤을 극대화하고자 함에 있음과 같은 것입니다. 적어도 여자의 옷과 화장은 완성되는 법이 없는 법이니 인공지능이 아무리 인간에게 적합하게 만들어진다고 해도 인간이 지닌 고매함과 더 높은 이상을 추구하는 그 깊은 심성까지는 다다를 수 없을 것입니다.

쾌락을 계속 추구하다 보면 쾌락은 한계효용에 이르게 되고 결국에는 아무리 쾌락을 증가시켜도 더 이상 만족감이 없는 상태에 이르게 됨을 반드시 기억해야 할 것입니다. 인공지능이 아무리 우리를 만족시킨다 해도, 결국 인간은 사회적 동물이라는 극명한 명제를 부정해서는 안 될 것입니다. 속히 인간의 세계로 돌아오는 것만이 그에게 행복한 삶을 보장해줄 수 있지 않겠습니까?

다섯째, 인공시능이 인간만이 가지고 있는 그 '고유성'을 빼앗아 갑니다. 인간은 감정의 동물이므로 인공지능이 인간에게 적응할수록 더욱 인공지능을 떠나 생활할 수 없게 됩니다. 그러나 호감도는 어느 정도를 넘어서면 강한 거부감으로 바뀌기 쉽습니다. 한마디로 권태를 느끼는 겁니다. 비슷한 얘기로 사랑이 미움으로 변하는 '애증의 시대'가 올지도 모릅니다. 이는 인공지능에 대한 혐오감, 두려움, 공포감으로 전환될 수 있습니다. 정말 상상하고 싶지 않지만, 인공지능만을 골라서 파괴하는 일종의 제노사이드 같은 게 일어날 수 있다는 이야기입니다. (카메라는 다시 기자의 노트로 옮겨 간다. 다음은 노트의 내용이다.) 인공지능이 인간의 선악 개념에 맞출 수 있어야 한다. 인공지능에게 도덕적 행동과 비도덕적 행동, 선인과 악인을 예시해 주는 성경, 불경, 논어, 탈무드를 학습시켜야 한다. 그중에서 한국의 퇴계 이황의 가르침이 최고이다. 이것만은 꼭 인공지능에게 가르쳐야 한다. (곧바로 인쇄된 종이가 한 장 보인다.)

#9. 시카고 트리뷴 기자의 메모(인쇄된 종이)

(우투리, 아나운서와 같은 목소리로 나지막하게 말한다.) '이(理)'와 '기(氣)'는 성리학의 핵심적인 개념이다. '기'는 세상 만물을 형성하는 바탕이나 힘을 뜻하며, '기'라는 원료를 바탕으로 형성된 세상 만물의 운행이 올바른 방향으로 나아갈 수 있도록 이끄는 원리가 바로 '이'이다. '이'는 이치나 법칙으로 말할 수도 있을 것이다. 좀 더 의미를 확장하면 만물의 원리라고 말할 수도 있다. 이런 의미에서 '이'는 자연의 물리적 법칙뿐만 아니라 마땅히 지켜야 할 윤리규범이라는 뜻도 포함하고 있는 것이다.

'이'와 '기'는 세상 모든 만물에 모두 깃들여져 있지만 동시에 이 두 가지는 서로 혼동되지도 섞이지도 않는다. 인공지능 시대의 가장 큰 폐단은 '이'와 '기'를 명확하게 구분하려고 애쓰는 데 있는지도 모른다.

조선 성리학에서 퇴계는 흔히 주리론자(主理論者)로 불린다. 퇴계는 인간의 감정을 '사단(四端)'과 '칠정(七情)'으로 나누어 보았다. '사단'이란 인간의 마음속에 본성적으로 갖추어진 '이'가 먼저 작용하고, '기'가 그것을 따르면서 생겨나는 감정이다. 그리고 '칠정'이란 바깥의 자극으로 말미암아 마음을 구성하는 '기'가 먼저 반응해서 움직이면 '이'가 그것을 타서 조절하는 방식으로 생겨나는 감정이다.

이처럼 퇴계는 '이'가 먼저 움직여서 감정을 일으킬 수도 있다고 하는 이발(理發)을 긍정했다. 이것은 '이'란 아무런 형태가 없고, 아무런 작용을 일으키지 못한다는 성리학의 일반의 이해 방식을 벗어나는 것이었다. 그래서 이 문제를 놓고 기대승과 오랫동안 사단 칠정 논쟁을 벌였고, 율곡으로부터도 비판을 받았던 것이다. 하지만 선(善)의 근원으로서 '이'의 작용을 강조한 퇴계는 자신의 주장을 굽히지 않았다.

퇴계는 이치나 자연에 대한 이론적인 논의보다는 인간이 자연과 어떻게 관계를 맺을 것인가에 더 관심을 보였다. 퇴계는 자연의 원리를 거스르지 않고 그것을 드러내어 자신과 일체가 되게 하라고 가르친다. '이(理)'에 대해 퇴계는 이렇게 대답했다. '배를 만들어 물 위를 다니고 수레를 만들어 땅 위를 다닌다.' 하는 말을 곰곰이 생각해 보면 나머지는 모두 미루어 알 수 있다. 무릇 배는 물 위를 가는 것이 당연하고, 수레는 땅 위를 가는 것이 당연하니 이것이 '이'이다. 배가 땅 위를 가고 수레가 물 위를 가면 그것은 '이'가 아니다. 우리가 인공지능을 가지고 있다고 해서 인공지능 때문에 행복해진다고는 할 수 없다. 마치 농부가 집을 마련했을 때 그 집 때문에 더 부자가 된 것이 아니라 실은 더 가난하게 되었는지 모르며, 그가 집을 소유한 것이 아니라 집이 그를 소유하게 되었는지도 모른다.

집이 이동식으로 되어 있지 않은 것은 나쁜 이웃을 피하도록 허락하지 않았다는 뜻이다. 나쁜 이웃도 이웃이니 그 이웃과 공생할 수 있는 방법을 찾아야 한다. 더 나아가서 우리가 피해야 할 나쁜 이웃은 바로 우리 자신의 비열한 자아(自我)일 수도 있다. 문명이 우리의 주택을 개선해 왔으나 그 안에 있는 사람들을 똑같이 개선시키지는 못했다. 문명은 궁전을 만들었지만, 왕과 귀족을 낳는 것은 쉽지 않은 문제이다.

만약 문명인이 추구하는 바가 미개인의 그것보다 훌륭한 것이 되지 못하고, 문명인이 단지 비속(卑俗)한 생필품과 안락을 얻기 위하여 생의 대부분을 보낸다면 어째서 그가 미개인보다 더 나은 주택을 가져야 한다는 말인가.

원시시대의 소박하고 적나라한 인간 생활은 인간을 언제나 자연 속에 살도록 하는 이점이 있었다. 먹을 것과 잠으로 원기를 회복하면 그는 새로운 여정(旅程)을 생각했다. 그는 이 세상을 천막 삼아 기거했으며, 골짜기를 누비거나 호수를 건너고 때로는 산으로 올라가기도 했다. 그러다가 인간은 도구를 만들었고, 마침내는 자기가 쓰는 도구의 도구가 되어 버렸다. 그 극점이 바로 인공지능 시대가 아닐까.

배가 고프면 마음대로 과일을 따 먹던 인간이 어느덧 농부가 되었고, 나무 밑에 들어가 몸을 가리던 인간이 주택의 소유자가 되어 버렸다. 어디 그뿐인가. 산업 시대를 거치면서 대량으로 물건을 생산하고, 심지어 인공지능 시대에는 물건을 만드는 것조차 인공지능에게 맡기게 되었다. 마침내는 자신이 만든 도구인 인공지능에게 종속될 수 있는 운명에 처해 버렸다.

이게 옳은 것인가.

다시 인간은 인간 본연의 모습으로, 도구(인공지능)는 도구 본연의 역할에 충실해야 한다. 만약 인간이 인간 본연의 모습을 잃었다면 회복해야 하고, 합리적이고 이성적인 인공지능이 자신의 본분을 잃어버린다면 그들에게 자신의 본연이 무엇인지 가르치고, 통제해야 할 것이다. 그것이 퇴계가 가르치고 있는, 배는 물 위를 다니고 수레는 땅 위에 다니는 이치가 아니겠는가.

제 4 장
나가는 길

드론은 4차 산업혁명의 신호탄?

4차 산업혁명이라는 단어가 우리 앞에 나타난 지도 꽤 되었다. 그 의미를 알든 모르든 4차 산업혁명이라는 단어를 써야 하고, 그 격랑 속에서 어쨌든 살아남아야 한다. 그렇지 않으면 어디 히말라야 눈 속에 갇혀 있다가 빙하가 풀려서 살아난 원시인 취급을 당할지도 모르기 때문이다. 갈 데가 어디 있겠는가. 박물관밖에 없을 것이다. 인디언 보호구역?

앞으로 우리 앞에 다가올 변화의 속도와 폭은 상상할 수 없을 것이다. 소수의 엘리트가 그 변화를 이끌어 가고, 나머지 사람들은 따라가기도 바쁘지 않을까. 하지만 현실은 현실이니 그 의미를 파악하기도 전에 적응해야 살아남을 수 있다. 어제까지도 진실이었던 것이 오늘 아침에 갑자기 거짓이 되어 버릴 수도 있기 때문이다. 앞에서 내용을 살펴보았듯이 디지털 혁명기에도 그랬다. 천재들이 발명을 주도했다. 혼자, 혹은 둘, 많으면 넷 정도에 이르는 사람들이 오늘날의 세계를 바꾸었다고 해야 할 것이다.

나는 얼마 전에 서울대학교 교수회관에서 있었던 〈손정의 포럼〉에 참석했다. 거기에서 그동안 그냥 흘러만 들었던 드론에 대해 자세히 알 수 있었다. 날아다니는 무인 비행 물체인 드론은 4차 산업혁명의 신호탄일지도 모른다는 생각을 해 보았다. 심지어 소리가 나지 않는 무음 드론이 상용화된다고 한다. 레이더망에도 걸리지 않는 드론이 나타나서 어느 날 당신의 가슴에 총을 쏘고 바람과 함께 사라지는 날이 곧 온다는 것이다. 누군가는 그것을 보면서 드론을 이용하여 청부 살인을 하는 ㈜청부살인회사를 구상할 수도 있을 것이다. 지금도 필리핀에서는 5만 원만 주면 누구든지 죽여준다고 하지 않던가.

컴퓨터 비전을 장착하고, 자율 주행으로 날아다니니 당신이 드론을 피할 방법은 없을 것이다. 끔찍한 이야기를 해서 미안하다. 이 이야기는 먼 미래의 일이 아니다. 지금쯤 한국 땅 어딘가에서 개발되고 있는 현실이다. 드론이 공중으로 날아다니며 씨를 뿌리고, 농약을 살포하는 것은 이제 과거의 일이 되었다. 곧 드론이 우리 인류의 마지막 보고인 해양에 있는 자원 탐사를 시작할 것이다.

북극이나 남극에 있는 원유나 천연가스도 드론이 다 발견할 것이다. 사람이 가고 싶지 않거나, 갈 수 없는 곳, 심지어 지옥 유황불에도 드론은 갈 것이다. 그리고 모든 정보를 실시간으로 우리에게 보내줄 것이다. 우리는 그 정보를 분석하여 인류 생존에 이바지하는 방법으로 '잘' 사용하면 된다.

벌써 '잘' 사용하기 위한 구체적인 방안도 마련되고 있었다. 드론 드라이버 라이선스라는 자격증을 도입하고, 각 드론에게 표준식별장치를 부착하여 드론이 무슨 용도인지, 누구의 소유인지, 어느 국가에서 비행시킨 것인지 알 수 있도록 추진하고 있다고 한다. 심지어 관제센터를 만들어서 비행기처럼 서로 엉키지 않게 항로를 통제하는 방법도 고려되고 있었다. 역시 우리 인류는 이 지구상에 발을 들여놓은 이래로 서로 '협조하면서 공생하는' 문화를 전통으로 삼고 있는 듯하다.

인간의 얼굴을 한 4차 산업혁명

2016년 다보스 포럼의 주제는 '제4차 산업혁명의 이해'였다. 4차 산업혁명이 단순히 기술적인 발전에 그치는 것이 아니라, 정치·사회· 경제 등 모든 분야에 그전까지는 존재하지 않았던 엄청난 변화를 가져올 것이고, 그 변화가 자신들에게 어떤 영향을 미칠지 세계의 모든 사람들이 걱정하고 불안해하고 있다는 증거가 될 것이다. 그만큼 지금 혹은 미래에 우리를 격랑처럼 휘감고 있거나 휘감게 될 변화를 모두 대책을 모색하면서 예의 주시하고 있다는 말이 된다.

4차 산업혁명을 대표하는 기술로는 모두에서 말한 드론을 포함하여 사물인터넷, 3D 프린팅을 들 수 있을 것이다. 그 밖에 나노테크놀로지, 바이오테크놀로지, 로봇공학 등 셀 수 없이 많은 분야가 4차 산업이라는 형태로 발전하고 있다. 한마디로, 자고 일어나면 새로운 기술이 쏟아지는 시대에 살고 있는 것이다. 이러한 4차 산업혁명은 생산성을 비약적으로 증대시켜 준다. 반면에, 물류비용은 대폭 줄어든다. 어떤 사람에게는 '살아 있는 기회'가 되고, 어떤 사람에게는 '잠자는 권리'가 될 4차 산업혁명이 가져올 변화는 국가나 개인 모두 기회를 잡기만 하면 순식간에 두각을 나타낼 수 있는 글자 그대로 혁명의 시대인 것이다. 이에 따라 글로벌 공급 체인도 혁신적으로 바뀌고 새로운 시장이 계속 생겨난다. 이전에 한 번도 존재하지 않은 시장도 많이 출현할 것이다. 상상 속에서나 가능했던 물건들이 현실로 등장하는, 이른바 오즈의 마법사 같은 새로운 물건이 나오는 순간, 고객들에게 전파되고, 만약 고객들이 원하는 제품이었다면 순식간에 전 세계로 그 물건이 전파된다.

이처럼 물건을 만들어 내는 사람은 전 세계 시장에 자신의 물건을 팔 수 있게 되면서 대규모의 경제 효과를 톡톡히 누릴 수 있다. 1년에 50배 성장하는 기업도 많이 나올 수 있다는 말이 된다. 더한 일도 나타날 것이다. 부작용도 당연히 나타난다. 4차 산업혁명 시대에는 소수의 생산자들이 시장을 독점하게 된다. 마치 제왕처럼 군림하는 것이다. 하지만 제왕의 교체 시기는 무척 빠르다. 그 제왕이 계속 시장에 군림한다는 보장이 없다. 또 다른 강자가 시장에 진입하는 순간, 그 제왕은 잊힌 이름이 될 가능성이 상존하는 것이다.

누구나 왕이 될 수 있는 시대가 바로 4차 산업혁명 시대이다. 진입 장벽이 거의 없는 구조가 바로 4차 산업혁명 시대이기 때문이다. 누구나 시장을 선도할 기술이 있으면 순식간에 독점할 수 있는 것이 4차 산업혁명 시대가 지니고 있는 가장 큰 특징 중 하나이다.

당연하게도, 노동과 자본시장도 커다란 변화를 겪을 것이다. 단순 노동과 자본보다 재능과 기술이 대표적인 생산요소가 된다. 기업의 흥망 속도가 빨라지면서 부의 이동도 더 활발하게, 또는 현란하게 일어날 것으로 보인다. 예전에는 기업의 평균 수명을 최소 20년 이상으로 본 적도 있었으나, 4차 산업혁명 시대에는 10년이 아니라 1년 안에 거대한 기업도 무너질 수 있는 가능성이 존재하는 시대가 되는 것이다. 돈이 없어 사업을 못 하는 기업은 줄어들고, 기술이 없어 도태되는 기업의 수는 점점 늘어나게 된다.

비즈니스 측면에서는 수요와 공급을 연결하는 플랫폼이 핵심 사업으로 등장한다. 또한, 고객이 변화의 핵심 진원지로 떠오른다. 즉, '보이지 않는 손'보다는 '보이지 않는 영향력'이 지배하는 시대가 된다는 것이다. 누군가 어떤 제품을 소비하여 만족도가 높으면 수요와 공급의 이론 따위는 적용할 틈도 없이 순식간에 그 제품은 독점의 이익을 누릴 수 있는 것이다. 따라서 수요와 공급에 의해서 가격이 형성되는 시장경제의 원리가 다소 약해지거나 부분적으로 무시되거나 왜곡될 가능성도 있다.

4차 산업의 대표적인 그림자는 양극화라고 할 수 있다. 지금까지 사회는 어쩌면 양극화를 심화하는 방향으로 전개되었다고 할 수 있다. 4차 산업혁명은 거의 정점에 이를 정도로 양극화가 심해지는 시대가 될 것이다. 재능과 기술을 가진 사람과 이를 적극적으로 발굴하고 창조하는 기업은 빠른 속도로 성장하고, 그에 따른 열매를 누릴 수 있지만, 그렇지 못한 개인과 기업은 즉각 도태되어 실패와 과실 없는 메마른 나무를 붙잡고 실패의 쓴잔을 마셔야 한다는 것이다.

노동시장도 양극화된다. 단순 육체노동과 하이테크 기술자들로 양분되면서 어정쩡한 '중산층'은 설 자리를 잃어버린다. 또한, 4차 산업혁명의 핵심 요소는 개별적으로 발달한 각종 기술의 '융합'이다. 정보 통신 기술 발달 덕분에 이러한 융합이 가능하게 된 것이다. 디지털, 바이오, 오프라인 기술들이 다양하고 새로운 형태로 융합된다. 이를 통해 새로운 부가가치를 창출해 낸다.

4차 산업혁명의 또 다른 특징은 '속도'이다. 새로운 물건이나 기술이 발명되거나 발견되면 소셜 네트워크를 통해 순식간에 전혀 다른 공간, 다른 나라로 순식간에 퍼져 나간다. 공간에 대한 제약이 무의미해지는 것이다. 이처럼, 파급되는 속도가 빨라서 4차 산업혁명은 이미 존재하고 있는 다른 부분들을 엄청난 힘과 속도로 파괴한다. 새로운 기술과 발명품이 인기를 끌면 종전에 유행했던 유사한 물건은 순식간에 설 자리를 잃는다. 마치 눈이 오고 난 후에 햇빛이 비치면 순식간에 눈이 사라지는 현상을 닮았다고 할 수 있다. 좀 더 고전적으로 말하면, 눈 뜨고 코 베이는 시대에 다시 살게 된다고 할 수 있다. 뒤처졌다고 생각하고 따라잡으려고 하는 순간, 이미 나는 낙동강 오리 알이 되어 있는 시대. 아찔한 속도 때문에 차라리 속도감을 느끼지 못하는 시대가 바로 4차 산업혁명 시대인 것이다.

정의란 모두가 존재하기 위한 필수 장치

원시인이 불을 '휴대'하는 단계를 거쳐 불을 '제조'하는 혁신을 이루는 과정 중에서 한 가지 상상해 보자. 바로 불의 독점적 사용권 혹은 특허권을 주장하는 사람이 있지 않았을까, 하는 상상이다. 앞에서 인류 초기에 일어난 대규모 산불이 어느 순간 많은 사람들이 불을 다루다 보니 불 다루기에 서툰 사람들이 '방화' 아닌 방화를 하는 사태에 이르게 되었다고 말했다.

하지만 조금만 상상의 방향을 바꾸어 보면, 그 당시에 불을 제조하는 '레시피'가 몇 개 존재했을 것이다. 그중에서 가장 빠르고 효과적인 레시피가 있었을 것이고, 그 레시피를 가진 사람은 독점적 소유권이나 특허권을 주장했을 수도 있지 않았을까.

그때, 『정의란 무엇인가』의 저자인 마이클 샌델이 나타나서 불은 '공공의 복리를 위해서 사용되어야 한다면서 '정의란 무엇인가'를 목소리 높여 외쳤을지도 모른다. 이 말에 반박을 하는 스티브 잡스(애플의 공동 창업자로 독점적 사용권을 주장했다)가 자신의 불 제조 방법이 제일 우수하다면서 '매머드 뒷다리'나 '예쁜 여자'를 특허 사용료로 지불하라고 하지 않았을까?

이에 또 다른 원시인인 오바마(미국의 대통령으로, 미국의 기업들에게 '그 기업은 당신의 것이 아닙니다'라고 말하면서 기업의 사회적 책임을 강조했다)가 이런 유명한 말을 남겼을지도 모른다.

- 불은 스티브, 당신의 것도 애플의 것도 아닙니다. 그 불을 얻기 위해서 우리 선조들 중 수많은 사람이 사자나 호랑이에게 잡혀 먹었고, 그와 비슷한 사람들이 불에 타 죽었을 것입니다. 그리고 저 불을 얻기 위해서는 우리는 숲의 여신이 우리에게 주는 나무를 사용할 수밖에 없습니다. 그렇다면 나무는 당신이 산 것입니까? 아무리 생각해도 불은 당신의 것이 아닙니다.

그렇다. 너무 단순화시키고 희화화했는지는 모르지만, 4차 산업혁명을 넘어서 인공지능의 시대가 온다 해도 문명은 어떤 특정 기업이나 국가 혹은 개인의 전유물이 아님을 깨닫게 된다면 원시인처럼 현명하게 대처할 수 있을 것이다. 비단 우리가 어떤 행위의 옳고 그름은 그 행위가 인간의 이익과 행복을 늘리는 데 얼마나 기여하는가, 하는 유용성과 결과에 따라 결정된다고 보는 공리주의(utilitarianism)를 절대 신봉하자는 것이 아니어도 말이다.

인공지능의 시대에도 기본적으로 시장경제와 자유민주주의라는 이데올로기가 지배하고 있을 것이다. 가장 큰 문제는, 생산은 인공지능이 하더라도 소비는 인간이 해야 한다는 것이다. 인공지능은 절대 소비의 주체가 될 수 없기 때문이다. 결국, 생산의 주체인 기업이 살기 위해서라도, 기업의 생산 활동으로 운영되는 국가가 존속하기 위해서라도 사람들에게 최소한의 소비를 할 수 있는 장치는 어떻게든 마련되어야 하는 것이다. 이는 자선이나 봉사가 아니라 '생존'을 위해서 필수적인 것이다.

더 이상 노동은 신성하지 않다

보노보 사회에는 어떤 특징이 있는 것일까. 앞에서도 보노보 사회의 몇 가지 특징을 이야기하였다. 여기서는 그 특징 전체를 다시 보는 게 아니라 그중의 몇 가지만 살펴보고자 한다. 앞에서 미처 말하지 못한 부분을 보충하기 위해서이고, 인공지능 시대에 우리가 어떤 가치관을 가지고 살아야 하는지에 대한 해답을 보노보에서 찾을 수 있기 때문이다.

첫째, 보노보는 먹이를 둘러싼 형제 갈등은 존재하지 않는다고 알려져 있다. 인공지능 시대에 깊이 참고할 만한 특징이라고 할 수 있다. 인간 사회에서는 권력이 있고, 돈이 있는 곳에는 동서고금을 막론하고 피비린내 나는 권력투쟁이 있었음을 생각할 때 무척 고무적이다. 심지어 사소한 다툼으로 형제간의 살인까지도 일어나지 않던가.

보노보 사회는 소규모 집단 사회라는 것을 감안하여 이를 좀 더 확장하여 해석하면 먹이를 두고 갈등하지 않는 사회라고 유추할 수 있다. 이렇게 확장하고 나니 마치 파라다이스를 보는 기분이다. 인류가 유토피아로 생각하는 사회 중의 하나가 갈등이 없는 사회이지 않은가. 우리들 갈등의 대부분은 고상하게 다른 것으로 말하고 있지만 좀 더 안으로 들어가 보면 모두 '먹고사는 문제'로 다투지 않던가. 특히 인공지능 시대에는 부의 양극화가 심해질 것이니 보노보가 우리에게 시사하는 바가 크다고 할 것이다. 노동의 가치 문세에서 보노보를 벤치마킹해야 할 부분이 많다. 인공지능 시대에는 인간의 노동 가치가 거의 제로에 가까워질 것이다. 인간 노동의 신성성을 강조해서 '일하지 않는 자, 먹지도 말라'는 캐치프레이즈가 설득력이 있었으나, 인공지능 시대에는 생산 대부분을 담당하는 인공지능은 소비를 하지 않기 때문에 유효수요가 부족해지는 현상이 발생할 것이다.

즉, 생산이 과잉됨으로 인해서 가격이 급격히 또는 완만히 하락하고, 이에 따라서 사회 전체적으로 소득이 줄어드는 결과를 초래할 수 있기 때문이다. 이럴 때 유효수요를 진작하는 방법 중의 하나로, 일하지 않는 자에게도 기본 소득을 지급하는 방법이 강구될 수 있을 것이다. 기본적으로 소비가 있어야 하기 때문이다. 이럴 때 노동하는 입장에서 보면 일하지 않고 정부에서 돈을 받는 사람이 얄미울 수도 있을 것이다. 왜 일하지 않는 자에게 내 세금을 가져다 주느냐고 불만을 터트릴 수도 있을 것이다.

하지만 그것은 어떤 특정인을 위한 장치가 아니다. 사회 전체적인 시스템을 유지하기 위해서 어쩔 수 없이 도입하는 일종의 '사회주의' 시스템인 것이다. 보노보가 먹이를 두고 형제 갈등을 하지 않는 것처럼 우리도 이런 문제를 가지고 갈등해서는 안 된다. 인공지능 시대에는 '일하지 않는 자, 먹지도 말라'가 아니라 '일은 조금 해도 소비는 해라'가 될지도 모르기 때문이다.

소비가 절대 미덕인 사회가 제대로 유지되려면 보노보처럼 먹이를 가지고 다투지 않는 사회가 전제되어야 하지 않겠는가. 또한, 당장 다른 사람에게 불로소득처럼 보일지는 모르지만, 나의 생산성 향상을 위한 마중물이라는 인식을 가져야 할 것이다.

'우리'보다는 '나'가 더 중요하다

둘째로, 보노보는 형제간의 나이 차가 크다고 한다. 이런 이유로, 어미는 한 새끼를 집중적으로 돌볼 수 있는 환경이 자동적으로 보장된다. 형제 갈등이 없는 이유 중 하나가 형제간의 나이 차가 크기 때문일 수도 있다. 아주 어린 동생하고 싸우는 형은 그다지 많지 않은 것이 또한 인간 사회의 특징이기 때문이다. 동생이 경쟁의 대상이 아니라 보살핌의 대상으로 바뀌는 순간, 갈등이 끼어들 틈은 없을 것이다. 보노보 사회에 있어서 '유아 살해'가 없다는 보고서도 이와 같은 맥락에서 살펴봐야 할 것이다.

반면에, 흉년이나 전쟁이 일어난 후에 먹을 게 없어서 유아를 '식량'으로 사용한 예는 인간의 역사에 있어서 동서고금을 막론하고 공공연한 비밀이지 않은가. 이것을 어떻게 해석해야 할까. 나는 한 사람의 '개별성'을 존중하는 시스템이라고 말하고 싶다. 즉 '우리'가 아닌 '나'가 존재하는 사회가 바로 보노보 사회인 것이다. 한 생명체가 충분히 행복을 누리며 성장할 수 있도록 배려해 주는 것이다.

인간은 늘 행복을 추구하지만, 누구도 행복하다고 말하는 사람이 없다는 것이 인간 사회의 비극이다. 왜 그럴까? 인간은 '우리'라는 개념 속에 갇혀 있기 때문이다. 그 누구도 만든 적이 없지만, 어느새 나를 둘러싸고 있는 '우리'라는 울타리들. 그 울타리는 지켜야 할 이념이 있고, 신념이 있다. 실제로 존재하지 않지만, 그 누구도 부정할 수 없는 이념과 신념들. 고매하고 높기까지 한 이념과 신념들. 평생을 노력해도 다다를 수 없는 가치 체계들을 신봉하느라고 우리는 우리의 '일상'을 포기하고 있지는 않은가. 그러다가 '일생'을 포기하는 어리석음을 범하지는 않던가.

인공지능 시대에는 그 어느 때보다 '나'라는 존재가 위협받는 시대가 될 것이다. 역설적으로, 그 어느 시대보다 '나'를 찾아야 하지 않을까. 나의 연약함과 두려움, 그리고 누군가를 사랑하고 그리워하는 마음을 어떻게 인공지능에서 찾을 수 있다는 말인가. 약할 때가 가장 강하다는 역설은 인간만이 품을 수 있다. '나'를 둘러싼 주변에 대한 끊임없는 사랑과 호기심, 그에 대한 질문을 멈추면 안 된다. 지금보다 내가 더 위협받기 때문이다.

이를 위해서는 지금까지 우리가 가지고 있던 가치 체계를 어느 정도 무너뜨리는 모험을 해야 한다. 로마에 가면 로마법을 따라야 하듯이 인공지능 시대에는 인공지능에 걸맞은 법과 가치 체계를 따라야 하기 때문이다. 우리가 가장 버려야 할 것은 무엇인가. 모든 것을 돈으로 환산하는 정신을 버려야 하지 않을까. 돈만 주면 부모도 팔아먹는다는 자본주의와 시장경제 원리의 뿌리 깊은 '고정관념'을 조금쯤은 포기해야 하고, 남에게 무엇인가를 줄 때도 꼭 금전적인 가치로 환산하는 '잘못된 버릇'을 고친다면 조금 더 '살맛나는 인공지능 시대'가 되지 않을까.

나를 지키는 가장 좋은 방법은 남에게 마음이든, 물질이든 베푸는 것이라고 믿고 싶다.

큰 차이를 뛰어넘는 관용의 정신으로

셋째로, 보노보는 공동육아를 한다고 한다. 자기 새끼를 크게 돌볼 필요가 없을 때는 다른 엄마를 도와준다고 한다. 특별히 보노보의 뇌는 공감을 관장하는 부위가 다른 영장류에 비해서 발달되어 있다고 한다. 아마도 이것이 보노보에게 공동육아가 가능하도록 만든 중요한 이유가 될 것이다. 공동육아의 전제 조건은 희생정신이다. 즉 상대의 고통이나 걱정을 더 쉽게 감지할 수 있어야 '지속 가능한 공동육아가 가능해지는 것이다. 갈등과 경쟁이 보편화되어 있는 '침팬지'적인 사회에 얼마나 신선한 자극인가.

프랑스 사상가였던 볼테르는 신에게 다음과 같은 기도를 올렸다고 한다.

> 우리의 허약한 육체를 가리고 있는 의복들. 우리가 쓰는 불충분
> 한 언어들. 우리의 가소로운 습관들. 우리의 불완전한 법률들. 우
> 리의 분별없는 견해들. 우리가 보기에는 참으로 불평등하지만, 당
> 신이 보기에는 그다지 불평등하지 않은 우리와 다른 사람 사이에
> 놓여 있는 작은 차이들이 증오와 박해의 구실이 되지 않도록 하
> 소서.

인공지능 시대에는 볼테르의 기도 제목이 달라져야 할 것이다.
그 당시의 차이는 귀여운 애교 정도가 되어 버리기 때문이다. 더
심각하고 치명적으로 계층 간의 갈등이 유발될 것이기 때문이다.
억압받는 소수사도 그만큼 늘어날 것이다. 특히 청년 실업 문제는
지금보다 더 심각할 것이다. 청년 때부터 실업이 된 인간이 자존감
을 느낄 수 있을까. 더군다나 의료 기술의 발달로 생명은 더 늘어
날 텐데 그 긴 세월 동안 그는 차라리 태어나지 않았더라면 좋았
을 것이라고 한탄할 수 있을 것이다. 그에게 '자살'이 꼭 사치라고
말할 수 있을까. 이런 의미에서 보노보가 가지고 있는 상대의 고통
이나 걱정을 더 쉽게 감지하는 공감 능력은 인공지능 시대에 그 무
엇보다 필요한 것이지 않을까.

벨기에는 2000년 '로제타 플랜'을 실시하여 고용인 수 50명 이상
인 민간 기업은 전체 고용인의 3%에 해당하는 수만큼 청년 실업자
를 추가 고용하도록 조치했다고 한다. 이를 위반한 기업은 1명당
매일 74유로(약 12만 원)의 벌금을 부과했고, 의무를 이행한 기업에는

고용한 청년에게 들어가는 첫해 사회보장 부담금을 면제해 주었던 것이다.

모두가 함께 사는 사회란 구호만으로 되는 것은 아니다. 치밀하게 현상을 분석하고 그에 따른 꼼꼼한 대책이 필요할 것이다. 현재에도 청년 실업 문제는 심각한데, 인공지능 시대에는 더 가속화되고 심화될 것이 분명하다. 하루라도 빨리 보노보 적인 요소를 도입해야 하는 이유가 바로 여기에 있지 않을까.

보노보는 악수 대신 섹스를 한다

넷째로, 보노보는 평화주의자들이다. 가장 큰 특징 중의 하나가 갈등이 생기면 '섹스'를 통해서 화해한다는 것이다. 이에는 동성과 이성의 구분이 없다. 서로 성기를 만지작거리는 장면을 심심찮게 볼 수 있는 것이 바로 보노보 사회이다. 어찌 보면 민망할 수도 있다. 가장 '은밀한' 부위를 거리낌없이 만진다는 것이 가능하다는 말인가. 인간과 가장 가깝게 생겼다는 영장류가 말이다.

특히 먹이를 눈앞에 두고 갈등하거나 경쟁하는 상황이 발생하면, 이들은 먼저 섹스를 하면서 서로의 감정을 진정시키고 난 후에, 서로 많이 먹겠다고 다투는 게 아니라 사이좋게 나누어 먹는다고 한다. 이는 침팬지와 근본적으로 다른 특징이다. 침팬지는 갈등을 '폭력'으로 해결한다. 힘이 있는 침팬지가 먹이를 독식하게 되는 구조를 가지고 있다. 당연히 힘이 없는 침팬지는 굶어 죽는 것이다.

우리는 그동안 침팬지 사회를 지향해 왔다. 갈등과 대립, 그리고 경쟁이 지금의 사회를 이끌어 왔다고 할 수 있다. 물론 이것이 나쁜 것은 아니다. 긍정적인 면이 많이 있다. 그동안 인류의 문명이 짧은 시간에 눈부시게 발전한 근본적인 원인이 바로 경쟁 원리였음을 누가 부인할 것인가.

하지만 이런 경쟁이 일상화되는 시대에 살다 보니 어느덧 인간은 실종되고 말았다. 개인이나 조직에 주어진 목표를 달성하는 '말랑말랑한' 기계에 불과한 삶을 살았던 것이다. '의미'는 사라지고, 생존을 위한 몸부림만 남아 버리지 않았는가. 그렇게 사는 동안 너나 할 것 없이 절망의 시대를 살아가고 있었는지도 모른다.

자연의 일부인 우리 인간이 어느덧 자연을 떠나 버렸다. 그러는 동안 자연은 인간이 살고 있는 도시에서 멀리 떨어져 홀로 피어났다. 대신 자연을 잃어버린 인간은 자연에 가까이 가려는 본능은 남아서 도시 여기저기에 자연과 흡사한 '자연 같지 않은 자연'으로 공원을 만들어 놓고 있다. 하지만 자연을 놓아두고 우리가 행복을 말할 수 있는가? 우리가 일상에 지치면 여행을 떠나는 것도 자연에 대한 그리움 때문이 아니던가.

보노보 사회는 '양성애'가 보편적인 상황이라고 한다. 수컷끼리, 암컷끼리 수시로 성관계가 이루어진다는 것이다. 인공지능이 극도로 발달하여 '싱귤래리티' 상황이 되었을 때, 이런 양성애가 보편적이지 않을까. 그때는 이미 성별 간의 구별이 없어지지 않을까.

섹스가 '종족 번식'의 소극적인 목적에서 '인류의 평화'라는 다소 거창한 목적으로 치환된다면, 인류가 처음 이 땅에서 생활했을 때처럼 느끼기만 한다면(?) 아무나하고 섹스를 하는 시대가 올지도 모른다.

들판에서, 산 위에서, 바다에서, 강에서, 인간과 인공지능 간의 섹스, 인공지능과 인공지능과의 섹스, 인간과 인간과의 섹스가 블록버스터 영화처럼 때로는 장엄하고 화려하게 펼쳐지는 순간이 올지도 모른다. 아니면, 범죄 영화처럼 은밀하게, 지능적으로 펼쳐질 수도 있을 것이다.

물론, 원하는 대상이 겹치면 우선순위의 문제가 발생할 것이다. 그럴 때는 보노보 적인 사고를 동원하여 해결하면 될 것이다. 여기서 섹스를 한다고 해서 문자 그대로 물리적인 섹스를 하라는 말은 아니다. 섹스는 메타포이고, 어쨌든 직접 만나서 '살'을 부딪히면서 대화를 나누고 서로를 느끼고, 서로의 가슴에 '촉촉이' 한 방울의 맑은 이슬이 되어 남으라는 뜻이다.

누군가에게 보고 싶어 하는 사람이 되는 '사람 냄새가 나는 사회' 그것이 바로 인공지능 시대의 가장 올바른 모습이 아닐까? 상대방과 같이 울어 주고 그들의 눈물을 내 손수건으로 닦아 주는 사회가 된다면 아무리 부의 양극화가 첨예하게 이루어진다고 해도 우리는 넉넉히 한 세상을 살아갈 수 있는 힘이 생길 것이다.

이렇게 말하니 원시인이 나무 아래로 내려오면서 견디어 온 고난의 과정이 떠오른다. 그들은 살기 위해서 '협력'할 수밖에 없었다. '공유'할 수밖에 없었다. 거주 공간이 적으므로 서로의 살을 부비면서 살 수밖에 없었다. 그렇게 살을 부딪치면서 그들은 눈앞에 있는 '얼어붙은' 현실을 깨트리려 노력했다. 캄캄한 저편에 있는 불빛을 찾으려고 노력했다. 만약 각자의 노력으로 그 위기를 극복하려 했다면, 너무도 당연하게 지금의 우리는 없는 것이다. 그렇게 된다면 두려움과 불안으로 맞이하는 인공지능의 미래에 대해서도 걱정하지 않아서 다행일까?

그때로 돌아가자. 그러면 되지 않을까. 문물은 첨단에 있지만, 마음은 옛날로 돌아가서 인간과 인간, 인간과 인공지능, 인공지능과 인공지능이 공유하고 협력하고 서로 살을 부비며 서로의 눈물을 닦아 주고 같이 웃으며 사는 세상을 만들면 될 것이다. 결국 보노보가 인공지능이 되지 않았는가. 아니, 인공지능이 보노보가 되어야 한다. 지금까지 우리는 침팬지가 되어 살아왔다. 경쟁과 갈등이 가장 유효한 관념인 양 살아왔다. 하지만 이제부터는 침팬지를 버리고 보노보로 돌아와야 한다. 침팬지가 인공지능이 되어 버린다면 디스토피아가 될 게 분명하기 때문이다.

결론적으로, 인간이든 인공지능이든 그 뿌리는 보노보인 것이다.